문화교양학과
총 ──── 서
1

영화 속 역사와 현실

다시 보고, 사색하기

이정호 · 이혜령 · 이종훈 · 이병창 · 이필렬 · 정준영
박구병 · 김정락 · 백영경 · 한길석 · 송찬섭 지음

지식의날개

문화교양총서-1

영화 속 역사와 현실
다시 보고, 사색하기

초판 1쇄 발행 | 2017년 8월 23일

지은이 | 이정호·이혜령·이종훈·이병창·이필렬·정준영·
　　　　박구병·김정락·백영경·한길석·송찬섭
펴낸이 | 김외숙
펴낸곳 | 한국방송통신대학교출판문화원
　　　　주소 서울특별시 종로구 이화장길 54 (03088)
　　　　대표전화 1644-1232　팩스 (02)741-4570
　　　　http://press.knou.ac.kr
　　　　출판등록 1982. 6. 7. 제1-491호

출판문화원장 | 장종수
편집 | 이근호·김경민
편집 디자인 | 홍익 m&b
표지 디자인 | 최원혁

ISBN　978-89-20-02674-4　04080

값　15,000원

이 도서의 국립중앙도서관 출판예정도서목록(CIP)은 서지정보유통지원시스템 홈페이지(http://seoji.nl.go.kr)와
국가자료공동목록시스템(http://www.nl.go.kr/kolisnet)에서 이용하실 수 있습니다.(CIP제어번호: CIP2017020300)

이번에 한국방송통신대학교 문화교양학과에서 〈문화교양총서〉를 간행하게 되었다. 이 총서는 다양한 의도를 가지고 논의하고 기획되었다.

우리 대학은 모든 과목에 교재를 만들어서 강의를 운영한다. 일반적으로 개설서 형태의 교재는 개정을 할 때마다 계속 내용을 보완하므로 최종판이 가장 잘 다듬어진 교재라고 보아도 무방하다. 그러나 우리 학과는 인문학을 중심으로 하고 있는 데다 개론보다는 주제 또는 사례 중심의 강의를 하므로 한번 교재를 바꾸고자 하면 완전히 새로운 내용으로 다시 구성한다. 매번 교재를 만들 때마다 적절한 주제를 선택하여 최선을 다하기 때문에 모두 생명력 있는 글이 되는데, 새로운 교재가 만들어지고 나면 이전 교재는 당연 절판되므로 좋은 글이 사장되는 것에 대한 아쉬운 마음이 늘 있었다. 그래서 우리 학과의 지나간 교재를 활용할 방법을 모색하였다. 그 결과, 지나간 교재의 내용을 바탕으로 분량을 조절하고 교재의 구성을 벗어나서 가벼운 문고 형태의 시리즈를 간행하기로 결정하였다.

총서 간행을 연한이 다한 교재에 대한 아쉬움 때문만에 하려는 것은 아니다. 현재 교재를 통해 공부하고 있는 재학생뿐 아니라 우리 졸업생들에게 문화교양학과 공부는 끝이 없다고 항상 가르치기 때문에 문고를 축적하여 이들에게 계속 읽을거리를 제공하자는 뜻도 있었다.

우리 학과 과목은 인문학의 다양한 분야를 망라하고 있다. 따라서 인문학 공부에 대한 나름의 틀을 제시하고 있다고 본다. 이 점에서 〈문화교양총서〉가 우리 학과를 넘어 우리 대학 구성원들과 나아가 일반인들에게도 인문학에 대한 갈증을 풀어주는 문고가 될 수 있을 것이다. 문화교양학과가 설치된 지 이제 10여 년이 지났고 교재도 과목마다 보통 두세 번 개정되었다. 더 늦기 전에 쌓인 원고를 추스르는 작업이 필요한 시점이기도 하다. 지금까지 교재 원고들을 간추려서 총서를 발간한다면 앞으로 우리 학과 교과운영의 방향 설정에도 도움이 될 수 있을 것이다.

〈문화교양총서〉는 우리 학과가 존재하는 한 계속 간행되어 나갈 것이다. 이 총서가 지속적으로 문화교양학과 구성원, 그리고 인문학을 갈구하는 분들에게 선물이 될 수 있기를 기대한다. 고전의 한 구절을 비틀어 이렇게 말하고 싶다.

"문화교양은 목마른 사람 누구나 물가로 데려갈 수 있다. 얼마나 마음껏 마시느냐는 각자에 달려 있다!"

2017년 8월

방송대 문화교양학과 교수 일동

이 책은 한국방송통신대학교 문화교양학과 교과목 〈영화로 생각하기〉를 재구성한 것이다. 영화는 인문학을 공부하는 데 유용한 소재이다. 영화에는 역사, 철학, 정치, 경제, 과학, 문학, 인물 등 모든 내용이 압축적으로 담겨 있다. 〈영화로 생각하기〉라는 과목을 만든 것은 정말 좋은 발상이었다. 수십 년, 수백 년의 역사가 주마등처럼 지나가며 때로는 클로즈업이 되고 페이드아웃이 되기도 한다.

이 책은 방송대 문화교양학과에서 간행하는 총서의 제1권으로 자리매김하였다. 이 과목이 우리 학과 교수 대부분이 참여하는 공통 과목이기 때문이다. 이런 과목으로는 〈문화와 교양〉, 〈영화로 생각하기〉, 〈독서의 즐거움〉 등 여럿이 있다. 그 가운데 〈영화로 생각하기〉는 철학을 담당하는 이정호 선생님이 주관하는 과목이다. 우연히도 이번 총서는 이정호 선생님의 정년에 맞춰 간행하였지만, 실제 이 문고는 진작 필요하다고 생각하였다. 때마침 선생님이 정년을 맞아 일정을 계획하기 좋았다. 이 선생님의 정년을 몹시 서운해하는 우리 학생들에게 약간의 즐거움을 선사할 일이 생겨서 다행스럽다.

이 교과목은 문화교양학과가 지향하는 인문학적 지식의 전달과 비판적 의식의 형성을 극대화하려는 의도에서 개설되었다. 다양한 분야에 걸쳐 사상성과 재미를 갖춘 영화를 기본 소재로 삼아 인간의 삶과 사회, 자연과 역사에 대한 인문학적 이해를 최대한 흥미롭게 다루려고 하였다.

이정호 선생님이 이 교과목을 운영하였기에 꼭지의 선택과 책의 체제도 이 선생님이 맡으셔야 했지만 갑작스런 사정으로 내가 대신하게 되었다. 이 책을 이 선생님이 엮으셨다면 특히 철학적인 성찰을 바탕에 두고 구성하셨겠지만, 그에 대한 소양이 부족한 나로서는 '역사적 사건'에 초점을 맞추었다. 다분히 소재주의적인 선택이지만 그 나름의 의미가 있을 것이라 보았다. 따라서 그간 교재에서 다룬 영화 가운데 역사적으로 중요하고 의미 있는 사건이나 시대적 분위기를 잘 담고 있는 영화를 선택하였다.

첫 네 꼭지는 유럽 사회에서 일어난 사건들이다. 〈레미제라블〉은 1830년대 프랑스 혁명 과정을 담은 소설을 영화로 만든 것이다. 혁명과 반혁명이 교차되는 이 시기 프랑스의 현실을 역동적으로 묘사하였다. 〈고요한 돈강〉은 1910년대 러시아 혁명을 다룬 소설을 영화로 만든 작품으로, 혁명과 내전 속의 갈등, 동족상잔의 비극을 잘 표현하고 있다. 〈토지와 자유〉는 1930년대 스페인 내전을 무대로 하여 마치 한 편의 다큐멘터리처럼 당시를 재현해서 보여 주는 한편, 내전에 참여하였던 무정부주의자의 사상과 행동을 잘 그렸다. 〈타인의 삶〉은 독일이 통일되기 이전인 1980년대 전반, 감시사회였던 동독의 국가안전부 요원이 감시 대상인 예술가들의 삶을 지켜보면서 자신의 신념과 행동의 변화를 가져오는 과정을 그렸다.

아메리카 사회에서 일어난 사건도 두 꼭지 담았다. 〈굿나잇 앤 굿럭〉은 1950년대 매카시즘의 광풍이 휩쓸던 미국에서 온갖 위험을 무릅쓰고 진실을 보도하기 위해 과감히 나섰던 한 텔레비전 앵커의 용기 있는 행동을 다루었다. 〈오피셜 스토리〉는 1976년 쿠데타를 통해 집권한 아르헨티나의 군부가 저지른 국민에 대한 추악한 전쟁의 현실을 밝히고 있다.

그다음 네 꼭지는 동아시아 사회에서 일어난 사건들이다. 〈카게무샤〉는 16세기 일본의 전국시대 다이묘들이 각축을 벌일 때 당시 가장 강력했던 영주 신겐이 죽자 그의 장수들이 이 사실을 숨기기 위해 가짜로 위장한다는 내용으로 전국시대를 잘 재현하고 있다. 〈귀신이 온다〉는 1945년 제2차 세계대전 말 일본군의 지배를 받던 중국의 한 시골마을에서 벌어진 소동을 통해 개인이 겪은 역사적 비극을 그리고 있다. 〈우리 학교〉는 일본 홋카이도 삿포로 시의 한 재일조선인학교를 통해 해방 후 일본 사회에서 재일 조선인이 겪고 있는 문제와 교육 실태를 다루고 있다. 〈태백산맥〉은 1948년에서 1953년 휴전 직후까지 한국현대사의 좌우 대립과 분단 문제에 대하여 다룬 소설을 영화화한 것이다. 영화는 소설의 내용 중에서 1950년 9월까지를 담아냈다.

목차는 유럽, 아메리카, 동아시아 지역 순으로 배치히였고, 그 안에서 다시 시대 순으로 구성하였다. 이 책에서 소개하는 10개 주제에 담긴 사건을 이해하는 것만 해도 생각의 폭을 크게 넓히리라고 본다.

이정호 선생님은 방송대에서 40년 가까이 근무하시면서 문화교양학과 신설에 앞장섰으며, 학생들에게 인문학을 제대로 가르치기 위해 모든 노력을 아끼지 않으셨다. 그간 이정호 선생님의 삶에 대해서는 학과 동료 교수로서 직접 지켜보기도 하였고, 워낙 이야기를 즐기시는 분이어서 들은 내용도 제법 많다. 평소 세상의 다양한 소재를 큰 목소리로, 마치 소크라테스와 같은 '포스'로 대화를 이끌어 가기도 하시지만, 때로는 매우 감동적이고 한 편의 활극과 같은 실화를 들려주신다. 선생님의 삶과 활동을 돌이켜 보는 일도 한 편의 좋은 영화를 감상한 것 같지 않을까 한다.

2017년 8월
이정호 선생님을 대신하여 송찬섭 씀

차 례

제1장

레 미제라블

구원을 위한 미완의 몸부림

이혜령

레 미제라블(Les Misérables)

감독: 톰 후퍼
2012년, 영국

영화 및 주제 소개

　이 영화는 톰 후퍼(Tom Hoopper) 감독의 2012년 작 〈레 미제라블(Les Miséra-bles, 비참한 사람들)〉이다. 뮤지컬 〈레 미제라블〉은 1985년에 영국에서 초연된 이래 세계의 다양한 언어로 무대에 올랐고, 현재까지도 공연되고 있다. 후퍼 감독은 빅토르 위고의 동명 소설 『레 미제라블』을 영화화한 것이 아니라 바로 이 뮤지컬을 스크린으로 옮겼다. 결과적으로 이 작품은 기존의 관습적인 고전 뮤지컬과도 다르고 소설을 각색해 만든 드라마와도 다른 독특한 영화가 되었다.

　이 영화에서는 뮤지컬 영화의 주요 요소인 뛰어난 가창력과 춤보다는 노래하는(혹은 연기하는) 배우에 대한 클로즈업과 핸드헬드 카메라가 눈에 띈다. 클로즈업은 인물들의 미세한 감정 변화를 강렬하게 전달한다. 그리고 핸드헬드 카메라는 인물들의 움직임을 생생하게 잡아내어 관객에게 배우가 바로 눈앞에서 움직이는 듯한 생생한 현장감을 더 강하게 전달한다. 그래서 영화는 서사 중심이라기보다는 인물 중심의 영화가 되었다. 배우들의 노래를 후시녹음이 아니라 동시녹음한 것도 단순히 현장성을 고려했다기보다는 배우들의 존재를 더 강하게 부각하기 위한 감독의 선택으로 보인다.

　그런데 이렇듯 인물을 강조하다 보니 정작 소설에서 그려진, 그리고 종전까지 영화화된 작품들에서 보이던 사건과 인물 사이의 관계는 극단적으로 요약되어 있거나, 심지어 기계적일 정도로 단순화되어 있다. 다소 혹평을 하자면 영화는 뮤지컬도 아니고 드라마도 아닌 낯선 작품이 되고 말았다. 후퍼 감독은 장 발장을 휴 잭맨(Hugh Jackman)으로, 가여운 거리의 여인 팡틴을 앤 해서웨이(Anne Hathaway)로, 냉혈한 법 집행자 자베르를 러셀 크로(Russell Crowe)로 환치하여 관객으로 하여금 캐릭터에 집중하게 하는 대신에 세 배우 자체에 몰입하도록 만들었다.

이러한 구도에서 천박하고 악한 테나르디에 부부의 모습은 지나치게 희화화되었다. 또한 위고의 자화상이라고 할 마리우스의 개인적인 고민과 정치적인 방황은 아예 삭제되었고, 마리우스와 코제트의 계급을 초월한 사랑의 의미도 부각되지 않았다. 사랑과 혁명을 놓고 고민하는 마리우스와 그를 비난하는 동료 사이의 가벼운 갈등은 양념처럼 첨가된 것 같고, 젊은 공화주의자들의 혁명을 향한 이상과 숭고한 열정에도 충분한 무게가 실리지 못했다. 마리우스에 대한 에포닌의 순수한 사랑 역시 설득력이 부족하다. 그 결과 마지막 장면의 판타지는 더욱 낯설고 작위적으로까지 느껴진다. 장렬한 죽음을 택한 젊은이들과 민중이 바리케이드 위에서 부르는 마지막 합창은 감동적이고 어느 정도 미래에 대한 희망의 노래일 수도 있지만, 그것이 이제는 죽고 없는 자들의 환영이기에 자기위안을 위한 현실 회피적인 순진한 낙관주의로도 보인다.

그럼에도 이 영화는 많은 미덕을 보여 준다. 자유롭게 이동하는 거대한 스케일의 화면, 특히 높은 곳에서 전체를 조망하듯 찍은 몇몇 장면은 인간의 나약한 모습을 극적으로 시각화해 보여 주고, 각 인물이 혼자 부르는 노래와 적절히 섞인 합창은 현장감과 즐거움도 선사한다. 첫 화면에서 노역하는 죄수들의 합창이 스산하면서도 압도적인 분위기를 연출하고, 바리케이드의 청년들이 비장감을 고조한다면, 테나르디에 여관을 배경으로 펼쳐지는 떠들썩하고 우스꽝스러운 장면은 막간의 희유곡처럼 극의 긴장과 갈등을 이완해 준다.

더구나 배우들의 노래와 연기도 다양한 인간 군상의 감정을 증폭하여 전달한다. 휴 잭맨은 도망자 장 발장의 고달프고 불안정한 인생 역정 속에서 거듭 〈나는 누구인가?(Who am I?)〉를 묻는다. 앤 해서웨이는 〈나는 꿈을 꾸었죠(I dreamed a dream)〉를 부르면서 나락까지 떨어져서 어디에도 기댈 데 없는 미혼모 팡틴의 모습을 그대로 재현해 낸다. 코제트와 사랑을 속삭이는 마리우스를 그리며, 비가 쏟아지는 골목길을 서성이는 에포닌의 절절한 노래 〈나 홀로(On my own)〉는 가슴을 먹먹하게 한다. 장발장을 뒤쫓는 자베르는 강물에 몸을 던지기 전 절망 속에서 정의에 대해서 묻는다. 두려울 것이라고는 전혀 없던 부랑아 가브로슈(Gavroche)가 부르는 혁명가는 오히려 유쾌하게 들리지만, 바리케이드 밖에서 탄환을 수집하면서 부르는 노래는 긴장감을 증폭한다.

영화는 원작 소설 『레 미제라블』의 전반적인 취지와 방대한 내용을 상당히 요령 있게 압축하여 혁명과 반혁명이 교차되는 19세기 전반 프랑스의 현실을 역동적으로 묘사한다. 소설의 서문에서 위고는 사회의 가장 비참한 세 가지 현실을 "빈곤으로 말미암은 남자의 타락, 굶주림에서 비롯하는 여성의 추락, 그리고 무지에서 오는 어린아이의 위축"으로 꼽고 있다. 이 영화의 등장인물들은 바로 이러한 불행을 겪고 있는 밑바닥의 비참한 인생들이다. 특히 절도 전과자이자 도망자인 장 발장의 삶이 주요 줄거리를 이루지만 19세기 전반 프랑스 사회에 들끓고 있던 '비참한 사람들'이 널리 조명되고 있다. 이들은 사회로부터 낙인찍히고 단죄당한 상태로, 사회에 도저히 복귀하지 못하거나, 항상 쫓겨날지 모르는 경계선에 서 있는 사람들이다.

영화는 비참한 사람들의 황폐한 삶에 대한 따뜻한 시선, 선악과 빈부 등 첨예한 문제에 대한 예리한 시각으로 공감을 끌어낸다. 이 글에서는 후퍼 감독의 영화 〈레 미제라블〉을 중심으로 하되 원작 소설의 내용을 필요에 따라 추가하면서, 19세기 전반 프랑스의 '레 미제라블'(비참한 사람들)과 사회에 대해서 생각해 보고자 한다. 먼저, 사회로부터 배려받지 못한 채 오히려 배제와 탄압의 대상이 되었던 비참한 사람들의 상황을 살펴보고, 그 원인을 찾아볼 것이다. 또한 이들이 비참한 현실에서 벗어나기 위해서 시도했던 다양한 노력의 성과와 한계를 짚어 보면서, 당시의 프랑스 사회뿐 아니라 오늘의 우리 사회를 위해서도 보다 바람직한 전망을 모색해 보려고 한다.

영화 줄거리

프랑스 혁명이 반동의 국면으로 접어들었던 총재정부 초기[1]에 20대의 장 발장은 조카들을 굶기지 않고자 빵 한 조각을 훔친 죄로 수감된다. 나폴레옹이 워털루 전투에서 결정적으로 패배한 직후인 1815년 10월, 그는 가석방되지만 세상은 여전히 그를 경계하며 쫓아낸다. 그러나 미리엘 주교는 세상에 대한 분노와 증오로 가득 차 있던 장 발장을 사랑과 자비로 감동시킨다.

8년 후인 1823년, 장 발장은 영불 해협 언저리 작은 도시 몽트뢰유 쉬르메르(Montreuil-sur-Mer)에서 마들렌이라는 이름으로 공장의 경영주이자 시민의 신망을 받는 시장으로 거듭난다. 하지만 수감 시절 간수였던 자베르는 마들렌을 장 발장으로 의심한다. 그러던 중 마들렌은 8년 전부터 수배 중이던 전과자 장 발장이 최근에 잡혔다는 소식을 듣는다. 극심한 갈등 속에 마들렌, 곧 장 발장은 무고한 사람을 구하고자 자수한다. 하지만 그는 자신의 공

---

1 원작 소설에서는 1796년이다.

장에서 여직공으로 일하다 거리의 여인으로 전락한 미혼모 팡틴의 딸 코제트를 찾고자 다시 탈주한다. 테나르디에의 여관에서 코제트를 구해 낸 장 발장은 파리로 돌아오지만, 계속되는 자베르의 추적 탓에 수녀원에서 은신처를 찾는다.

몇 년의 세월이 흐른 후 장 발장과 코제트는 다시 파리 시내로 나오고, 코제트는 왕당파 대부르주아의 외손자인 마리우스와 사랑에 빠진다. 파리 시내가 왕정에 항거하는 공화파의 바리케이드로 뒤덮여 있던 1832년 6월 5일, 장 발장은 두 젊은이의 사랑을 알게 된다. 장 발장은 비밀결사 동지들과 함께 왕정에 대항해 싸우고 있는 마리우스를 돕기 위해 바리케이드로 간다. 그리고 그곳에서 청부의 첩자라는 사실이 발각되어 처형당할 위기에 놓인 자베르를 만난다. 그는 자베르를 구하고자 처형에 앞장서고, 공포 한 발을 쏜 채 자베르를 풀어 준다. 끝내 바리케이드는 진압되고 그 와중에 장 발장은 부상당한 마리우스를 하수도를 통하여 구해 낸다. 한편 장 발장에게 목숨을 구원받고 신념이 흔들린 자베르는 장 발장을 체포할 수 있는 순간에도 그를 그냥 보낸 후, 내면적 갈등을 감당할 길 없어 센강에 몸을 던져 자살한다.

마리우스는 회복되어 코제트와의 결혼을 준비한다.[2] 그러나 장 발장은 마리우스에게 자신의 정체를 밝히고 떠난다. 마리우스는 결혼식 날 찾아온 테나르디에를 통하여 장 발장이 자신의 생명을 구해 준 은인임을 알게 된다. 코제트와 마리우스가 장 발장을 찾아가지만, 그는 성자의 모습으로 죽어 간다.

---

2 원작에 따르면 장 발장은 코제트를 위하여 당당한 신분을 만들어 주고 60만 프랑에 가까운 거액을 지참금으로 내놓으면서, 현실적으로 이루어지기 어려운 두 남녀의 사랑을 성사시킨다.

01 비참한 사람들은 왜 비참한 상황에 빠졌나?

(1) 빈자에게 가혹한 공권력

영화에서 장 발장을 비롯한 많은 사람은 인간으로서의 존엄을 상실했거나 스스로 포기한 채 인간으로서의 대접을 받지 못하면서 살아가고 있다. 이들은 억울한 누명으로 종신형에 처해질 위험에 맞닥뜨리기도 하고, 해고와 파산의 두려움에 떨기도 하며 하루하루를 버틴다. 장 발장은 죄수의 신분임에도 스스로 속죄하고 극기하며 성자에 가까운 가까운 경지에까지 이른다. 그러나 그는 본질적으로 신분을 위조한 범죄자였기에 죽음에 이르기까지 정상적으로 사회에 통합될 수 없는 주변인에 머무를 뿐이다.

팡틴의 처지 역시 억울할 뿐이다. 고아 출신의 이 여인은 버림받은 미혼모임이 드러나 마들렌의 공장에서 쫓겨난 후, 어린 딸에게 돈을 보내고자 성매매 여성으로 전락하여 모멸과 학대와 좌절 속에 생을 마감한다. 그러나 가장 딱한 존재는 테나르디에 부부일 것이다. 이들은 인간으로서의 최소한의 양심과 자존심마저 팽개친 채 온갖 추악하고 야비한 악행을 무릅쓰면서 돈만 좇지만 평생 밑바닥에서 벗어나지 못한다. 사회질서와 공권력의 화신이 되어 장 발장을 좇는 경찰관 자베르 역시 비참한 인간들의 후예이기는 마찬가지이다. 감옥에서 태어난 그는 인간쓰레기에서 벗어나고자 경찰에 투신하여 임무에 충실하지만, 결국 자기 갈등 속에 스스로 목숨을 끊는다.

어른들의 불행과 악행은 아이들에게도 이어진다. 코제트는 어머니 팡틴이 몸을 팔아 보내는 양육비에도 불구하고 악질 테나르디에 부부에게 천덕꾸러기로 구박받으며 넝마를 뒤집어쓴 채 궂은일을 해야 했다. 다행히 장 발장 덕분에 교육도 받고 아름다운 처녀로 성장하지만 또한 장 발장의 불안정한 생활 때문에 사랑하는 마리우스와 잠시 이별해야 했다. 한편 테나르디에 부부의 악행은 자신들이 그렇게 귀여워하던 딸 에포닌조차 헐벗고 굶주린 처녀로, 또 아들 가브로슈를 파리의 부랑아로 몰아낸다.[3]

영화는 법과 형벌의 불합리성과 모순점을 중심주제로 삼아 이야기를 풀어 간다. 부와 권력으로 편제된 사회에서 기계적으로 적용되고 해석되는 권력과 법률은 빈자에게 무자비하고 가혹할 뿐이다. 공권력은 기득권의 편에 서서 민중을 억압한다. 장 발장에게 붙여진 수감번호 '24601'은 모든 약자에게 가해지는 국가권력의 상징이라고 할 수 있다. 장 발장은 출감하면서 자신은 이제 법의 노예가 아니라 자유로운 인간이라고 말하지만 자베르는 가석방 증표를 들먹이며 장 발장이 여전히 감시 대상일 뿐이라고 응수한다. 전과자에 대한 냉대뿐 아니라 인권 탄압에 가까운 경계와 감시, 그리고 탄압 속에서 출감 후의 장 발장은 벼랑으로 내몰린다.

자베르는 영화에서 공권력을 상징하는 인물로서 공정한 법 집행자임을 자부한다. 그는 자신의 상관인 마들렌 시장이 장 발장이라는 의심이 들자 눈치 따위는 보지 않고 상부에 보고한다. 그러나 진범으로 확신되는 또 다른 혐의자가 있다는 소식에 그는 마들렌 시장에게 자신을 무고죄로 고소해 달라고 요구할 정도로 엄격함을 보인다. 문제는 자베르가 기존 법질서의 기반을 이루는 체제에 대해서 어떠한 질문도 던지지 않는다는 점이다. 그에게 정의의 기준은 법의 위반 여부, 혹은 범죄의 여부일 뿐이다. 결과적으로 자베르는

---

3 영화에서는 테나르디에와 가브로슈의 부자관계를 설정하지 않았다.

기존 체제의 옹호자가 되어 사회 기득권 집단 혹은 부자들의 하수인으로 종사한다.

　1823년에 자베르는 몽트뢰유 쉬르 메르 거리에서 팡틴을 괴롭히던 부르주아에게 "진술서를 써 주면 여자에게 쓴맛을 보여 주겠다. 법정이 이 여자를 심판하는 것이 주님의 뜻"이라고 말한다. 1832년에 파리에서 자베르는 테나르디에에게 습격받은 장 발장을 알아보지 못한 채 "증언해 주시면 죗값을 치르게 하겠습니다"라며 같은 말을 되풀이한다.[4] 또한 자베르는 사람들의 처지나 심정 따위는 무시한다. 장 발장으로 드러난 마들렌 시장이 팡틴의 딸을 데려오기 위해 사흘의 말미를 부탁했을 때에도 거절한다. 당연하게도 자베르는 정부를 존경하고 반란을 증오한다. 그는 기존의 사회질서를 위협하는 혁명의 싹을 자르고자 바리케이드에 잠입하여 거짓 정보를 흘리고, 법치주의의 확립을 내세우며 무력 진압을 시도한다. 그러나 자베르의 자살이 암시하는 바와 같이 사랑과 배려가 없는 법집행은 오히려 사람의 영혼을 피폐하게 만들 뿐이다.

(2) 민중을 소외하는 사회

　스스로 법과 정의의 사도임을 확신하는 자베르가 지키려고 했던 당시의 기존 질서는 어떠한 것이었을까? 영화는 워털루 전투에서의 패배로 나폴레옹 시대가 막을 내린 1815년부터 공화파의 봉기가 실패로 끝난 1832년까지의 프랑스를 다루고 있다. 이 시기를 살펴보기 위해서는 1789년 프랑스 혁명으로까지 거슬러 올라갈 필요가 있다. 1789년에 프랑스 민중은 절대 군주를 처형하고 자유로운 세상을 건설하고자 했다. 그러나 혁명군 지휘자 나폴레

---

　4 이는 원작에는 없는 설정이다.

옹은 황제가 되어 혁명을 종식했고, 1815년에 복귀한 부르봉 왕조는 일종의 사이비 입헌군주제를 수립한다.

국왕은 강력한 권한을 부여받았고 귀족들은 의회와 관직에 대거 충원되었으며, 가톨릭교회는 국교의 지위를 부여받았다. 당시 선거권자는 10만 명이 채 되지 않았으며(전체 인구의 0.37%, 성년 남자의 1.43%), 특히 농민과 도시 서민이 소외되어 있었다. 그러나 사회 저변에는 여전히 혁명의 기운이 감돌고 있었다. 복고 왕정은 오랜 지지자인 부유한 지주들의 이익을 옹호하여 농민 및 도시 서민의 불안과 불만을 고조했다. 영화에서 장 발장은 1823년에 공장주의자 시장인 마들렌으로 거듭났지만 그의 공장에서 일하는 노동자와 거리의 사람들은 언제 거지가 될지 모르는 불안한 현실을 호소한다. 게다가 정부는 구체제로의 복귀를 시도하는 반동정책을 펼쳐 좀 더 자유주의적인 개혁을 원했던 부르주아와도 대립을 빚는다.

1830년 7월, 선거권의 확대와 보다 더 자유주의적인 경제 정책을 표방한 혁명은 다시 한 번 파리를 피로 물들인다. 복고왕정이 붕괴한 후 부르주아는 귀족들이 물러난 자리를 차지하고 안정, 곧 혁명적 추세의 종식을 모색

영화 〈레 미제라블〉 속의 세트로 만들어진 바스티유의 코끼리상이다.

한다. 하층민은 공화정을 희망했지만 부르주아는 입헌군주제를 원했다. 그들은 타협적 인물인 오를레앙 공 루이 필립을 내세워 7월 왕정의 입헌군주로 즉위시켰다. 따라서 7월 왕정은 자유주의적인 외관과는 달리 매우 보수적인 체제였다. 유권자는 성년 남자의 3%(20만 명)에 불과했다. 정부는 당시의 실질적 지배 집단인 부르주아의 자유와 이익을 대변하고 경제난에 시달리는 하층민의 불행에 대해서는 무관심했다. 게다가 7월 왕정은 탄압적이었다. 굶주리고 힘없는 사람들에게 법과 권력은 여전히 가혹했으며, 체제와 질서를 위협하는 움직임을 엄격하게 다스렸다. 그러나 7월 왕정 초기부터 소요와 봉기가 빈발하면서 1832년 6월 5일의 폭동으로 이어졌다.

(3) 레 미제라블(비참한 사람들)의 무지와 분열

이처럼 비참한 삶을 살아가는 사람을 양산하는 주체는 기득권층과 공권력이다. 문제는 이 비참한 사람들이 자신과 다를 바 없는 이웃들과 심지어 스스로를 피폐한 삶으로 몰아간다는 것이다. 영화에서 가장 악질적 존재인 테나르디에 부부는 탐욕스럽고 파렴치한 철면피이다. 원작 소설에 따르면 그들은 노동자의 근면함도, 부르주아의 엄격한 절제도 갖추지 못한 채 타락한 지식과 꼼수로 똘똘 뭉친 잡종 속물들이다. 테나르디에는 워털루의 패전지에서 시체로부터 거둬들인 지갑과 회중시계, 금반지와 훈장 등으로 한밑천 마련하여 몽페르메이유에서 싸구려 여관 겸 식당을 열고 손님들을 등치며 지낸다.

그러나 그들이 등치는 사람들이 팡틴 등과 같은 어려운 사람들이다 보니 벌이가 시원치 않아 결국 여관도 잃고 파리로 옮겨 온다. 이후 이들은 도시 빈민으로 전락하여 매 끼니조차 걱정해야 하는 악순환에서 벗어나지 못한다. 여전히 자선가들의 동정에 기대거나 범죄자 집단과 어울려 사기와 협

잡, 공감과 절도로 연명하면서 크게 한탕 벌고자 하는 허황된 꿈속에서 헤맬 뿐이다. 1832년 6월의 봉기에서도 혼란을 이용해서 한몫 잡을 생각만 하고, 심지어 하수구 속에서 시체들의 호주머니를 뒤진다.

테나르디에 부부는 사람들에 대한 손톱만큼의 연민도 없다. 오히려 자신의 불행과 비운을 인류 전체의 탓으로 돌리는 깊은 증오와 원한을 품고 있다. 그러한 까닭에 결국 그들은 마지막까지 사기와 기만을 일삼다가 추방당하기에 이른다. 만일 장 발장이 미리엘 주교를 만나 영혼의 각성을 경험하지 않았다면, 테나르디에 부부와 같은 모습을 보였을지도 모른다. 영화상에서 다소 과장되기는 했지만 테나르디에 부부는 배경도 신념도 결여된 채, 제아무리 용을 써 봤자 밑바닥 인생을 벗어나지 못하는 사람들의 상황을 구현해 낸 현실적인 캐릭터이기도 하다. 원작자 위고는 이러한 상황에서의 탈피를 위하여 인간애에 입각한 계몽과 사랑, 그리고 자비를 강조한다.

팡틴이 일하던 마들렌의 공장도 마찬가지이다. 팡틴의 여성 동료들은 미혼모라는 이유로 그녀를 창녀로 몰아붙이고 결국은 쫓아낸다.[5] 공장에서 쫓겨난 그녀는 인간의 존엄을 지켜 가면서 생활비를 벌 만한 일자리를 찾지 못한다. 오히려 주변에는 그녀의 탐스러운 머리카락과 흰 이를 탐내는 테나르디에와 같은 사람들만 꼬일 뿐이다. 점잖은 부르주아조차도 길거리의 여자라고 팡틴을 마구 희롱하고 모욕한다.

이웃을 감싸지 못하는 약자들은 강자와 싸울 수도 없다. 독재와 기득권 혹은 불평등이라는 현실 앞에서 앙졸라와 마리우스 등의 젊은 공화주의자들은 민중과의 연대를 모색하며 혁명과 봉기를 외친다. 민중은 젊은이들을 지

---

5 원작에서는 공장의 정숙한 분위기를 위해서 운영권을 부여받은 신앙심 깊은 여감독이 팡틴을 추적하고 해고한다. 영화에서 호시탐탐 팡틴을 노리던 반장은 원작에 등장하지 않는다.

지하지만 정작 진압군이 다가올 때는 모두 숨은 채 피 흘리며 죽어 가는 투사를 위해 문도 열어 주지 않는다. 스스로 삶을 보존해야 했던 민중은 연대와 봉기를 통해서 자신들의 삶을 바꿀 수 있다는 확신이 결여되었기에 투사들의 외침을 외면한 것이다.

요컨대 당시 장 발장 주변의 비참한 사람들은 어려운 세상을 헤쳐 나갈 방도도 희망도 없었다. 그렇다면 어디서 어떻게 희망을 찾을 수 있을까? 영화는 여러 가지 방식으로 불행한 사람들이 스스로를 구원할 방법을 제시한다.

02 비참한 사람들이 비참한 현실에서 벗어나려면 어떻게 해야 하는가?

(1) 개인적인 노력: 사랑, 자비, 관용, 양심

〈레 미제라블〉에는 인간이 경험할 수 있는 모든 종류의 사랑, 즉 종교적 사랑, 모성애, 부성애, 이성 간의 사랑, 연민, 우정, 연대 등이 등장한다. 장 발장은 이 모든 것을 아우르는 인물이다. 그런데 장 발장에게 이러한 미덕을 갖게 한 사람은 미리엘 주교였다. 미리엘 주교는 은식기를 훔친 장 발장을 용서하고 그를 형제라고 부르며 "높디높으신 분의 뜻"에 따라 새사람이 되라고 당부한다. 이런 점에서 이 영화는 종교적 메시지에서 해결책을 찾는 듯도 하다. 그러나 만인과 만물에 대한 사랑과 자비라는 미리엘 주교의 입장은 당시 막강한 위세와 특권을 누리고 있던 가톨릭교회의 관행을 넘어선 것이었다. 미리엘 주교가 말하는 "높디높으신 분의 뜻"이란 영화의 말미에서 주교가 설파하는 "타인에 대한 사랑"과 다름없다. 아울러 팡틴이 기대하는 "자비로운 신", 그리고 궁지에 처한 장 발장이 의지하는 "주님" 역시 인간의 본성으로부터 우러나오는 타인에 대한 연민과 배려, 혹은 인간의 본성을 비추는 한 줄기 빛으로 보아도 무방할 것이다.

미리엘 주교를 만난 이후 장 발장은 끊임없는 자기성찰로 절망을 딛고 일어나, 주교로부터 부여받은 도덕적 명제를 실천하고자 한다. 1823년 무렵 그는 몽트뢰유 쉬르 메르에서 사회복지시설을 세우고 가난한 이들을 자신의 공장에 채용하여 마을 전체를 부유하게 만든다. 그러나 장 발장의 노력은 한계에 부딪힌다. 공장 직원들을 보살피려는 그의 의도와는 무관하게 노동자들은 중간 관리자에게 시달렸으며, 팡틴은 공장에서 쫓겨나 거리를 헤매야 했다. 사회가 정해 놓은, 더 정확히 말하자면 기득권 집단이 규정해 놓은 규율과 도덕에 따라 어려운 사람들이 쫓겨나고 짓밟히는 것이다. 그리고 마들렌 혹은 장 발장 역시 이 상황에 어느 정도의 원인을 제공했음을 깨닫는다.

여기에 더하여 장 발장은 범법자로서의 한계에 부딪힌다. 자신 대신 누명을 쓴 한 노인의 소식을 듣고 장 발장이 자수하자, 팡틴은 딸을 만나지 못한 채 절망 속에서 죽어야 했다.[6] 물론 장 발장은 파리로 이주한 후에도 여전히 가난한 사람들을 위한 자선을 중단하지 않지만, 그로 말미암아 자베르와 테나르디에에게 노출되는 위험을 겪는다. 이는 개인이 베푸는 구제의 어쩔 수 없는 한계이기도 하다.

장 발장이 보인 개인적 노력의 한계는 분명하지만, 그 의미까지 폄하할 수는 없다. 그 효과에 대해서는 논의의 여지가 있기는 하지만, 장 발장은 미리엘 주교 앞에서 자신이 변한 것처럼 비참한 처지에 놓인 사람들도 진심이 동반된 물질적 지원을 바탕으로 사랑과 자비를 갖춘 인간으로 거듭나기를 원했다. 한편 그의 개인적 사랑은 사회적인 의미로 확대되기도 한다. 장 발장

---

6 원작 소설은 그 후 공장과 마을도 폐허가 되었다고 전한다.

은 코제트와 마리우스의 사랑을 알게 되면서 코제트를 잃을까 봐 두려워한다. 그러나 장 발장은 바리케이드로 마리우스를 찾아가서 혁명 투사들과 연대한다. 그리고 연민과 배려의 마음으로 부상당한 마리우스를 구해 내어 코제트에게로 인도한다. 장 발장은 여기서 한 걸음 더 나아간다. 바리케이드에서 정부의 첩자로 잡힌 자베르를 구해 준 것이다. '레 미제라블'로서의 장 발장의 눈에는 자베르 역시 정의롭지 못한 사회의 희생자인 '레 미제라블' 중의 하나에 불과했다. 이는 미리엘 주교가 보여 주고 실천한 "높디높으신 분의 뜻"에 따른 자기 극기의 관용이라고 할 수 있다.

이렇게 장 발장은 범죄자로서의 과거에서 벗어날 수 없었지만 자신을 희생하며 타인을 사랑하고 배려했기에 스스로 선을 위한 힘이 될 수 있었다. 무엇보다도 장 발장은 진실과 양심 앞에 정직했다. 그는 법의 절대성을 외치는 자베르에게 양심이 최상의 법이라고 말한다. 그래서 타인이 대신 불이익을 당할 경우에는 진실의 실체를 부정하거나 비겁하게 숨지 않았다. 마들렌 시장, 즉 장 발장이 자신의 혐의를 뒤집어쓴 노인의 소식을 접할 당시 이 노인은 거의 진범으로 간주되고 있었다. 이때 장 발장이 침묵했다면, 부유하고 존경받는 당시의 위치를 더욱 굳힐 뿐 아니라 자베르의 추적으로부터도 벗어날 수 있었다. 더구나 장 발장은 죽어 가는 팡틴과 그녀의 딸 코제트, 공장 직원들과 마을 시민들에 대한 책임감도 느끼고 있었다. 그러나 장 발장은 자신의 정체성에 대해서 심각하게 고민하다가 결국 재판정에 나가 자백하기에 이른다. 자신의 영혼이 하느님, 곧 진실에 속해 있는 만큼 거짓말을 한 채 다른 사람과, 특히 자신을 볼 수 없다는 결론에 이른 것이다.

장 발장의 양심과 관용은 심지어 엄격한 정의의 사도인 자베르를 변화시키기까지 한다. '영원한 범죄자'로 규정했던 장 발장이 아무런 이익도 없이, 심지어 불리해질 수도 있는 상황을 감수하면서까지 자신을 풀어 주자 자베르는 갈등한다. 범죄자도 인간이고, 범죄자도 선을 행할 수 있다는 상황에 접하면서 법과 정의에 대한 신념이 흔들린 것이다. 다른 한편으로는 범죄자, 곧 장 발장을 체포하지 못하면서 자신의 원칙을 깨뜨리고 법과 정의를 저버린 셈이 된 것이다. 법보다 양심이 우선인 장 발장의 세계 앞에서 합법과 도덕을 동일시하던 자베르의 세상은 산산이 부서졌다. 자베르는 양심의 가책과 자기 원칙의 파괴 앞에서 근원적으로 회의하고 고민하다가 끝내 죽음을 택하고 만다.

영화는 젊은 남녀 간의 사랑이 혁명의 대의만큼이나 중요하다는 메시지를 던진다. 코제트와 사랑에 빠진 마리우스는 혁명 앞에서 주저하고, 코제트는 장 발장의 불안정한 생활에서 비롯한 마리우스와의 이별 때문에 슬퍼한다. 그리고 에포닌은 코제트와 마리우스의 사랑을 알면서도 마리우스에 대한 연정을 접지 못한다. 에포닌은 마리우스를 바리케이드로 유도하고 자신 역시 남장한 채 바리케이드로 들어가 마리우스 대신 총을 맞고 숨진다. 죽어 가던 그녀는 마리우스에게 코제트의 편지를 전하여 코제트와의 작별로 상처를 입은 마리우스의 마음을 치유하고 떠난다. 편지를 읽은 마리우스는 이별하게 된 상황에서도 자신을 사랑하고 염려한 코제트의 진심을 알고 혁명에 투신한다. 특히 주목되는 것은 에포닌이 마리우스를 보호하고자 그가 사랑하는 코제트까지 보호해 준 것이다. 에포닌은 마리우스를 그리며 코제트의 집 근처를 서성이다가 그 집을 습격하려는 테나르디에 일당을 막은 바 있었다. 사악한 환경 속에서도 훼손되지 않은 순수한 에포닌의 본성과 사랑은 보석처럼 빛난다. 마침내 코제트와 마리우스는 장 발장의 도움으로 결혼하기에 이른다.

사랑 때문에 혁명을 포기한다면 대의를 저버리는 일이 될 것이다. 그렇지만 사랑을 인정하지 않는 혁명 역시 비인간적이다. 영화는 양자가 동시에 중요하며, 남녀 간의 연정 자체가 혁명의 대의와 인류의 안녕에 배치되지 않고, 오히려 기여할 수 있음을 암시한다.

(2) 사회적인 연대: 봉기와 혁명 그리고 계몽

영화에서 카리스마가 강한 앙졸라와 그 친구들은 새로운 사회의 건설을 외친다. 7월 혁명 이후에도 민중의 삶은 조금도 민생은 나아지지 않았다. 마들렌의 공장을 통해 확인할 수 있었던 것처럼 프랑스는 본격적인 산업화까지는 아니더라도, 초기 산업화의 과정을 걷고 있었고, 이에 따라 도시 노동자의 수도 배로 늘어났다. 부랑아 가브로슈는 "우리는 예전에 자유를 위해 싸웠는데, 이젠 먹을거리를 위해 싸워야 해. 이건 평등에 관한 문제야"라고 노래한다. 이는 당시의 상황을 꿰뚫는 통찰이다. 영화에서 1832년의 민중은 여전한 빈곤과 불평등에 시달리지만, 1823년의 사람들처럼 내일을 포기하는 것이 아니라 보다 나은 내일을 위해서 변화를 희구하며 투사들과 연대한다. 공화주의자들은 7월 왕정 초기부터 혁명을 도둑맞은 것으로 여기고 새로운 혁명을 모색했다. 부의 생산과 분배라는 문제를 제기하는 사회주의도 등장했다. 혁명적 전통 속에서 의식화된 장인층과 아직은 미소하지만 새로이 추가된 노동자 집단은 정치적으로는 민주공화국을 선호했으나 생활고에 시달리면서 사회주의로 기울기도 했다.

7월 왕정 초기, 투사들을 결속시킨 것은 자유와 평등과 진보라는 강한 신념으로 무장한 비밀 결사들이었다. 이 중 "인권을 위한 모임"이 가장 중요한 단체였는데, 영화에 등장하는 청년들의 단체[7]는 "인권을 위한 모임"의 하

---

7 원작에 따르면 ABC의 친구들은 프랑스어 아베세(abaissé), 즉 '억압받는 자'들에서 온 이름이다.

부 그룹을 모델로 한 것이다. 이 단체들은 아이들의 교육을 명분으로 내세우면서 실제로는 성인 노동자에 대한 무료 강좌, 사회문제에 대한 공동 토론을 진행하며 여론을 조성하고 있었다. 앙졸라 등은 대부분 부유한 가문과 고학력의 배경을 지니고 있었지만 스스로 프랑스 대혁명의 후예를 자처하면서 '비참한 사람들'의 현실에 책임을 느끼고 있었다. 결사들은 7월 혁명을 모범 삼아 봉기를 일으키고자 했다. 이들이 가장 중요하게 생각한 것은 민중을 설득하고 민중과 연대하는 것이었다.

1832년의 상황은 심각했다. 봄에는 전 유럽을 휩쓴 콜레라가 파리를 강타하여 1만 8,000여 명의 생명을 앗아 갔다. 빈곤층 사이에는 정부가 우물에 독을 풀었다는 루머가 퍼졌다. 전염병으로 죽은 사람 중에는 나폴레옹의 장군이자 자유주의 정치가였던 장 막시밀리앙 라마르크도 있었다. 그는 루이 필립 왕정에 대한 비판 집단의 선두에 있었고, 당시로서는 민중 및 노동자 집단과 교감하는 유일한 지도자였다. 비밀결사의 투사들은 라마르크의 죽음과 그의 장례식을 민중과 연대하고 봉기를 일으킬 계기로 삼았다.

영화 〈레 미제라블〉 속의 세트로 1832년의 바리케이드이다.

6월 5일 라마르크의 장례식 날, 상이군인, 학생, 공화주의자, 폴란드 · 이탈리아 · 독일 · 스페인 등지의 망명객, 파업을 일으킨 석공과 목수, 인쇄공, 흥분한 군중, 아이들 등 약 10만 명이 바스티유 광장으로 몰려들었다. 이들은 모두 삼삼오오 떼를 지어 함성을 지르고, 몽둥이와 군도를 휘두르면서 두서는 없으나 하나의 정신으로 떼 지어 갔다. 집집의 발코니와 창, 지붕에도 아이나 어른 할 것 없이 모두가 불안한 눈빛으로 옹기종기 붙어 있었다. 장례행렬이 바스티유를 지나던 중 한 사람이 붉은 깃발을 흔들며 "자유가 아니면 죽음을"이라고 외치자 군중은 반정부 시위대가 되었고 정부군은 발포를 시작했다.

한 시간도 채 지나지 않아 파리 중앙시장 부근에서만 27개의 바리케이드가 땅에서 솟아난 듯 나타났다. 봉기 첫날 밤, 투사들은 동부를 중심으로 파리의 1/3을 장악했다. 그러나 봉기는 더 이상 확산되지 않았다. 그날 밤 수도 근교를 방어하는 군인 2만 5,000명이 보강되었다. 시위대는 생마르탱 구역을 거점으로 삼아 생 마르탱가와 생드니가에 바리케이드를 쌓았다. 특히 생마르탱가와 생메리가의 교차점에서 마지막 전투가 벌어졌으며, 그 인근에서 약 800명의 사상자가 나왔다. 영화에서 마리우스 등도 그 지역에 속하는 샛길이자 이들이 자주 모였던 술집이 위치한 샹브르리 거리에서, 좁고 울퉁불퉁하고 꾸불꾸불한 골목과 삼거리라는 지형을 이용하여 바리케이드를 쌓았다. 그러나 소극적이던 민중은 문을 닫아 버렸고, 바리케이드는 밀려드는 군대 앞에서 힘없이 무너져 내렸다. 1838년 랑뷔토 가가 새로 뚫리면서 샹브르리 거리는 사라져 버렸다.

7월 왕정을 뒤집고자 했던 1832년 6월의 봉기는 실패로 끝나고, 이 봉기는 역사적으로도 큰 주목을 받지 못한다. 봉기 참가자들의 대다수는 노동계급(66%)이었고, 그중 상당수가 건설 노동자였다. 자영업자와 점원(34%)이 그 뒤를 이었다. 학생들은 지도적 역할을 하기는 했지만, 그 비율은 생각보다 적었다. 훗날 프리드리히 엥겔스는 시청을 즉각 장악하지 못한 것이 봉기의 실패 원인이라고 평가했다. 한편 원작자 위고는 당시 혁명의 정세가 무르익지 않은 상태에서 민중의 결정적인 동의를 얻지 못한 것을 원인으로 보고 있다. 민중의 힘이 결집되지 않으면 역사의 곤경에서 빠져나올 수 없다는 것이다.

그러나 위고는 바로 그 실패에서 6월 봉기의 의의를 찾는다. 진보는 민중의 영원한 생명이고 인류 역사의 추세이지만, 그 도정에는 많은 부침이 있다는 것이다. 개인의 다양한 이해관계는 대개의 경우 보편적인 가치와 충돌하기 때문에 역사 과정은 중단되기도 하고, 때로 후퇴하는 것처럼 보이기도 한다. 유토피아는 폭력에 휘말려 파멸에 처하기도 한다. 그러나 그 열정은 혁명의 성공 여하를 떠나 장 발장이 실천하는 진리, 곧 용서와 사랑이라는 인간애의 가치와 맞먹는다. 문제는 민중의 경향이 실리적이어서 추상적이고, 심지어 자신의 운명을 걸어야 할 정도로 모험의 요소가 큰 폭동을 선천적으로 싫어한다는 것이다. 원작자 위고는 진보를 위하여 민중을 강요할 수는 없으며, 오히려 인간애 및 인간의 존엄에 대한 계몽과 각성을 통하여 민중의 문화를 향상하는 것이 진보의 대의에 바람직하다는 입장을 보인다.

(3) 가브로슈와 민중, 그리고 새로운 사회

1832년 6월의 바리케이드에서 가장 매력적인 존재는 12세 꼬마 투사 가브로슈일 것이다. 위고는 들라크루아의 그림 〈민중을 이끄는 자유의 여신〉(1830)에 등장하는 소년에게서 가브로슈라는 캐릭터 탄생의 영감을 받았다고 한다. 그림에서 소년은 삼색기를 든 자유의 여신 곁에서 권총을 흔들며 군중을 독려하는데, 정부군의 시체에서 찾아낸 것으로 추측되는 탄약통 상자를

들라크루아가 그린 〈민중을 이끄는 자유의 여신〉이다.

들고 있다.

가브로슈의 부모는 가난 속에 아들을 거리로 내몰았다. 가브로슈는 거리를 떠돌면서 굶기를 밥 먹듯 한다. 이미 류머티즘을 앓아 안색은 창백하고 옷차림은 남루하다. 주거가 일정하지 않아 불안정한 생활을 하면서 구걸과 소소한 절도쯤은 우습게 여긴다. 그러나 가브로슈는 일찍부터 스스로 생계를 감당해 온 조숙함으로 기지와 재치에 반짝이는 눈빛을 보인다. 파리의 경찰에 대해서 꿰뚫고 있어 바리케이드에 잠입한 밀정 자베르를 단번에 알아보았으며, 거리의 상황을 신속하게 파악하여 전달해 주기도 한다. 자신의 말마따나 어리지만 아주 쓸모 있는 존재이다. 그 대가로 수고료를 받아 내거나 밥을 얻어먹는 약삭빠름도 보인다. 그러나 그는 순수하고 선하며, 자신의 부모와는 달리 주변 사람의 어려운 사정을 파악하고 배려하기 때문에 항상 유쾌한 존재이다.

또한 가브로슈는 혁명의 도시 파리의 기운을 받아 자유롭다. 부르주아를 증오하고, 자유분방한 무신론자 내지 무정부주의자의 사고방식으로 혁명의 방향이 민중을 위한 것임을 명확하게 직관한다. 자신의 부모처럼 권위와 권력을 조롱하지만, 두려워하지 않고 그에 당당히 맞서 자발적으로 바리케이드에 참여한다. 작지만 싸울 줄 알았던 이 소년은 민중의 냉담함에도 사기를 잃지 않고, 탄약을 찾기 위해 겁 없이 바리케이드 밖으로 나가서 죽은 국민병의 탄약통을 뒤진다. 그는 총탄이 비오듯 쏟아지는 와중에도 대담하게 노래를 부르다가 총에 맞는다. 청년들의 품에서 정지된 그의 눈빛은 아직 풀지 못한 과제에 대하여 해맑지만 강렬한 호소를 하는 듯하다.

위고는 부랑아 가브로슈를 통해서 어떠한 악의도 없는 민중 본연의 순수성을 설파하고자 했다. 그리고 그러한 민중에게서 비롯하는 프랑스의 새로운 미래를 희망한 것으로 보인다. 그러나 현실에서 부랑아들의 미래는 불투명하다. 그들은 프랑스 혁명기와 19세기에 뛰어난 혁명 투사로 활약하기도 했지만, 반면 강도와 살인범으로 악명을 떨치기도 했다. 위고는 어릴 때 쾌활하고 기민하던 부랑아들도 성인이 되면 사회질서라는 맷돌에 짓눌릴 가능성을 우려하고 있다. 더구나 어린아이들의 떠돌이 생활에서 인간의 모든 죄악이 시작되는 것으로 보고 있다. 배고픔이 그들을 도둑질로 내몰고, 도둑질은 더 나쁜 범죄로 나아가는 것이다. 가브로슈가 커서 또 다른 장 발장이나 테나르디에가 되지 말라는 법이 있을까? 위고는 정의롭지 못하고 불평등한 사회의 희생자인 이 부랑아들이 진보에 기여할 수 있게 하기 위해서는 계몽과 교육이 필요하다고 말한다. 그러기에 위고는 자신이 그렇게도 애착을 가진 가브로슈라는 캐릭터를 바리케이드에서 퇴장시킨 것이 아닐까?

1832년에 봉기가 진압되고 16년이 지난 1848년 2월, 파리는 또 한 번 거대한 혁명의 물결로 꿈틀댄다. 민중은 다시 일어나 두 번째 공화국을 세운다. 그러나 프랑스 대혁명기에 수립된 첫 공화국을 무너뜨렸던 삼촌(나폴레옹 보나파르트)의 가면을 뒤집어쓴 조카(루이-나폴레옹 보나파르트)는 다시 두 번째 공화국을 무너뜨리고 황제의 자리에 오른다(나폴레옹 3세). 새 황제에게 쓴소리를 마다하지 않은 빅토르 위고는 프랑스를 떠나 망명길에 올랐고, 한참 뒤인 1861년에 소설 『레 미제라블』을 탈고한다.

위고는 당시의 역사적 사건과 사회적 상황을 『레 미제라블』 속에 충분히 담아내고 있다. 소설의 구상은 1801년 당시 프랑스의 한 가난한 농부 피에르 모랭이 빵 한 덩이를 훔쳐 4년의 징역을 받았다는 신문 기사에서 구상이 시작되었다고 한다. 또한 외젠느 비독이라는 사람도 장 발장의 모델이 되었다고 한다. 비독은 전과자였으나 이후 사업가로 성공한 인물로 사회참여와 자선 행위로 유명인사가 되었다. 1828년에 이미 사면받은 상태에 있던 비독은 그의 제지 공장에서 장 발장이 한 것처럼 자신의 어깨로 무거운 수레를 들어 올려서 노동자 중 한 사람의 목숨을 구했다. 미리엘 주교 역시 딘뉴(Digne)의 주교였던 비앵브뉘 드 미올리스(Bienvenu de Miollis, 1753~1843)를 모델로 했다고 한다.

빅토르 위고는 자신의 체험을 활용하기도 했다. 1832년 6월 5일, 튈르리 공원에서 희곡을 집필하던 위고는 중앙시장 방면에서 총성을 듣는다. 급히 튈르리에서 나온 위고는 길을 헤매다 총격전이 시작된 바리케이드 사이에 갇히게 된다. 1841년에는 위고가 폭행으로 체포된 성매매 여성을 구해 준 적이 있는데, 당시 경찰과 나누었던 짧은 대화가 소설에 삽입되기도 했다.

『레 미제라블』 집필을 시작한 무렵인 1846년 2월 22일에 위고는 어떤 빵 도둑이 체포되는 장면을 목격하는데, 그 당시 한 공작부인과 그 아이들이 마차에서 냉정한 눈으로 그 광경을 바라보는 모습을 목도하기도 했다. 또한 그는 마들렌이 공장을 운영하고 시장으로 재직했던 몽트뢰유 쉬르 메르에서 몇 차례의 휴가를 보내기도 했다.

이러한 체험적 활동과 더불어 소설은 마리우스를 통하여 빅토르 위고의 정치적 편력과 전환의 과정을 보여 주고 있다. 위고는 소설에서의 마리우스처럼 왕당파 어머니와 나폴레옹 군대의 장군이었던 아버지 사이에서 갈등했던 것이다. 그는 복고 왕정기에 국왕으로부터 하사금과 훈장을 받았으며, 샤를 10세 대관식에서 송시를 짓기도 했다. 이어서 7월 왕정기에는 루이 필립 일가와 우호적인 관계를 유지하면서 아카데미 프랑세즈에 입회하고 귀족의 작위까지 획득했다. 2월 혁명 당시에도 위고는 민중봉기에 동조하지 않았다. 그가 공화주의로 전향한 결정적인 계기는 1851년에 있었던 루이 나폴레옹 보나파르트의 쿠데타였다. 망명 시절 당시 공화주의자였던 위고는 1832년에 일어난 봉기와 그 주역들에게 우호적인 입장을 명확하게 취했다. 이처럼 소설에서의 마리우스 또한 왕당파 대부르주아인 외조부와 나폴레옹 휘하 군인이었던 아버지 사이에서 갈등한다. 그는 외조부와 절연하고 스스로 생계를 마련하면서 민중의 빈곤을 직접 경험하지만 자신의 정치적 정체성을 둘러싸고 방황과 고뇌를 거듭한다. 오랫동안 ABC의 친구들과도 어느 정도 거리를 두다가 결정적인 순간에 바리케이드에 참여하여 눈부신 활동을 보인다.

소설 『레 미제라블』은 출간 당시 동시대의 일부 작가로부터 '비도덕적이고 감상적이며 급진 혁명파에 동조적'인 '작위적이고 실망스러운 작품'(공쿠르 형제)이며, '위대함도 진리도 없으며'(귀스타브 플로베르), '비루하고 어리석은'(샤를 보들레르) 작품이라는 혹평을 받았다. 그러나 대중은 이 작품에 열렬한 호응을 보냈다. 작품이 대중적으로 엄청난 성공을 거두면서 19세기의 가장 뛰어난 소설 가운데 하나라는 평가까지 얻는다. 이러한 평가는 아마도 당대 민중이 겪는 곤궁한 삶에 대한 증언과 함께 인간의 존엄성을 지키려는 작가의 의지가 큰 공명을 얻어 냈기 때문일 것이다.

이 작품은 확고한 대중성과 오늘날까지 이어지는 생명력을 바탕으로 연극, 라디오 드라마, 텔레비전 영화, 텔레비전 미니시리즈, 뮤지컬, 만화 등 다양한 장르로 각색되었다. 그리고 영화로도 40여 차례에 걸쳐 제작되었다. 한국에서도 영화화된 적이 있는데, 조긍하 감독의 1961년 번안극 〈쟌발쟌〉이 바로 그것이다. 김승호가 주연을 맡은 이 작품은 안타깝게도 현재는 전하지 않고 시나리오만 남아 있다.

최근에 영화화된 『레 미제라블』 가운데 주목할 만한 작품은 〈남과 여〉로 유명한 클로드 를르슈 감독의 1995년 작 〈레 미제라블〉을 들 수 있다. 이 작품의 무대는 제2차 세계대전 당시의 프랑스이다. 줄거리는 가난 때문에 어릴 때 부모를 잃은 전직 복서인 앙리(장폴 벨몽도 분)가 우연히 한 유대인 가족을 스위스로 피난시키는 과정에서 위고의 소설 『레 미제라블』을 접하게 되고, 그의 삶 역시 장 발장이 걸어간 궤적을 따른다는 내용이다. 위고의 소설에서 영감을 받아 자유롭게 재해석한 작품이라고 할 수 있다. 그리고 〈정복자 펠레〉(1988)와 〈최선의 의도〉(1990)로 유명한 덴마크 감독 빌 어거스트가 만든 1998년 작 〈레 미제라블〉도 눈여겨볼 만하다. 이 작품은 리암 니슨이 장 발장 역을 맡았고, 우마 서먼이 비련의 여인 팡틴으로 열연했다. 이 작품은 원작을 가장 충실히 스크린에 옮겼다는 평가를 받았다. 또한 2000년에 프랑스에서 텔레비전 필름으로 제작된 4부작 〈레 미제라블〉이 있다. 제라르 드 파르디외가 장 발장을 연기했고, 존 말코비치가 냉혈한 자베르 경사 역을 맡아 인상적인 연기를 선보였다.

04 결론

영화 〈레 미제라블〉은 자비와 사랑, 혁명이라는 장엄한 서사 등 풍부한 요소로 가득 차 있는 아름다운 영화이다. '종교나 이데올로기에 국한되지 않으면서도' 그것들을 포용하여, '인간 본래의 인본주의'를 맥락으로 깔고 있다. 인물들의 슬픔은 개인적인 차원에 머무르지 않고 혁명의 실패를 거치면서 공유하는 아픔으로 확장된다. 코제트와 마리우스의 품 안에서 숨을 거둔 장 발장은 '타인에 대한 사랑'을 설파하는 미리엘 주교를 만난 후 바리케이드로 올라가 팡틴, 1832년 6월 봉기 당시의 희생자들, 그리고 민중과 함께 〈민중의 노랫소리가 들리는가(Do you hear the people sing?)〉를 부른다. 설사 혁명이 실패로 돌아갔을지언정, 자유와 평등을 향한 사람들의 간절한 소망과 의지는 모두가 함께하는, 특히 민중이 행복한, 그러기에 '레 미제라블'이 없는 내일을 기약한다.

이 점에서 영화는 '역사를 좀 더 긴 안목으로 보라'는 암시를 하는 듯하다. 역사상으로 볼 때 프랑스 혁명은 실패하지 않았다. 흩뿌려진 젊은이의 피를 먹은 혁명의 불씨는 꺼지지 않고 종국에는 민중이 왕정을 꺾고 승리한다. 〈레 미제라블〉에서도 투사들의 혁명은 실패로 끝나는 듯 보인다. 하지만 1848년 2월 혁명이 일어나 왕정을 무너뜨리고 공화국을 수립했다. 혁명의 기운은 유럽과 전 세계로 퍼져 나가 마침내 각국에서 민주주의를 꽃피우게 된다.

물론 영화는 개인적 구원이 사회적 구원에 닿아야 한다고 도식적으로 설명하지는 않는다. 그러나 마지막 피날레를 장식하며 부르는 노래 속에서 개인이든 사회이든 끊임없는 노력이 결국에 가서는 구원을 얻게 만들 것이라는 희망의 메시지를 분명하게 전달한다. 다시 말해서 인간은 모두 비참한 존재이며, 인도주의적 연민, 즉 서로에 대한 사랑과 용서, 자비를 바탕으로 한 연대로 인간다운 세상을 만들어야 한다는 것이다. 인간은 본성과 양심에 의거하여 서로의 고통에 공감하고 이해와 포용으로 함께할 때 비로소 가장 인간다울 수 있지 않을까?

마지막으로, 영화가 아무리 훌륭해도 원작 소설의 풍부함과 깊이를 다 담아낼 수는 없다. 2,000쪽 전후의 방대한 분량이지만 일독을 권한다.

참고문헌

1. 노명식, 『프랑스 혁명에서 파리 코뮌까지, 1789~1871』(개정판), 책과 함께, 2011.
   1980년에 낸 책을 30년 만에 다시 펴낸 개정판이다. 근대 시민 혁명의 전형인 프랑
   스 혁명과 그 이후에 전개된 19세기 프랑스 역사의 흐름을 연대순으로 골라 그 정치
   적 변화들이 왜 일어나야 했는지, 그리고 경제, 사회, 사상 등과의 관계는 어떠했는지
   를 풀어 쓴 일종의 개설서이다.

2. 델핀 뒤사르 지음, 백선희 옮김, 『빅토르 위고』, 동아일보사, 2003.
   프랑스 아티에(Hatier) 출판사에서 나오는 '역사 속의 인물 총서' 중 한 권으로 위고의
   생애를 다양한 측면에서 조망했다. 뒤에 제시한 이규식의 저서가 위고의 문학 작품
   을 위주로 했다면, 이 책은 위고의 가족사와 더불어 정치인으로서의 위고의 모습도
   다양한 근거 자료를 바탕으로 보여 준다. 왕당파에서 공화주의자로 전향했으며, 공
   화주의자 가운데에서도 어떤 당파에도 속하지 않았던 위고의 모습을 통해 저자는 위
   고를 정치인이라기보다는 이상주의자라고 평가한다.

3. 로저 프라이스 지음, 김경근 · 서'이자 옮김, 『혁명과 반동의 프랑스사』, 개마고원,
   2001.
   케임브리지 세계사 강좌 시리즈 중 한 권으로 '1부 중세 및 근대 초 프랑스', '2부 이
   중혁명: 근대 및 현대 프랑스'로 구성되어 있다. 위고의 『레 미제라블』의 시대적 배
   경을 이해하는 데 2부의 내용이 특히 도움이 된다.

4. 빅토르 위고 지음, 이형식 옮김, 『레 미제라블』(전 5권), 펭귄 클래식 코리아, 2012.
   빅토르 위고 지음, 정기수 옮김, 『레 미제라블』(전 5권), 민음사, 2012.
   가장 최근에 새로 완역된 『레 미제라블』로 어떤 책을 읽어도 큰 차이는 없다. 다만
   펭귄 클래식 코리아 판은 등장인물의 이름이 원어에 가깝게 표기되어 있고, 각 권의

말미에 역주를 덧붙여 놓았다. 대화체 번역은 민음사 판이 좀 더 자연스럽다. 그러나 두 판본 모두 자연스럽고 유려한 윤문이 이루어지지 않아 다소 아쉬움이 있다. 또 다른 완역본으로는 미르북 컴퍼니에서 펴낸 전 5권의 『레 미제라블』(2012)이 있는데, 이 판본은 프랑스어를 직접 번역하지 않고 영어에서 중역을 했으며, 누락이라고 여겨질 만큼 문장이 지나치게 단순화되었다. 되도록 앞에 제시한 두 판본 가운데 하나를 선택하기를 권한다.

5. 이규식, 『빅토르 위고-시대의 우렁찬 메아리』, 건국대학교출판부, 1996.

건국대학교에서 펴낸 '문학의 이해와 감상' 시리즈 중 한 권으로 주로 위고의 대표작을 소개하고 작품 분석을 간략히 담고 있다. 대표적인 소설 작품 외에도 시인으로서, 극작가로서의 위고를 이해하는 데 도움을 준다. 부담 없는 분량(총 150쪽) 안에서 문학적 평가가 주를 이루지만 프랑스의 가장 큰 문학적 산맥을 이룬 위고를 알기 위한 안내서로 손색이 없다.

제2장

고요한 돈강

혁명, 이데올로기, 사랑

이종훈

Мелеховский двор — на самом крак
со скотного база [1] ведут на север к Дон
саженный спуск меж замшелых в прозел
и вот берег: перламутровая россыпь р
ломистая кайма нацелованной волнами г
перекипающее под ветром вороненой ря
На восток — за краснóталом гуменных
ский шлях, полынная прос... ...елоптан
пытами бурый, живущой п... идорожник,
вилке; за ней—...ва...та...ла ...чим маре
меловая хребт... ...ал...о...ад — улиц
площадь, бегущая к займ

В...е...е...ми тур...о кампани
тор ...ме... ...ехо... Пр...из Тур
жену— маленькую, з...ю...ю в шал
п...а...ня...а...а ...а...скующ
ра...о...а...а ...а...а неве,
радужные узоры ...зоры...абью завис

The epic film based on Mikhail Sholokhov's classic novel □ Starring Eilina Bystritskaya □ Pyotr Glebov □ Screenplay and Direction by Sergei Gerasimov □ A Gorky film studio production □ In Color □ This picture is being distributed by United Artists at the request of the U.S. Department of State in connection with its cultural exchange agreement with the Soviet Union.

고요한 돈강(And Quiet Flows the Don)

감독: 세르게이 게라시모프
1957년, 러시아

영화 및 주제 소개

러시아혁명을 시대적 배경으로 하는 영화 〈고요한 돈강〉(1957~1958)은 구소련의 작가 미하일 숄로호프(Michail Scholokhov, 1905~1984)가 쓴 동명의 장편 대하소설(1928~1940)을 원작으로 한다. 톨스토이의 『전쟁과 평화(Voina i mir)』에 견주어 종종 언급될 정도로 방대한 스케일을 지닌 이 작품은 "돈강 일대의 대서사시 속에 러시아인이 겪은 역사적인 삶을 표현한 작가의 예술적 역량과 포괄적 통합성"이 인정되어 1965년 숄로호프에게 노벨문학상을 안겨 주었다.

숄로호프는 보리스 파스테르나크나 알렉산드르 솔제니친과는 달리 소련 정부의 반대 없이 노벨상 시상식에 참석할 수 있었던 유일한 소련 작가였다. 동서냉전 시대임에도 불구하고 원작 소설의 역사적 가치와 문학성이 소련 내외에서 모두 인정받았다는 것은 당시로서는 매우 특이한 점이었다. 이러한 특이성은 그의 작품이 이념을 초월하는 보편성을 획득했음을 잘 보여준다. 그의 작품에 담긴 전쟁의 잔혹성과 그로 인한 인간성의 상실 같은 보편적 주제에 공감하는 추세는 노벨상 수상 이전부터 이미 서방 세계에서 나타나고 있었다. 단적인 예로, 1961년부터 영어권에서 등장하여 범세계적으로 크게 풍미한 반전가요 〈꽃들은 다 어디로 갔나?(Where Have All the Flowers Gone?)〉의 작사가 시거(Pete Seeger)는 바로 숄로호프 소설 첫 장의 "거위들은 어디로 갔나?"라는 구절에서 이어지는 돈강 유역 '카자크인' 노랫말로부터 영감을 받아 가사를 지은 것으로 전해진다. 또한 1960년에 발표된 단편 「인간의 운명」에 대해서도 세계적 반전문학 작가인 헤밍웨이와 레마르크가

물동이를 지고 가는 여주인공 악시냐와 그녀를 연모하는 그리고리.
혁명과 내전의 소용돌이 속에 이들의 사랑은 비극으로 끝난다.

공감을 표하며 숄로호프에게 축하의 말을 전했던 사실도 같은 맥락으로 이해할 수 있다.

사회주의 리얼리즘 영화의 대부인 세르게이 게라시모프는 노벨상에 앞서 스탈린상을 수상하기도 한 〈고요한 돈강〉을 원작자와 긴밀히 상의해 가며 시나리오를 썼을 뿐만 아니라 감독으로서 제작 과정 또한 총괄하였다. 영화는 러시아혁명 40주년을 기념하여 1957년 11월에 1~2부가 개봉되고, 반년 후 3부가 완성되어 상영되었는데, 이 기간의 관객 수가 연인원 4,700만에 이를 정도였다. 원작 소설은 모두 세 차례나 영화로 제작되었다. 첫 번째는 스탈린 시대인 1931년에 원작이 채 완결되지 않은 상태에서 시도되었고, 마지막은 비교적 최근인 2006년에 제작되었으나 관객 호응도에서 게라시모프의 작품을 넘어서지 못하였다. 게라시모프 감독의 작품은 무엇보다도 원작과 영화 속의 주역이라고 할 카자크인으로부터 커다란 공감과 동질감을 불러일으켰다. 그만큼 돈강 유역 카자크인의 정서와 집착과 가치관을 역사적 격동기의 삶 속에 잘 녹여내어 완벽하게 재현했다.

러시아 역사와 문화에서 '카자크'는 러시아 사회를 양분하는 지주 귀족도, 대다수의 예속 농민도 아닌 제3의 계층을 상징한다. '카자크'란 투르크어로 '자유인' 내지는 '모험가'를 뜻한다(중앙아시아의 투르크계 유목민인 '카자흐'와 혼동해서는 안 된다). 러시아에서는 농노제 소멸이라는 서유럽 근대사의 진행 방향과는 반대로 오히려 15~16세기부터 농노제가 확립되기 시작했는데 이에 반발하여 소중한 '자유'를 찾아 변경 지대에 정착한 이들이 바로 '카자크'이다. 이들 대다수는 러시아 출신으로 러시아어를 구사하고 동방정교회를 신봉하지만(영화에서 가장 많이 나오는 장면 중 하나가 집에 들어와 이콘 앞에서 성호를 긋는 일이다), 전제정과 농노제 속에 속박되어 살아가는 러시아인과 스스로를 구별하는 의식이 매우 강하다. 그들은 전체 회의를 통하여 자신들의 수장인 '아타만'을 선출하고 자치공동체의 중대사를 결정하는 일종의 참여정치를 지켜 왔다. 특히 돈강 유역의 카자크는 가장 역사가 오래되고 가장 큰 규모로 번창하였다.

게라시모프는 대다수의 출연 예정자를 아예 돈 카자크 지역 마을에서 여러 달 지내게 하면서 현지 노인뿐만 아니라 민속예술단과의 접촉을 통해 그들의 풍습과 삶에 젖어들도록 하였다. 이 과정에서 감독은 생각지 못한 남녀 주연배우를 찾아냈다. 남자 주인공인 그리고리 멜레호프 역은 당시 영화 출연 경험이 전혀 없었던 표트르 글레보프라는 젊은이에게 돌아갔다. 그는 비록 모스크바 출신이지만 나중에 알고 보니 선조 중에 유명한 카자크 수장이 있는 집안 내력이 있었다. 그러한 내력 덕분인지 그는 말에 올라타 질주하는 동작과 낫질과 쟁기질을 모두 자연스럽게 해냈으며, 무엇보다도 시골 사람의 화법을 구사할 줄 알았다. 이러한 점은 게라시모프의 눈에 드는 결정적인 요인이 되었다. 돈 카자크와 외가 쪽으로 연관이 있는 원작자 숄로호프도 감독이 보여 준 출연진의 시범 연기 필름을 보다가 표트르 글레보프를 보고는 "저 사람이 진짜 카자크다!"라고 소리쳤다고 한다. 한편 여자 주인공인 악시냐 역은 감독이 염두에 둔 배우가 따로 있었다. 하지만 엘리나 븨스트리츠카야라는 배우의 시범연기 필름을 보던 숄로호프가 "저 여자야, 악시냐를 쏙 빼닮았어!" 하는 바람에 배역은 그녀에게 돌아갔다. 그녀는 우크라이나 출신이었지만 완전한 돈 카자크 여인이 되기로 마음먹고, 들판에서 일하는 억센 여인의 몸매를 만들기 위해 식사량을 늘리기도 하였고, "나무 막대로 연결된 물동이 두 개를 어깨로 지고 가는 모습에서부터 그리고리의 시선과 마음을 빼앗도록 매력을 뿜어내야" 한다는 돈 카자크 노파의 조언에 따라 같은 동작을 수없이 연습하며 내면 연기를 병행했다고 한다(당시 제작된 영화 포스터에도 물동이를 진 악시냐와 말에 탄 채 그녀 뒤에서 야릇한 시선을 던지는 그리고리가 도안될 정도로 상징적인 모습이다). 그런 노력 덕분에 영화가 상영된 후 그녀는 여러 돈 카자크로부터 "너도 우리 돈강 마을 사람이지"라는 이야기를 들었다고 한다.

영화 줄거리

영화는 돈강 유역 타타르스키 마을의 멜레호프 집안을 중심으로 이야기가 전개된다. 멜레호프가의 구성원은 중간 정도 규모의 카자크 자영농인 판텔레이 내외, 장남 페트로와 그의 아내 다리야, 주인공 격인 차남 그리고리, 막내딸 두냐시카(예브도기야의 애칭)이다.

그리고리는 이웃집 스테판 아스타호프의 아내 악시냐와 사랑에 빠져 있다. 하지만 판텔레이가 이 사실을 알아채고 부농 미론 코르슈노프의 딸 나탈랴와 강제로 결혼을 시킨다. 그러나 나탈랴에게 애정을 느끼지 못한 그리고리는 악시냐와 도피하여 카자크 귀족인 리스트니츠키 장군의 영지에서 자신은 마부로, 악시냐는 하녀로 일하며 생활한다.

한편 타타르스키 마을의 상점에서는 미시카(미하일의 애칭) 코셰보이, 이반 코틀랴로프, 발레트 등 몇몇 카자크가 열쇠공으로 일하는 러시아사회민주노동당 비밀당원 슈토크만과의 대화를 통하여 계급의식과 혁명사상에 조금씩 눈을 뜨기 시작한다. 이들은 훗날 내전에서 타타르스키 마을의 적위군 핵심 세력이 된다.

제1차 세계대전이 발발하면서 타타르스키 마을에도 동원령이 내린다. 페트로, 스테판 등 마을의 카자크들은 국경 부근의 전선에 투입된다. 한편 리스트니츠키 장군 저택에 악시냐를 남겨 두고 훈련소로 입영했던 그리고리도 전선에 합류하게 된다. 전선에서 벌어진 오스트리아군과의 전투에서 처음으로 적병을 살해한 그는 죄책감에 시달리지만 한편으로는 전공을 인정받아 게오르기 무공훈장을 받는다.

한편 리스트니츠키 장군의 아들인 예브게니 중위는 전선에서 부상을 입고 일시 귀가한다. 때마침 악시냐는 그리고리와의 사이에서 낳은 아이를 잃고 비탄에 빠진다. 예브게니는 상심한 악시냐를 위로하는 척하다 욕정을 채우고 만다. 역시 부상으로 휴가를 얻어 장군의 저택으로 돌아와 이 사실을 알게 된 그리고리는 예브게니에게 말채찍을 휘둘러 응징하고 악시냐를 떠나 가족에게 돌아간다. 아내 나탈랴를 포함한 온 가족이 그를 반갑게 맞는다.

그리고리는 다시 전선으로 나가지만, 카자크들은 이미 오랜 전쟁으로 인해 사기가 떨어지고 우울증에 심한 향수까지 겹쳐 불만이 넘쳐난다. 이 무렵 러시아 정국은 2월혁명으로 황제가 물러나고 케렌스키의 임시정부가 수립되어 각 정파의 갈등이 본격화한다. 볼셰비키는 '전쟁 종식'을 슬로건으로 내세우는데 카자크들도 전쟁이 끝나기를 바라며 동요한다. 상당수의 카자크 부대는 임시정부를 접수해 궁극적으로는 볼셰비키 분쇄를 목표로 하여 수도 페트로그라드에 군대를 투입하려는 코르닐로프 장군의 계획에서 핵심 역할을 맡도록 되어 있었지만, 지시를 따르지 않음으로써 장군의 기도를 좌절시킨다. 이 과정에서 같은 카자크 부대에서 장교로 함께 복무했던 칼믜코프와 분추크가 충돌한다. 볼셰비키를 조국의 배신자라고 규탄하던 칼믜코프는 볼셰비키 정치 선전원이 된 분추크의 총탄에 살해된다.

볼셰비키가 수도에서 권력을 장악한 10월혁명 이후 카자크 병사들은 귀향한다. 하지만 곧바로 내전에 휘말리고 만다. 카자크가 볼셰비키 지지 여부를 놓고 분열한 것이다. 돈 지역도 장교들을 중심으로 한 돈 군사정부와, 볼셰비키와 연대한 돈 군사혁명위원회가 대표성을 놓고 날카롭게 대립한다. 그리고리는 초반에는 포병 부사관 출신인 포트툐코프의 말에 공감하여 적위군에 합류하여 싸운다. 하지만 부상을 당하고, 전장에서 포트툐코프가 백위군 포로들을 대하는 비정함을 접하고는 분개하여 얼마 후 귀향한다. 그는 볼셰비키의 토지 정책을 비난하는 아버지와 형 페트로의 설득으로 이번에는 백위군에 가담하게 된다.

적위군과 백위군은 일진일퇴를 거듭하며 승패를 주고받는 과정에서 숱한 희생자를 낸다. 한때 기세등등했던 포트툐코프는 백위군의 기습으로 분추크를 비롯한 그 동료들과 함께 포로가 된 후 한 마을 어귀에서 공개적으로 처형되고, 페트로와 함께 현장에 도착한 그리고리는 이를 바라보며 착잡한 심정이 된다. 그러나 다음에는 형 페트로가 포로가 되어 옛 친구이자 적위군인 미시카 코셰보이의 총탄에 살해된다. 나탈랴는 다시 시작된 악시냐와 그리고리의 내연 관계를 비관하며 낙태를 시도했다가 그 후유증으로 죽고 만다. 그 이후로 아버지 판텔레이, 형수 다리야, 어머니 일리니츠나도 모두 죽음을 맞고 여동생 두냐시카만 남게 된다.

흑해 연안의 노보로시스크 항구에서 적위군에 쫓겨 해외로 망명하려는 자들의 아비규환에 환멸을 느낀 그리고리는 도피하려던 생각을 조용히 접고 다시 적위군으로 전향한다. 그러나 그는 적위군 중견 장교로 복무하며 새로이 전공을 쌓았음에도 지난날 백위군 장교로 복무했던 경력 탓에 군대에서 밀려난다. 귀향한 그리고리는 조용한 삶을 원하지만, 이제는 처남 매부 사이가 된 미시카 코셰보이에 의해 오히려 체포될 위기에 놓인다.

마을을 떠나 이번에는 볼셰비키에 대한 소규모 무장 저항 세력에 자의반 타의 반으로 가담하여 그날그날의 삶을 살던 그리고리는 여생의 마지막 희망을 악시냐에게 걸고 다시 마을로 잠입하여 그녀와 함께 탈출을 시도한다. 그러나 이 과정에서 마을 순찰조의 총탄에 비명횡사한 연인의 죽음 앞에 또다시 좌절하고 만다. 모든 것을 잃어버린 그리고리는 말과 총마저 버리고 모두 떠나간 고향 집으로 돌아오며 길목에서 자신을 겁먹은 눈길로 맞아 주는 아들을 끌어안는다.

01 카자크의 정체성과 딜레마: 자유와 소유

카자크인의 정체성을 이루는 중심적 가치는 자유와 소유이다. 바로 이것이 영화와 아울러 원작을 관통하는 주제이다. 카자크라는 말뜻이 '자유인'이라는 데서 알 수 있듯이, 그들에게 자유와 그 표현 방식인 독립성은 생명과도 같다. 도망친 농노를 추적하여 그 신병인도를 요청하는 귀족 지주들에 대하여, 돈 카자크는 이미 16세기부터 '돈강으로부터 인도는 없다'는 원칙을 천명해 왔다. 이것은 마치 서유럽의 중세 도시가 도망 농노에게 안식처를 제공하여 자유민이 되는 길을 보장했던 자유의 요람과 유사하다. 극단적인 경우에 돈 카자크는 자유를 억압하는 통치자에 맞서 카자크의 범위를 넘어서는 전체 민중의 봉기를 이끌어 나가기도 했다. 러시아 역사상 최대의 농민 봉기를 이끈 스텐카[스테판의 애칭] 라진과 푸가초프는 모두 이러한 돈 카자크 출신이다.

카자크는 자유를 지키기 위하여 무엇보다도 무장 자위력을 갖추는 데 주력했다. 그 전투력의 핵심인 카자크 기병의 위력에 대해서는 폴란드나 투르크와 같은 주변국 군주들은 물론 나폴레옹까지도 인정한 바 있다.[1] 러시아 황제도 카자크의 군사력에 주목하여 그들에게 '자치' 내지는 자율을 보장하

---

1 영화에서도 백위군의 크라스노프 장군이 국내외 반혁명 세력을 모아 연회를 베풀면서 1812년 나폴레옹 침공을 격퇴한 카자크 기병대의 업적을 자화자찬하는 모습이 나온다.

고, 이들을 변경 방어나 정규 전투에 동원하고, 그 대가로 이들에게 '토지'를 지급했다. 이에 따라 돈강 일대의 카자크 지역은 러시아제국의 공식적인 지방행정 단위가 되었다.[2]

그런데 17세기 중·후반만 하더라도 돈 카자크 상류층은 농경 생활에 반대해 왔다. 왜냐하면 농사는 자유의 요람인 돈강 유역에 다시 지주-농노제를 불러들일 수 있다는 우려 때문이었다. 즉, 토지와 자유가 양립할 수 없다고 보았던 것이다. 그러나 새로이 유입되는 도망 농노 출신의 카자크 하층민 대다수는 원정 및 약탈과 어로 생활에만 의존할 수 없어 토지 경작을 원했다. 결국 돈 카자크 사회는 농경 생활을 받아들인다. 그리고 이를 통한 경제적 자립은 점차 카자크의 자유를 보장하는 새로운 토대가 되기 시작하였다. 즉, 토지와 자유는 불가분의 관계에 놓이게 되었다. 그리고 이 두 가지를 연결하는 것이 바로 카자크의 군사력이다.

혁명 전의 러시아제국에서 모든 카자크 남성은 18세부터 20년 동안 군 복무를 해야 했다. 그들은 첫 3년 동안 예비사단에 소속되고, 다음 12년 동안 현역 복무를 하며, 마지막 5년은 예비군에 속하게 된다. 황제 정부에서는 오로지 무기만 제공하기 때문에 모든 카자크는 자신의 제복과 말과 마구 등 장비 일체를 자신의 경제력으로 갖추어야 했다. 바로 이러한 장비 구입을 위해서도 카자크에게 토지는 필수적 요소였다. 영화 속의 첫 장면도 토지 경작을 하던 마을의 카자크들이 5월 소집령을 받고 제복과 장비를 갖추고 말에 올라 병영으로 떠나는 모습이다. 한편 카자크는 종종 차르(러시아 황제)의 명령으로 시위 진압 등 국내 치안 유지에도 동원되는데, 결국 차르로부터 일정한 '자유'를 보장받은 이들이 타인의 자유를 탄압하는 선봉에 서고 대가로 급료

---

2 1786년부터는 '돈군(軍) 지대'로, 1870~1920년에는 '돈군주(州)'가 되었다.

나 토지를 받는 '모순'에 처하게 된 것이다. 즉, 토지는 카자크의 자유를 보증하는 기반이면서 동시에 타자의 자유에 대한 억압의 대가이기도 했다.[3]

역사적으로 러시아에서 '자유와 소유'는 모든 인민의 비원(悲願)이었다. 19세기 러시아에서 가장 유명했던 혁명적 나로드니키(인민주의) 단체의 명칭이 '토지와 자유'인데, 여기서 토지란 곧 소유를 말하는 것으로 자유와 함께 아직 실현되지 못한 인민의 열망을 상징한다. 이렇게 보면, 카자크는 대부분의 러시아 농민과는 달리 일찍부터 자유와 소유를 향유해 온 매우 예외적인 존재이다. 영화 속에서 볼셰비키 정치위원이 되어 타타르스키 마을에 다시 나타난 슈토크만은 카자크의 의식이 300년이나 굳어져 온 것임을 동료인 미시카 코셰보이와 코틀랴로프에게 상기시키며 이를 일소하는 과업에 타협이 있어서는 안 됨을 강조한다.[4]

자유와 소유는 카자크의 정체성을 이루는 요소이기도 하지만, 혁명이라는 역사적 대변혁 속에서 카자크에게 갈등을 안기는 요인이기도 하다. 영화 속의 촉망받던 청년 카자크 그리고리는 혁명기에 접어들며 백위군과 적위군의 양 진영 사이를 수차례 오가며 방황하는 이른바 '돈강의 햄릿'이다.[5] 그가 처음에 적위군에 가담하게 된 것은 자유 때문이었다. 그러한 그가 적위군에

---

3 또한 카자크의 군사력도 애초에는 자신의 자유를 수호하기 위한 것이었지만, 이후에는 권력자에게 판매하는 상품이 되었고, 권력자는 이 상품을 소비함으로써 또 다른 사회 집단의 자유를 억압하게 되었다.

4 숄로호프의 작품이 처음 발표되던 당시에 소련 문단의 반응은 매우 부정적이었는데 특히 이야기 전개가 그리고리와 같은 '가진 자' 중심으로 이루어지고 있는 점에 대하여 특히 비판적이었다.

5 작품 속 인물 그리고리의 모델이 된 실존인물은 하르람피 예르마코프인데 숄로호프의 고향이나 다름없는 돈강 유역 뵤셴스카야 마을 사람으로서 내전 기간에 실제로 여러 차례 백위군과 적위군 진영을 오가며 활동하고 가담했던 사람이다.

게 등을 돌리는 것은 소유 때문이다. 우리는 영화 속에서 관련 장면을 음미해 볼 수 있다.

전투에서 부상을 입고 후방 병원에 입원한 그리고리는 전장의 병사들이 부유 계층에 이용당하고 있다고 주장하는 병실 동료 가란차에게 설득되어 위로 차 병원을 방문하여 질문을 던지는 황제(원작에서는 대공)에게 엉뚱한 대답으로 당황하게 만든다. 이는 다른 이의 행복을 위해 자신의 자유가 희생되고 손상된 것에 대해 분노를 표시한 것이다. 여기서 머쓱해진 황제 내외와 수행원 일행은 서로 영어와 프랑스어를 주고받으며 민중의 무지함을 조소한다. 그들의 외국어는 평범한 출신의 카자크를 배제하고 소외시키는 또 하나의 장벽을 뜻한다.

혁명으로 황제가 물러난 후 그리고리는 착취 계급을 적대시하여 인민 해방을 주장하는 포트툘코프 같은 볼셰비키 세력에 동조하면서 돈 지역 군사혁명위원회 창립발기대회에서 참석자들에게 포트툘코프의 발언을 경청하라고 일갈하는 등 회의장의 어수선한 분위기를 다잡는 역할을 하기도 한다. 이 모든 것이 지배 계급에게 이용당하지 않고 카자크 자신의 주체성과 독립성을 지키려는 자유정신의 표현으로 해석될 수 있다. 그러나 포트툘코프가 전투에서 붙잡힌 장교 포로들을 혁명의 적으로 규정하며 잔혹하게 다루자 환멸을 느낀다.

결국 그리고리는 부상까지 겹쳐 집으로 돌아온다. 여기에다 아버지 판텔레이와 형 페트로가 카자크의 농지를 노린 볼셰비키의 토지 정책을 비난하자 그의 마음은 볼셰비키 반대편으로 돌아선다. 토지는 무엇보다도 카자크의 자유를 보증하는 물적 토대이기 때문이다.[6] 그 후 그는 백위군의 소집

---

6 영화에서 그리고리를 포함한 카자크인은 탁월한 기병 내지 기수이자 동시에 자루 긴

령을 피해 마을을 떠나자고 촉구하는 가난한 카자크 발레트와 극심한 언쟁을 벌인다. 이 자리에서 그리고리는 발레트를 "가진 것이라고는 외투밖에 없어 쉽게 말할 수 있는" 존재로 몰아붙이며 집과 가족과 땅을 가진 자신은 삶의 터전을 간단하게 떠날 수는 없다고 말한다. 아버지 판텔레이 역시 마찬가지이다. 전투에서 패하여 초라한 몰골로 귀가한 형 페트로가 피난을 제안하자 아버지 판텔레이는 피땀으로 일군 땅과 가축을 버리고 도망가는 것이 말이 되느냐며 노여워한다. 페트로가 자유를 위해 소유를 일시나마 포기하려고 했다면, 판텔레이에게 소유는 자유와 떼려야 뗄 수 없는 관계였던 것이다. 결국 아버지 뜻에 따라 남기로 한 형제는 재차 출전하지만, 형 페트로는 살해되어 불귀의 객으로 집에 돌아온다. 이처럼 자유와 소유를 지키기 위한 카자크의 투쟁은 비극적으로 종결되는데, 페트로와 유사한 사례가 혁명과 내전이라는 상황 속에서 더욱 증폭되어 다발적으로 나타난다.

영화에는 카자크 자유정신의 표현이라고 할 수 있는 독립성과 배타성이 몇몇 장면을 통해 잘 드러난다. 돈 지역 군사혁명위원회 창립발기대회 회의장에서 행한 포민[7]의 돌출 발언도 되새겨 볼 만하다. 그는 카자크 자체의 독자적 정권을 수립해야 할 필요성을 역설하며, 타지에서 온 지원병과 빨치산(유격대원)은 돈강 유역을 떠나라고 촉구함과 동시에 "볼셰비키는 여기서 할 일이 없다"는 것과 "외부의 도움이 불필요함"을 강조한다. 한편 그리고리를 설득하는 형 페트로는 "우리는 남의 것을 원치도 않으며, 우리 것을 내주지도 않을 것"이라고 말하고, 아버지 판텔레이는 볼셰비키의 토지 균등 재분배 방침을 냉소하며 "카자크는 카자크로 남는다. 냄새나는 러시아놈들이 돈

낫으로 김매기와 커다란 무쇠쟁기로 밭갈이를 능숙하게 해내는 자영농으로 묘사되고 있는 점을 눈여겨볼 만하다.

7 원작 소설에서 이러한 생각을 드러내는 인물은 포민이라기보다는 이즈바린 쪽이다.

강 일대를 지배하게 해서는 안 된다"고 단언한다. 즉, 카자크는 러시아 황제와의 관계 속에서 토지와 군사력을 유지하면서도 자신들을 러시아인과 구분하여 그들을 일종의 외지인으로 타자화한다. 영화 앞부분에서도 읍내 제분소에서 다툼이 벌어지자 누군가 "카자크가 맞고 있다"고 외쳐 싸움을 카자크 대 외지인의 구도로 몰아가며 현장에 있는 카자크의 규합을 시도한다. 페트로 역시 아내 다리야와 함께 제분소에 왔다가 싸움에 가세한다. 다리야는 구경하는 여자들에게 "뭘 보고 있느냐? 그들이 우리 남자들을 때리고 있다"고 외치며 외지인에 맞서는 카자크의 단결을 본능적으로 부르짖는다. 때마침 타타르스키 마을로 이주한 볼셰비키 비밀당원이자 열쇠공인 슈토크만이 카자크도 도망친 러시아 농민에서 비롯된 것이라고 말하자 이내 주변 사람의 반감을 불러일으키며 험악한 분위기 속에 놓인다. 그들은 "카자크는 러시아인으로부터 나온 것"이라는 슈토크만에게 "카자크는 카자크에게서 나온 것"이라고 응수한다. 이 대목은 영화 속에서 이후 전개될 긴장과 갈등을 예고하는 것이다. 그것은 러시아 전체를 혁명적 개조의 공간으로 간주하는 볼셰비키와 돈강 일대에서 외부의 간섭을 배제하고 자신의 것을 고수하려는 카자크와의 싸움이며, 러시아혁명기 돈강 유역에서 전개된 내전의 기본 축이다. 볼셰비키의 정예용사라고 할 수 있는 발틱함대 수병들이 바다가 아니라 돈강 유역에서 카자크와 싸우는 장면은 이러한 점에서 매우 상징적이다. 또한 포트톨코프가 처형되는 장면에서 그는 유언격으로 이렇게 말한다. "소비에트 권력은 온 러시아에 걸쳐 세워지고 있다. 내 말을 기억해라. 러시아 전체를 교수대에 세우지는 못한다." 문제는 일부 카자크가 슈토크만 같은 외지인의 영향으로 볼셰비키가 되는데, 이들은 동족의 배반자로 인식되며 이 지역의 내전은 더욱더 동족상잔의 비극성을 갖게 된다.

　러시아혁명을 시대 배경으로 하는 이 영화가 지닌 장점 중 하나는 웬만한 다큐멘터리 영상자료에서도 찾아보기 어려운 코르닐로프 쿠데타 장면이 마치 당시를 재현하듯이 생생하게 제시된다는 점이다. 이 사건은 1917년 혁명의 분기점이라고 할 만큼 큰 의미가 있지만, 그 중요성에 비해 크게 주목받지 못하고 있다. 1917년 2월혁명으로 차르가 퇴위한 지 얼마 되지 않아 4월 초에는 오랜 망명 생활 끝에 귀국한 레닌과 그의 추종 세력인 볼셰비키의 활동이 두드러지기 시작한다. 그러나 귀국한 지 불과 3개월 만인 7월 초에 레닌이 반정부 시위 배후 조종자로 지목되어 독일 첩자로 규정되고 수배됨으로써 볼셰비키의 활동도 위축된다. 그런데 이들이 3개월 뒤 권력을 장악할 수 있게 되는 극적 반전의 계기는 바로 8월 초에 일어난 코르닐로프 쿠데타의 실패이다. 당시 신임 총사령관인 코르닐로프는 노동자평의회(소비에트) 세

카자크의 이념 갈등: 1917년 8월, 우익 군사 지도부를 지지하는 장교 칼믜코프와 볼셰비키 선전원이 된 장교 출신의 분추크. 카자크 병력 장악을 놓고 대립하던 중 칼믜코프는 분추크에게 사살된다.

력을 분쇄하려는 목적에서 정권 장악의 야욕을 드러내며 임시정부 수반인 케렌스키에게 최후통첩을 보내고 군대를 수도 페트로그라드로 진주시키려고 했다. 다급해진 임시정부는 경쟁 세력인 노동자평의회에게 다시 무장하여 쿠데타를 저지하도록 하였다. 영화 속의 분추크는 바로 이러한 노동자평의회의 명령으로 페트로그라드 서남쪽 인근의 나르바 역에 나타나서 카자크 병사들을 설득한다. 분추크와 마주친 옛 동료 칼믜코프는 "케렌스키가 보낸 것이냐"고 묻고, 분추크는 "케렌스키가 보내서 온 것이 아니니 걱정 말라"고 뼈 있는 한마디를 던진다. 당시 수도를 향하여 철도로 이동하던 군부대의 주력은 바로 카자크 부대였다. 철도 노동자들의 방해 공작과, 분추크와 같은 소비에트 선전원의 활약, "게다가 그 누구에게도 헛되이 이용당하고 싶어 하지 않는" 카자크 병사들의 독립적인 심성이 함께 작용하여 쿠데타는 실패한다.

결국 카자크의 행동은 혁명의 주도권이 볼셰비키 쪽으로 넘어가는 데 결정적으로 기여한 셈이다. 그런데 이후 카자크가 볼셰비키와 갈등하다 거대한 비극에 휩싸이는 것은 매우 아이러니하다. 원작자인 숄로호프도 이 점에 착안한 것으로 보인다. 원래 그는 『돈강 이야기』라는 단편집을 발표하고 나서 『돈시나』[8]라는 또 하나의 작품을 구상하며 그 출발점을 코르닐로프 쿠데타에 대한 기술로 삼으려고 했다. 그러나 이 사건에서 카자크가 맡은 역할과 의의를 밝히려고 한 그는 돈강 유역 카자크의 삶과 역사에 대한 이해가 선행되어야 한다는 판단을 내린다. 이것이 바로 대하소설 『고요한 돈강』의 집필 계기이다. 이에 따라 다루는 시대 범위도 자연스럽게 확대되어 러시아혁명을 전후한 각각의 5년, 즉 1912년부터 1922년까지 돈 카자크의 삶이 원작과 영화의 내용이 되었다.

---

8 돈강 유역의 광풍, 열풍 또는 신드롬 정도의 의미이다.

위의 10년 세월은 바로 대전과 내전의 시련 시대이다. 그 중심에 러시아 혁명이 있다. 즉, 제1차 세계대전은 혁명의 배경이 되고, 적백내전은 혁명의 직접적인 결과이다. 이 과정에서 헤아릴 수 없는 수많은 인명이 희생된다. 돈 카자크도 예외일 수 없다. 오스트리아-헝가리제국 군대와의 전투에서 다소 선전했던 카자크 병사들이 독일군과의 전투에서 패주하는 모습이 영화 속에서 실감 나게 묘사된다. 특히 1915년부터 실전에 배치된 독일군의 독가스 공격에 카자크 기병대의 명성도 무기력하게 무너진다. 적의 공격에 허둥대는 군 지휘부의 혼선과 무능함도 화면에 생생하게 표현된다. 장교들은 권위를 잃고 병사들을 제대로 통제하지 못하는 상황에 빠진다. 2월혁명 이후 철도로 이동하는 카자크 부대가 라즈곤 역에서 잠시 대기하는 동안 카자크 부대 여단장이 마상에서 어눌하게 시국담화를 하지만 카자크 병사들은 지휘관에게 이미 아무런 존경도 표하지 않는다. 오히려 한 병사가 전쟁 중단과 혁명의 혜택 등 여단장과 정반대 내용의 연설을 하자 동료 전우들이 큰 호응을 보낸다.

혁명은 러시아군의 고전과 졸전, 지휘부의 무기력, 병사들의 사기 저하 속에 이전부터 이미 싹트고 있었다. 여기에 즉각적인 전쟁 종식을 촉구하는 볼셰비키의 선전이 커다란 파급 효과를 낳은 것이다. 영화에는 1916년 가을 비 속의 지하 참호에서 칼믹코프나 예브게니 리스트니츠키 같은 카자크 장교들의 분노를 자극하는 동료 장교이자 볼셰비키 요원인 분추크의 거침없는 언사가 묘사되어 있다. 그는 러시아의 패배, 황제 정치의 붕괴, 임박한 혁명 등을 예견하기도 하고, 또한 이러한 내용의 전단을 지하참호 곳곳에 붙이고 다니기도 한다. 그리고리는 전우들과 이러한 전단의 내용을 접하며 심각한 표정을 짓는다. 지하 참호에서부터 팽팽하게 맞서던 분추크와 칼믹코프는 당시 러시아의 정치적 대립을 상징한다. 양자의 적대는 앞에 언급한 코르닐로프 쿠데타에서 결국 폭발한다.

제1차 세계대전 기간 동안 러시아 국경의 서남부인 카르파티아 산맥 및 서부인 동프로이센 지역, 그리고 코르닐로프 쿠데타 당시에는 페트로그라드 남부 일대 여러 기차역에 포진해 있던 돈 카자크 부대는 1917년 10월 볼셰비키혁명을 전후해서 고향인 돈강 일대로 귀환한다. 때문에 영화 속의 무대도 주로 돈강 일대로 한정된다. 카멘스카야에서 있었던 카자크 귀환병 대회에서 포트툘코프와 크리보슐릭코프를 중심으로 돈 군사혁명위원회가 창립되는 모습, 포트툘코프 일행이 돈 군 정부의 실세인 칼레딘 장군에게 최후통첩을 하는 모습은 돈 지역의 폭풍을 예고하는 장면이다. 코르닐로프의 지지자였던 칼레딘은 실존 인물로서 영화 속의 군사혁명위원회 대표와의 회담 직후 공격 명령을 내렸다가 얼마 지나지 않아 주요 거점 도시인 로스토프가 함락되자 1918년 1월 말에 사직하고 자결한다. 그러나 칼레딘이 사태를 비관하여 목숨을 스스로 끊은 지 불과 얼마 되지 않아서 백위군의 반격이 개시되고 이번에는 적위군이 수세에 몰리며 5월에는 크라스노프 장군이 돈 카자크 백위군의 지도자가 된다. 이러한 상황 속에 포트툘코프, 크리보슐릭코프, 분추크 등 볼셰비키들이 기습 공격을 받아 포로가 되어 처형당한다.

러시아혁명 이후 내전은 크게 3단계로 구분된다. 제1기는 볼셰비키가 독일제국과 단독 강화를 맺음으로써 분격한 연합군이 러시아 국경지대에 침입해 오는 1918년 봄부터 독일이 항복하는 1918년 11월까지이다. 돈강 지역에서 한때 많은 지역을 점령했던 적위군이 체코군단의 반란 진압 문제로 병력을 집중할 수 없게 되자 독일군의 지원하에 크라스노프 장군이 지휘하는 카자크 백위군이 반격에 나선다. 제2기는 1918년 11월부터 1920년 4월까지이다. 이때부터 백위군을 총지휘하게 된 데니킨 장군의 병력이 영국과 프랑스의 지원을 받으며 한때 돈강 전역을 장악한다. 그러나 1919년 봄에서 여름에 이르는 동안 적위군의 반격으로 백위군은 크게 후퇴하고 외국군대는 철

동족상잔의 비극: 얼마 전까지 자신과 함께했던 볼셰비키 지지 카자크들이
처형되는 것을 심난한 표정으로 지켜보는 그리고리. 왼쪽은 총살집행을 자
원하는 미트카 코르슈노프이다.

수하기 시작한다. 제3기는 1920년 4월부터 1920년 10월까지이다. 이 기간에
는 신생국 폴란드의 대군이 침공해 옴으로써 키예프까지 빼앗기며 고전하던
적위군이 대반격으로 바르샤바 근교까지 진격하지만 다시 폴란드군의 역습
을 허용해 패주하여 많은 영토를 양보하고 전쟁을 끝맺는다.

　　이 중에서 제3기는 별도로 구별하여 '러시아-폴란드 전쟁'이라고 한다.
이 전쟁은 구소련에서는 폴란드와의 관계를 고려하는 차원에서, 그리고 적
위군의 마지막 참패를 은폐하려는 의도에서 역사 연구 주제로 거의 금기시
되어 왔다. 원작과 영화에서도 이 부분은 우회적으로 언급되어 있다. 그리고
리의 친구이자 부하였던 즤코프가 외팔이가 되어 귀향해서 폴란드군에게 한
쪽 팔을 잃었다는 말로 짐작할 수 있는 정도이다. 그의 발언에 따르면 노보로
시스크 항구에서 망명을 포기한 그리고리는 적위군으로 전향한다. 그리하여
역시 돈 카자크 지역 출신 적위군 기병대장으로 위명을 떨치던 부돈늬 장군
휘하 '제14 기병사단'에서 그리고리는 공을 세워 중견 장교로 승진까지 한

다. 그러나 내전 중에 필요에 의해서 많은 구러시아제국 군대 장교까지 영입했던 적위군은 이제 감축해야 할 상황에 놓인다. 그리고리가 적위군에서의 새로운 전공에도 불구하고 면직되는 것은 이러한 시대 배경 때문이다.

여기서 내전의 공식적 역사보다는 내전이 사회와 개인에게 가져온 비극과 내면적 측면에 우리는 주목할 필요가 있다. 이에 내전에서 자행된 처형, 테러, 약탈이 영화 속에 어떻게 나타나는지 살펴보고자 한다. 영화에서는 내전 기간의 적색 테러나 백색 테러가 적나라하게 세부적으로 묘사되지는 않는다. 그리고리의 처남 미트카[드미트리의 애칭] 코르슈노프가 부친이 볼셰비키에 의해 살해된 것에 대한 보복으로 미시카 코셰보이의 노모와 누이를 죽였다는 사실도 제삼자의 말을 통해 전달될 뿐이다. 그리고리는 어머니 일리니츠나로부터 이 소식을 들으며 마을 사람들의 수수방관 속에서 이러한 일이 자행되었다는 사실에 충격을 받는다. 그러나 이러한 간접적인 묘사와는 달리 포노마료프 마을 어귀에서 1918년 4~5월에 벌어진 백위군에 의한 적위군 포로 처형 장면은 동족상잔의 비극성을 생생하게 그리고 무겁게 전달해 준다. 이제 반볼셰비키 진영에 가담한 그리고리는 불과 얼마 전까지 전우였던 포트툘코프와 그 동료의 죽음을 착잡한 시선으로 바라본다. 그리고리와 함께 마을 기병대를 이끌고 출동했던 페트로는 다른 부대 장교로부터 포로 처형 집행의 제안을 받자 거절한다. 그러나 이때도 미트카 코르슈노프는 총살 집행을 자원하는 비정한 인간형으로 묘사된다. 그리고리는 전투에서 많은 살상을 범했지만 포로를 잔혹하게 처형하는 것만큼은 혐오한다. 그가 포트툘코프로부터 등을 돌린 이유도 부분적으로는 거기에 있다. 얼마 후 그리고리와 함께 출동한 페트로도 전투에서 포로 신세가 된다. 그는 지난날 자기 자식의 이름을 지어 준 이반 코틀랴로프를 향해 살려 달라고 애원하지만, 적의에 불타는 미시카 코셰보이의 총은 불을 내뿜는다.

영화와 원작에 나오는 이러한 장면에는 작가 자신의 특별한 체험과 성찰도 배어 있다. 숄로호프 자신이 바로 내전기에 15세 안팎의 어린 나이로 적위군에 복무한 적이 있으며, 우크라이나 지역에서 백위군도 적위군도 아닌 농민군 지도자이자 아나키스트인 네스토르 마흐노의 군대에 생포된 적이 있다. 이때 마흐노가 숄로호프를 직접 심문하였는데, 나이가 어려 살려 주지만 다음에 또 잡히면 그때는 목을 매달 것이라는 말과 함께 풀어 주었다고 전해진다. 이때부터 숄로호프의 삶은 덤으로 사는 것이 된 셈이다. 덤으로 사는 삶 속에서 그는 이러한 대작을 남긴 것이다. 이처럼 원작자는 포로에 대한 처형이 수많은 가능성을 앗아 가는 비인간적 행위임을 증언하고 있다.

내전 속에 드러나는 또 하나의 비정함은 약탈이다. 물론 적의 물품을 빼앗는 노획이라는 형태의 약탈은 카자크에게 가장 오래된 준경제 행위의 하나이기도 하다. 볼셰비키에 동조하였다가 처형된 가장의 집에 그리고리와 반볼셰비키 병사들이 마치 정복자인 양 드나들며 안주인으로부터 오히려 차(茶)를 대접받는 현장에 아버지 판텔레이가 형수 다리야를 데리고 나타나 집 안 헛간을 뒤져 솥과 마구를 빼앗아 가는 장면은 비록 카자크 전통의 일부라고 하더라도 감상자에게 내전의 비정함을 일깨워 주며 씁쓸함을 더한다. 아버지의 의중을 파악하고 화를 내며 또 다른 전선으로 떠나는 그리고리와 작은 소유물에도 집착하는 판텔레이의 모습이 대비되며 다가온다.

내전은 친구 사이도 이념의 적으로 만든다. 가장 인상적이며 대조적인 장면은 그리고리와 미시카 두 사람의 두 차례 밥상머리 대화이다. 첫 번째는 가출하여 새로운 삶을 찾으려는 그리고리가 우선 미시카의 집에서 하룻밤 묵기를 청하며 갖는 단출한 저녁 식탁이다. 두 번째는 영화 말미에 나오는 장면으로 적위군에서 면직되어 고향에 돌아온 그리고리가 이제 매제가 된 마을 서기 미시카와 갖는 환영 잔칫상이다. 미시카는 처남을 위해 직접 양을 잡아 고기를 대접하고 술을 주문해서 예를 갖추지만, 동석자들이 떠난 후 둘만의 대화에서 '혁명의 적'이었던 그리고리에게 증오와 적의를 분명히 드러낸다. 오히려 우유 한 잔과 검은 빵 한 쪽의 조촐한 자리였지만 마음의 대화가 있었고 서로를 아끼던 지난날의 저녁 식사가 그리워지는 대목이다.

03 카자크의 삶과 사랑 그리고 돈강

원작 소설에는 카자크인의 눈물, 콧물, 땀 냄새가 뿜어져 나오는 격렬한 삶에 대한 묘사가 많이 나오는데, 영화에도 혼인 잔치에서의 춤과 노래, 통음 대취한 카자크 병사들의 칼춤, 카자크끼리 벌이는 주먹다짐, 질주하는 말과 하나가 된 카자크, 귀환병을 달려 나와 맞이하며 함께 말에 올라 열정적으로 포옹하는 카자크 여인, 화통이 터지는 듯한 우렁찬 목소리 등 삶의 활력을 확인할 수 있는 다양한 요소가 등장한다. 이러한 것은 종종 관습이나 윤리에 얽매이지 않는 자유분방한 모습으로 나타나기도 한다. 여성스러운 악시냐이지만, 판텔레이에게서 아들을 유혹한다고 거친 말을 듣자 그녀도 지지 않고 노인의 절룩거리는 모습까지 흉을 보며 장대를 들고 쫓아 버릴 듯이 대든다. 그리고리의 형수 다리야는 종종 여장부다운 모습을 보여 준다. 그녀는 남편이 사살되는 현장에서 동조하듯이 바라본 것만으로도 죽인 것이나 다름없다고 강변하며 호송병의 총을 빼앗아 포로 대열 속의 이반 코틀랴로프를 살해한 후 술에 취하여 짐마차 위에 쓰러져 잠이 든다. 미망인이 된 그녀는 그리고리를 시동생이라기보다는 이성으로 느끼며 "네가 마을에 남아 있는 유일한 카자크야"라는 말과 함께 그에게 추파를 던지기도 한다. 작품 속의 이러한 여러 모습 중에서 가장 끈끈한 것이 있다면, 바로 사랑일 것이다. 영화의 중심에 놓인 것은 그리고리와 악시냐의 사랑이지만, 두냐시카와 미시카 코셰보이의 사랑에 대하여 먼저 간단히 살펴보자.

그리고리의 여동생 두냐시카는 오라버니의 친구인 가난한 청년 미시카 코셰보이를 사랑한다. 그 사랑은 미시카가 큰오라버니 페트로를 처형한 장본인이 된 뒤에도 변치 않는다. 험한 언사를 내뱉는 그리고리의 협박에도, 어머니 일리니츠나의 만류와 반대에도 그녀는 굴하지 않는다. 결국 일리니츠나는 딸 두냐시카의 앞날을 축복해 줌으로써 아들을 죽인 원수를 사위로 맞아들인다. 그런가 하면 두냐시카는 미시카가 볼셰비키인 것을 알면서도 예식 장소로 교회를 고집하여 연인의 동의를 얻어 낸다. 그러나 미시카가 사랑을 위하여 이념적인 문제를 양보하는 데에는 한계가 있다. 그는 죽마고우로서 이제는 처남이 된 그리고리를 혁명의 적으로 본다. 두 사람을 화해시키려고 애썼지만 미시카가 결국 그리고리를 체포하려는 준비를 하자 두냐시카는 오라버니에게 도주할 수 있도록 소식을 전한다. 미시카는 두냐시카를 사랑하지만, 결국 이데올로기 문제로 그녀를 불안에 몰아넣은 것이다. 두냐시카

그리고리는 젊은 날의 사랑이었던 악시냐를 잊지 못하고 둘만의 삶을 위해 도피를 제안한다. 결국 두 사람은 도피 중에 사별한다.

는 미시카의 이념에 전적으로 동조하는 것은 아니지만, 여러 차례 당한 폭행의 후유증으로 오한에 시달리는 미시카에 대해 결혼 전부터 늘 마음 아파하고 사랑을 느낀다. 그러나 사랑하는 미시카이지만 또 다른 오라버니를 해치려고 하는 것을 방관할 수 없어 자기 나름의 방식으로 대처한다. 그 마음에는 늘 온정이 느껴진다.

영화는 그리고리와 악시냐의 만남으로 시작해서 헤어짐으로 끝난다. 즉, 작품 전체를 관통하는 축은 그리고리와 악시냐의 운명적인 사랑이다. '운명적'일 수밖에 없는 것은 당시의 관습, 주변의 달갑잖은 시선과 만류, 각각의 배우자(그리고리의 아내 나탈랴와 악시냐의 남편 스테판)와의 갈등, 몇 차례의 단절 등 수많은 악조건에서도 두 사람의 관계가 삶과 죽음으로 나누어지기 직전까지 10년이라는 세월 동안 지속되기 때문이다.

두 사람의 사랑은 주변의 여러 사람과 갈등을 일으키는 속에서도 지속된다. 악시냐는 자신을 가혹하게 매질하는 남편 스테판을 두려워하면서도 그리고리를 포기하지 않으려고 한다. 그의 아버지 판탈레이의 경고성 질타에도, 그의 아내 나탈랴의 비통한 호소에도 아랑곳하지 않고 '그리샤[그리고리의 애칭]는 내 것'이라고 단언하며 물러서지 않는다. 그러면서도 전선에 있던 그리고리로부터 소식이 끊어지고, 동거하며 출산한 어린 딸마저 죽자 주인집 아들 예브게니의 유혹을 뿌리치지 못하고 그와 내연관계에 빠진다. 그녀는 전선에서 귀환한 그리고리로부터 말채찍으로 얻어맞고 버림받지만, 떠나는 연인을 뒤따라가며 용서해 달라고 애원한다. 한편 이전에 악시냐가 자기 집 마당에서 남편 스테판으로부터 심하게 구타당하자 바로 이웃집의 그리고리는 담을 뛰어넘어 스테판을 가격하고 여기에 형 페트로까지 동생편에 가세하여 세 남자가 뒤엉켜 주먹다짐을 하는 진풍경이 벌어진다. 그 후 독일군과의 전투에서 스테판은 그리고리를 죽이려고 등 뒤에서 세 차례나 총격을 가하지만 실패하고, 오히려 부상당한 상태에서 그리고리의 도움으로 목숨을 구한다. 스테판은 그에게 고마운 마음을 전하면서도, 아내인 악시냐를 유혹한 것은 여전히 용서할 수 없다고 말하며 마음의 상처를 드러낸다. 또한 그리고리의 아내 나탈랴는 남편의 냉담함에 자살을 시도하지만 목의 힘줄만 손상되고 살아남는다. 그러나 그녀는 쌍둥이를 기르면서도 남편의 계속되는 외도와 배신을 견디지 못해 태중의 아이를 지우고 그 후유증으로 죽고 만다. 소식을 듣고 전선에서 말을 달려 집에 돌아온 그리고리는 아내의 죽음에 크게 자책하며 통회한다. 그러나 그와 악시냐의 사랑은 몇 차례 외적인 단절에도 마음속으로는 계속 이어진다. 가장 상징적인 장면은 7년 정도 세월이 흐른 뒤 돈 강변에서 말에게 물을 먹이려는 그리고리와 물 긷는 악시냐의 재회이다. 짤막하고 어색한 인사말을 주고받던 끝에 그리고리는 "너를 잊지 못한다. 아이들이 자라고 흰머리가 생겨나도 꿈속에서 너를 만난다"라고 고백한다. 같은 심정을 밝힌 악시냐는 자리를 떠나며 "우리 사이가 시작된 곳"이라며 추억을 떠올린다.

그리고리는 악시냐를 사랑하게 되면서 당시 관습에 얽매이지 않으려는 '자유'정신을 보여 준다. 그의 자유정신은 심지어 카자크의 또 다른 핵심 가치인 소유를 포기하는 것도 마다하지 않는다. 처음 악시냐가 둘만의 삶을 위해 도주를 제안했을 때 그리고리는 삶의 터전을 버릴 수 없다며 선뜻 응하지 않는다. 그러나 나탈랴와의 결혼 후에도 악시냐와의 관계를 유지하고 있는 것에 격노한 아버지의 질타에 그리고리는 아내를 남겨 둔 채 집을 나가 악시냐와 함께 퇴역장군의 집에서 마부와 가정부로 살아간다. 이때까지만 해도 절친한 친구로 농장 잡역을 하며 살아가던 가난한 카자크 미시카 코셰보이는 그리고리에게 "농장 품삯꾼 일을 하기에는 자존심이 허락하지 않을 것"이라고 충고한다. 그러자 그리고리는 새 삶에 적응할 것이라고 응답한다. 카자크의 자유와 소유가 양립되지 못하고, 자유를 위해 소유를 포기한 것이다. 이후 여건은 달라졌지만 영화의 마지막 부분에서도 그리고리는 모든 소유를 뒤로 하고 악시냐와 함께 남쪽 먼 곳으로 도주하려고 한다. 두 사람은 과거 함께 마을을 떠났던 때를 떠올리며 훨씬 단출해진 짐[9]에도 불구하고 미래에 대한 희망으로 부푼다. 그러나 마을 곡물징발대 순찰조의 총격으로 결국 연인을 잃고 만다. 먼 길을 가는 한 카자크가 갓 만들어진 무덤 앞의 그리고리에게 "누구를 묻은 것이냐"고 묻자 그는 '아내'라고 답한다.[10] 이어서 그는 타던 말을 가져가라고 한다. 말은 카자크에게 토지와 마찬가지로 삶의 기본 요소로서 소유를 상징한다. 사랑하는 이를 잃은 그리고리는 비록 상징적이지만 마지막 남은 소유까지 미련 없이 떠나보낸다.

숄로호프가 『고요한 돈강』을 처음 발표했을 때, 러시아 프롤레타리아 작가협회는 '카자크식 애정행각'이라는 혹평을 퍼부었고, 1930년대 초 작품을 영화화했던 두 명의 공동 감독은 영화감독협회에서 제명되기까지 하였다. 그러나 사회주의 리얼리즘 문학의 대부인 고리키의 옹호와 놀랍게도 권력자 스탈린의 '비판적 지지'로 숄로호프는 작품 활동을 계속할 수 있었다. 작가는 사랑이야말로 가장 따뜻한 인간성의 발로이며 소유에 대한 집착도 극복할 수 있고 시련의 시대에도 모든 것을 이겨 내는 지속적인 힘이라는 사설을 강조하려고 했던 것으로 보인다. 그러나 혁명과 내전의 격랑 속에 이러한 개인의 행복마저도 무참히 유린될 수 있다는 사실을 통하여 그는 또한 반전과 평화의 메시지를 전달하려던 것은 아닐까? 영화와 원작의 앞머리에 자루 긴 낫으로 밭에서 김을 매던 그리고리는 잡풀 속의 작은 들오리 새끼를 본

---

9 빈약한 소유 내지는 무소유를 상징한다.
10 이 장면은 원작과는 달리 영화에만 있는 장면이다.

의 아니게 베어 버리고는 측은해하는 장면이 나온다. 작가 자신이 워낙 돈강 일대의 세밀한 자연 묘사에 뛰어나기도 하지만, 왠지 이 장면은 작품 속 주인 공의 자기 예시와 같은 상징성을 지닌 느낌을 지울 수 없다. 전쟁을 반대하는 작가의 메시지는 영화 장면에서는 아쉽게 생략된 다음과 같은 카자크 노래 에 애잔하게 배어 있다.

거위들은 어디로 갔나?
갈대숲으로 들어갔지
갈대는 어디로 갔나?
아가씨가 베어 갔지
아가씨는 어디로 갔나?
사내를 택해 시집갔지
그럼 카자크는 어디로 갔나?
전장에 나갔지

영화에서는 도도히 흐르는 돈강이 늘 카자크와 함께한다. 특히 그리고 리의 집은 저 멀리 흐르는 강의 모습이 한눈에 들어오는 언덕에 자리 잡고 있 다. 악시냐가 물을 긷고 그리고리가 말에게 물을 먹이는 곳, 그들의 사랑이 싹튼 곳, 가난한 카자크 미시카에게 그나마 든든한 먹거리인 살진 물고기를 허락하는 곳, 카자크 여인들이 멱을 감는 곳, 남편 페트로와 사별한 뒤 병에 걸린 것을 비관하여 삶을 마감하기로 다리야가 선택한 곳, 봄에 눈 녹은 물로 홍수를 일으켜 주변 농지를 비옥하게 하는 원천이 되는 곳, 적백내전의 치열 함과 참혹함을 묵묵히 지켜본 곳. 이곳이 돈강이다. 삶의 동반자이자 시대의 증인이다. 대하소설(大河小說, roman fleuve)의 의미가 말뜻 그대로 살아나게

하는 상징이기도 하다. 겉으로는 평화롭게 흐르는 듯이 보이지만 그 속에 온
갖 사연이 격류와 탁류가 되어 흐르는 곳이다. 영화의 시작과 더불어 남녀가
장중한 선율로 부르는 돈강의 노래를 다시 한 번 음미해 보기를 권한다.

> 고요한 돈, 우리의 아버지
> 오 고요한 돈
> 오 그대는 탁류
> 탁류가 되어 흐르네
> 우리의 아버지 고요한 돈
> 탁류가 되었네, 고요한 돈
> 탁류가 되네, 돈
> 과부의 눈물로, 고아의 눈물로
> 쓰디쓴 눈물로

참고문헌

1. 미하일 숄로호프 지음, 신일성 외 옮김, 『고요한 돈강』, 일월서각, 1985.
   러시아혁명과 내전을 배경으로 한 장편 대하소설이며 노벨문학상 수상 작품으로서 영화의 원작이다. 가장 많이 읽힌 번역본으로 아쉬운 점은 러시아어 인명이나 지명 표기의 부정확함이다. 러시아문학 전공자들에 의한 원전 번역이 나오기까지 대용할 만하다.

2. 미하일 숄로호프 지음, 맹은빈 옮김, 『고요한 돈강』, 동서문화사, 1987.
   역시 아쉬운 점은 러시아어 인명이나 지명 표기의 부정확함이다. 특히 '카자크'를 '카자흐'로 표기한 것이 흠이다. 당시 사건 전개의 무대가 된 지도 3편이 첨부되어 독자의 이해를 돕는 것이 장점이다.

3. 미하일 숄로호프 지음, 이항재 옮김, 『숄로호프 단편선』, 민음사, 2008.
   숄로호프의 단편인 「인간의 운명」과 「돈강 이야기」를 번역한 것이다. 특히 두 번째 작품은 숄로호프가 『고요한 돈강』을 본격적으로 집필하기에 앞서 발표한 단편집으로, 작가의 사상과 후속 작품에 대한 구상을 이해하는 데 도움이 된다. 아울러 러시아문학 전공자인 역자의 해제가 유익하다.

4. 문석우, 「숄로호프의 『고요한 돈 강』에 나타난 인간의 문제」, 『동유럽발칸학』, 2004, 제6권 제2호, 219~248쪽; 「고요한 돈江」에 나타난 숄로호프의 역사관」, 『슬라브연구』, 2002, 제18권 제1호, 127~145쪽.
   러시아문학 전공자에 의해 발표된 이 두 편의 논문도 숄로호프의 작품 분석에 적절한 길잡이 역할을 한다. 특히 작품 속의 인간 유형을 살펴보고, 역사적 대변화의 격랑에 휩쓸리는 인간 존재에 대한 의미를 파악하는 데 도움이 된다.

5. [eBook] C. G. Bearne 지음, 김정환 옮김, 『숄로호프 문학론』, 일월서각, 2001.
   전자책 형태로 제작된 작가와 작품의 여러 평에 대한 해설로서, 특히 구소련 문학 비평가들의 작품 해석도 망라하여 체계적으로 잘 소개하고 있다.

6. 신규호, 「미하일 솔로호프: 혁명과 내전의 희생상」, 건국대학교출판부, 1994.
   문고판 형태의 소책자이지만 솔로호프의 생애와 작품 소개 및 분석, 그리고 관련 지
   도 및 작가 연보 등을 두루 포함하여 작가와 작품에 대한 길잡이로 유용하다. 내용설
   명에서 일본어 문헌도 많이 참조하고 있다. 러시아어 인명이나 지명 표기의 부정확
   함은 아쉬운 점이다.

7. 스티브 스미스 지음, 류한수 옮김, 「러시아혁명: 1917년에서 네프까지」, 박종철출
   판사, 2007.
   영화와 원작 내용의 역사적 배경을 이해하는 데 유익한 러시아혁명사 개설서이다.
   저자는 서방 측 연구자이면서도, 러시아혁명이 소수의 권력 찬탈과 선동에 의한 것
   으로 간주하는 전통적인 해석에서 벗어나 민중의 호응이나 대중적 성격을 강조하는
   입장을 취하고 있어 특기할 만하다. 특히 제2장 '내전과 볼셰비키 체제의 수립'은 영
   화와 원작의 시대 배경을 이해하는 데 큰 도움이 된다.

제3장

토지와 자유

역사와 사상

이병창

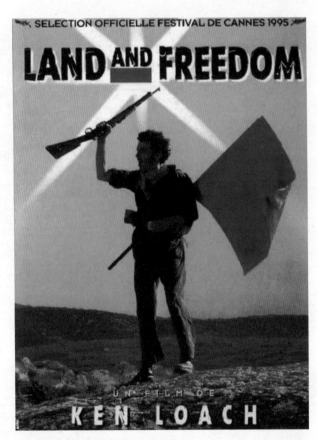

랜드 앤 프리덤(Land and Freedom)
감독: 켄 로치
1995년, 스페인 외

영화 및 주제 소개

영화 〈토지와 자유(Land and Freedom)〉[1]는 1995년 칸 영화제에서 비평가상을 받은 문제작이다. 이 영화의 감독은 '좌파 로맨티스트'로 알려진 켄 로치(Ken Loach)로서 그는 1996년 〈칼라의 노래(Carla's song)〉와 2000년 〈빵과 장미(Bread and Rose)〉라는 작품으로 국내에도 상당히 알려졌다.

그는 영국 근대산업의 발흥지인 버밍엄(Birmingham) 근처의 뉴니톤 (Nuneaton)에서 태어났다. 옥스퍼드대학에서 법학을 전공했는데, 그럼에도 자신의 아버지가 속한 노동계급에 봉사하기로 결심했다고 한다. 그는 처음에는 영국 BBC 방송의 TV 연출가였다. 1964년부터 1996년까지 만든 TV 드라마는 무려 32편으로 그중에는 대중적인 경찰 드라마 〈Z 카〉와 같은 작품도 있었지만 대부분은 이른바 다큐멘터리 드라마였다. 그는 이런 다큐멘터리 드라마를 통해서 영국 사회의 현실을 날카롭게 분석하고 그 속에 감추어진 문제들을 폭로했다.

그가 만든 다큐멘터리 드라마 중 가장 유명한 작품은 1966년에 만들어진 〈캐시 집에 오다(Cathy comes Home)〉이다. 여기서 그는 가난해서 집세를 내지 못해 뿔뿔이 흩어진 가족의 문제를 다루면서 전후의 고도성장에 가려진 사회문제를 고발한다. 이 작품은 당시 600만 시청자의 눈길을 사로잡아, 무주택자(homeless) 문제에 대한 활발한 사회적 토론을 야기했다. 이어서 그는 〈두 가지 마음으로〉[2]에서는 여성 문제를 〈불쌍한 암소〉(1967)에서는 노동

---

1 우리나라 비디오 출시명은 〈랜드 앤 프리덤〉으로 되어 있다.
2 이 작품은 1971년에 영화화되어 〈가족문제〉라는 제목으로 배포되었다.

계급의 문제를 다루어 나갔다. 1969년에 만든 작품 〈케스〉는 붕괴되는 탄광촌의 문제를 광부의 아들이 기르는 매에 대입하여 포착했다.

　사회를 고발하는 다큐멘터리 드라마에 대한 그의 관심은 정부의 은폐된 검열 기제인 방송 거부, 자금 지원 중단 등의 문제로 비틀거리기도 했으나 그 뒤로도 끈질기게 계속되었다. 1981년 작품 〈외모와 미소〉는 해고되는 철강노동자 문제를 다루었으며, 〈리더십의 문제〉(1980), 〈너는 어느 편이냐?〉(1984)에서는 귀족화되어 대중으로부터 유리되는 노동조합의 문제를 다루기도 했다. 그의 관심은 영국을 넘어 국제적으로 전개되기도 했는데, 〈조국〉(1986)은 동독의 지식인이 서독의 아버지를 찾아가는 가운데 겪은 서구 자본주의 현실에 대한 환멸을 다루었다. 그리고 1990년 〈숨겨진 비망록〉은 영국의 식민지인 북아일랜드 문제를 둘러싸고 벌어진 영국 정부와 사법제도의 부패를 고발했는데, 국제적인 주목을 받아 칸 영화제 심사위원 특별상을 받기도 했다.

　주로 다큐멘터리 드라마를 만들던 켄 로치는 1990년대 들어 허구적인 극영화로 뛰어들었다. 이런 영화는 극영화임에도 그가 추구해 온 다큐멘터리의 기법과 그의 불꽃같은 사회비판 의식이 여전히 남아 있어 거의 다큐멘터리에 가깝다. 이 가운데 우선 〈하층민〉(1990)은 1980년대 대처리즘 치하에서 공사장에 모인 과거 식민지 출신, 또는 영국 내 아일랜드나 리버풀 등 경제적 공황 지역 출신 젊은이들의 삶을 그리고 있다. 〈레이닝 스톤〉(1993)은 딸이 성령식에서 입을 옷을 장만하기 위해 고군분투하는 한 가난한 가장을 다룬다. 그리고 〈레이디버드 레이디버드〉(1994)는 미혼모의 모성애가 설 자리도 빼앗는 유토피아적 환상의 도구로 전락한 자본주의의 사회복지 정책을 비판한다. 그리고 우리가 다루려는 영화 〈토지와 자유〉(1995)는 스페인 내전에 참여했던 무정부주의자들의 삶을 그려내고 〈칼라의 노래〉(1996)는 니카라과 내전에 희생당한 여주인공의 고통을 통해 식민지 민중의 저항을 보여 준다. 마지막으로 〈빵과 장미〉(2000)는 불법 이민자의 노동운동을 다루고 있다. 켄 로치의 이런 작품은 칸 영화제를 통해 이미 국제적으로 주목을 받았는데, 그는 〈레이닝 스톤〉으로 1993년 칸 영화제 심사위원 특별상을, 그리고 〈토지와 자유〉로 1995년 칸 영화제 비평가상을 수상한 바 있다.

이런 켄 로치의 작품을 이해하는 데에는 그의 드라마나 영화에서 기초가 되는 다큐멘터리 개념과 그 기법을 이해하는 것이 급선무이다. 그의 다큐멘터리 개념과 기법은 영국에서 일찍부터 발달한 다큐멘터리 영화의 전통을 계승한다. 따라서 잠시 다큐멘터리 영화의 전통을 상기할 필요가 있다.

영화는 발생 시부터 기능 면에서 기록 장치로서의 탁월함이 주목을 받았는데, 이로부터 허구적인 극영화와 분리되어 다큐멘터리 영화가 발전했다. 그 개척자는 플래허티(R. Flaherty)로서, 그는 1920년 〈북극의 나누크(Nanook)〉라는 작품에서 북극해 지역의 에스키모인의 삶을 통해 가혹한 자연에 맞선 인간의 투쟁을 그려 냈다. 그는 여기서 카메라를 사실적 소재 속에 깊이 침투시킴으로써 사실 속에 담겨 있는 드라마적 요소를 발견해 냈다. 이런 플래허티의 작업과 거의 동시에 이탈리아의 카발칸티(Cavalcanti)의 〈시간 외엔 아무것도〉(1926~1927)나 독일 루트만(W. Rutmann)의 〈베를린-대도시 교향악〉(1927)은 낭만화된 자연보다는 현실적 삶에 눈을 돌렸는데, 그들은 도시의 풍경을 사실적으로 기록하면서 여기서 도시의 다양한 이미지를 연결하여 하나의 서정적인 리듬을 발견해 냈다. 그들의 작품은 도시에 대한 일종의 인상파적 회화라고 할 수 있다.

이러한 기록 장치로서의 영화의 가능성을 가장 효과적으로 발전시킨 것이 바로 러시아의 '영화의 눈(Kinoki)' 그룹이었다. 베르토프(D. Vertov)를 중심으로 한 이 그룹은 현실의 다양한 다층적 모습을 인간의 눈보다 탁월한 유동성을 지닌 카메라의 특성을 이용하여 포착했다. 이들은 이런 단편적 이미지들을, 즉 몽타주를 사회에 대한 그들의 변증법적 분석과 연결함으로써 관객에게 단순한 인상이 아니라 사회에 대한 개념으로 전달하고자 했다. 그렇다고 이들이 관객의 사유를 이미지의 힘을 통해 지배하고자 했던 것은 아니다. 오히려 이들은 이미지의 단편들 속에 카메라의 운동을 직접 드러내 보여줌으로써 관객이 주어지는 이미지들에 매몰되지 않고 이를 객관적으로 사유할 수 있도록 했다.

그러나 영화적 몽타주가 지닌 힘은 관객의 사유를 지배할 가능성이 있으므로, 러시아에서 개발된 몽타주 이론은 곧 정치적으로 악용되어 기록 장치로서 영화가 프로파간다의 수단으로 전락하게 되었다. 이런 경향은 리펜슈탈(L. Riefenstahl)이 만든 나치의 선전 영화 〈의지의 승리〉(1936) 등에서 가장 잘 나타난다.

영국에서는 1930년대 그리어슨(J. Grieson)을 비롯한 탁월한 다큐멘터리 작가가 출현하여 다큐멘터리의 이런 가능성이 종합되었다. 이런 시도로서 대표적인 것이 1929년 그리어슨의 작품 〈유망선(driftler)〉인데, 여기서 그는 청어잡이를 나선 어부들의 삶을 진솔하면서도 드라마틱하게 그려 냈다. 그의 작품에서 큰 골격은 인간의 투쟁이지만, 여기에는 사회적 삶이 배경이 되고 있다. 그는 이 사회적 삶의 다양하고 다층적 측면을 몽타주를 통해 결합했다.

영국에서 이런 다큐멘터리 영화의 전통은 전쟁 중에 관련 전쟁 다큐멘터리 영화를 통해 한층 발전하여 마침내 1950년대 이르러서 '프리 시네마(free cinema)'라는 운동으로 발전했다. 이 운동은 1956년 영국 국립영화극장에서 상영된 다큐멘터리를 묶어, 이를 기획한 앤더슨(R. Anderson)이 붙인 이름인데, 이 운동에는 리처드슨(T. Richardson), 라이츠(K. Leitz) 등도 참가했

다. 그 외 프랑스 및 폴란드 작가도 참가했다.[3]

프리 시네마 운동의 기본 정서는 자유이다. 이 운동은 1956년 스탈린의 헝가리 침략을 계기로 공산당에 대한 불신을 배경으로 신좌파(new left)가 등장하면서 촉발되었다. 실존적 마르크시즘을 기본 바탕으로 하여 마르쿠제 등 프랑크푸르트학파의 이론을 결합한 신좌파 운동은 당시 전후 자본주의를 이끌어 온 수정 자본주의 체제를 격렬하게 비판했다. 그 비판의 핵심은 바로 전후 자본주의가 물질적 풍요와 표면적 민주주의에도 불구하고 인간을 소외하고 관료화하는 은폐된 억압 사회라는 점에 있다.

이런 신좌파의 비판은 후일 유럽에서 68혁명을 초래하지만, 이런 운동의 일환으로 영화에서 전개된 것이 바로 프리 시네마 운동이었다. 이 운동은 영화가 상업자본에서 벗어나야 하며 독립적인 작가정신을 담아야 한다는 것, 영화가 사회의 소외를 극복하고 휴머니즘을 회복하는 비판적인 역할을 담당해야 한다는 데 목표를 두고 있었다. 이를 위해 그들이 주력한 것이 바로 다큐멘터리였다. 그들은 그리어슨으로부터 이어져 오는 휴머니즘적 다큐멘터리의 전통을 회복하고자 했다. 그런데 플래허티나 그리어슨의 다큐멘터리는 어디까지나 개인주의적 요소가 강하다. 그것은 한 개인의 자연과 사회에 대한 투쟁의 기록인 셈이다. 그러나 프리 시네마에서 강조되는 것은 개인이 아니라 하나의 집단이다. 이런 점에서 프리 시네마는 사회주의 리얼리즘의 입장과 유사하다. 즉, 개인은 그가 속하는 집단인 계급이나 계층의 대변자 또는 전형으로서 관찰된다. 따라서 여기서의 카메라는 보다 더 객관적인 입장

---

3 이들의 대표 작품을 여기 소개하자면 분노한 청년세대를 다룬 오스본(J. Osborne)의 희곡을 영화화한 리처드슨의 〈성난 얼굴로 돌아보라〉(1959), 노동계급의 반란을 다룬 라이스의 〈토요일 밤과 일요일 아침〉(1960), 공립학교에서 억압적 교육을 폭파하려는 학생을 다룬 앤더슨의 〈이프〉(1968)가 있다.

에서 다양한 시선을 통해 사회를 관찰한다.

그러나 전통적 다큐멘터리가 사실적 소재를 그대로 사용한다면, 프리 시네마는 허구적인 방법으로 이런 사실적 소재를 재현하려고 했다는 데 그 핵심적 차이가 있다. 그래서 대체로 프리 시네마 운동은 다큐멘터리 드라마의 제작에 주력했는데, 사실 엄격히 말한다면 다큐멘터리의 경우에도 이미 어느 정도 재현이 개입하지 않을 수 없다. 그러나 다큐멘터리 드라마의 경우 이런 개입은 거의 극영화의 수준에 버금간다. 그러면서도 가급적 다큐멘터리적인 것을 보존하려고 한다는 점에서 프리 시네마는 근본적으로 허구적 드라마이면서 다큐멘터리적인 것이라고 하겠다.

그렇다면 프리 시네마에서 다큐멘터리적 요소로는 어떤 것이 있는가? 우선 이것은 드라마이지만 여기에 비-극적인 요소가 아주 다양하게 나타난다. 그래서 극적 전개와 무관하지만 사실적 관심 때문에 카메라는 자주 빗나가며, 사실에 대한 설명·분석·토론과 같은 요소가 과감하게 끼어든다. 또한 다양한 사실적 소재들의 콜라주도 주요한 다큐멘터리적 요소이다. 그래서 뉴스릴, 신문 쪼가리, 현장 사운드가 영화 속에 개입된다. 또는 재현된 화면임에도 마치 기록적인 흔적을 가진 것처럼 흉내 내는데, 단적인 예로 거친 흑백 사진 같은 화면이 이에 속한다. 이런 가장된 다큐멘터리적 요소로서 그 외에도 주요 배역을 제외한 엑스트라를 현장에서 직접 구해 쓴다든가, 세트보다는 현장 로케이션을 통해 촬영하는 것을 들 수 있다.

더구나 여기서 카메라의 앵글과 거리, 그리고 움직임은 가급적 자연스러운 관찰자의 시선을 택한다. 카메라는 현장 속에 있으면서 그 사건과 호흡을 같이하여 아주 민첩하게 움직이면서 사건을 관찰한다. 특히 마치 현장에서 직접 관찰하는 듯이 초점이 맞지 않고 프레임에 대상이 잘리는 듯한 흔들리는 화면은 가장 전형적인 다큐멘터리화 수법일 것이다. 거기다가 현장을 세심하게 관찰하는 듯한 롱 테이크 기법, 카메라를 움직이면서 주변을 공평하게 훑어 나가는 객관적 카메라 수법 등도 전부 여기에 속한다.

이런 수법은 대체로 이탈리아 네오리얼리즘의 전통에서도 흔히 찾아볼 수 있는 것이어서 프리 시네마를 이런 전통에 같이 분류하기도 하지만, 프리 시네마의 경우 사회주의적 리얼리즘의 요소, 즉 인간을 계급적으로 파악한다는 것이 전후 실존주의의 영향을 받은 네오리얼리즘의 정신과는 구별되는 요소라고 하겠다. [4]

영화 줄거리

프리 시네마의 이런 다큐멘터리화 수법은 켄 로치 영화의 전형적인 특징이기도 하다. 그는 이와 관련한 내용을 어느 인터뷰에서 다음과 같이 고백했다.

" 우리가 만들고자 한 것은 뉴스와 같은 효과를 갖는 영화, 즉 픽션과 다큐멘터리적 요소를 혼합하는 것이었다."[5]

---

4 켄 로치는 자신의 영화에 영향을 준 요소로서 네오리얼리즘을 들고 있다.
5 이영미, 「결코 내리지 않는 깃발: 켄 로치, 싸우는 작가주의에 대하여」, 『키노』, 9호, 1997 참조.

그는 이 점과 관련하여 초기에 다큐멘터리를 만들다 왜 1990년대 들어 극영화를 만들게 되었느냐는 질문을 받았다. 이에 대해 그는 1960년대처럼 TV 채널이 두 개 정도라면 TV 다큐멘터리가 수백만이 동시에 시청이 가능해 하나의 국민적 사건이 될 수도 있겠지만 이런 효과가 사라진 다채널 시대에 다큐멘터리를 고집할 필요는 없었다고 답했다. 그러고는 오히려 영화는 한꺼번에 보지는 않지만 오래 지속되며 심도 있는 영향을 미친다는 점에서 그 효과가 더 크다고 생각하여 전향하게 되었다고 덧붙였다. 또한 다큐멘터리가 빠른 시간 내 제작되는 일종의 팸플릿에 해당한다면, 극영화는 오랜 시간에 걸쳐 만들어지는 소설과 같다며 극영화의 힘을 강조했다.

그런데 다큐멘터리 영화를 위해 그는 영화의 형식 보다는 내용을 강조한다. 그런 점에서 1960년대 누벨바그는 영화 형식의 조작을 우선함으로써 지나치게 인위적으로 보인다고 비판한다. 그는 내용을 강조하더라도 그것을 단순하게 포착해야 한다고 말한다. 그는 이렇게 말하기도 한다.

"나는 내용이 스타일에 관한 모든 것을 결정한다고 본다. 그리고 내용이야말로 영화에 관련된 모든 것을 결정하는 요인이라고 생각한다. 작품은 반드시 핵심적인 경험 속에서 나온 핵심적인 생각을 중심으로 다뤄져야 한다."[6]

사회주의적 리얼리스트로서 그가 여기서 포착하려는 것은 계급적이며 계층적인 객관적 현실이다. 그는 만일 영화제작자가 이 현실을 이해한다면, 그것을 어디서 어떻게 보아야 하는가를 잘 알 것이라는 것이다. 바로 이런 점

---

6 같은 논문 참조.

에서 그는 내용이 형식을 결정한다고 보았다. 결국 영화의 형식은 어떤 복잡한 계산 끝에 산출되는 것이 아니고 가장 직접적으로 포착되는 단순한 것이라는 것이다.

사회주의 리얼리즘에서 이런 현실에 대한 올바른 파악을 결정하는 궁극적인 요소는 바로 당파성이라고 할 수 있다. 마찬가지로 그 역시 "인간에 대한 따뜻한 관찰을 통하여 노동계급을 존중할 수 있어야 한다"[7]고 말한다.

이처럼 형식에 앞서 내용을 우선시하는 그는 "첨예한 분위기를 지니며 사실적인 감각을 느끼게 하는 사실적 연기가 필요"하다며 즉흥 연기를 강조하고, 심지어 스토리 보드를 거부하기도 했다. 또 촬영에서 스토리 순서를 지키고자 노력했다고 한다.

이와 같은 켄 로치의 프리 시네마적 영화 기법은 궁극적으로 그의 사상에 기초하는데 그는 사회민주주의는 체제 내화되어 있으며 공산당은 더 이상 혁명적이 아니라고 본다. 이런 점에서 그는 전형적인 신좌파의 관점을 지녔다고 볼 수 있다.

그는 새로운 혁명을 위해 역사의 이해를 강조한다.

"역사는 왜 우리가 지금의 모습인지, 우리가 누구인지, 왜 우리가 현재의 상황에 있는지를 말해 준다. 역사야말로 미래를 여는 열쇠이다."[8]

그가 이처럼 역사를 강조하는 것은 역사에 대한 민중의 생각을 조절하

---

7 같은 논문.
8 같은 논문.

면, 그들의 현재에 대한 생각을 조절할 수 있고, 그것은 궁극적으로 미래를 바꿀 수 있다고 생각했기 때문이다. 그런데 이런 생각은 민중에게 과거를 제대로 파악하도록 하는 데 영화가 독특한 힘을 지니고 있다는 것을 전제한다. 사실 영화는 우리에게 과거를 직접 생생하게 대면하도록 만드는 데 그 어떤 예술보다 탁월하다고 하겠다.

바로 이런 혁명과 역사에 대한 그의 생각이 가장 잘 드러나는 영화가 스페인 내전을 다루는 영화 〈토지와 자유〉이다. 이 영화는 스페인 내전을 배경으로 하는데, 여기에 지원한 영국 사회당 당원 데이비드 카의 눈을 통해 내전의 모습을 보여 주고 있다. 그는 당시 주로 결성된 '마르크스주의 통일 노동자당'(약칭 POUM)의 민병대원들과 더불어 활동하는데, 이 POUM은 무정부주의적 색채가 강한 정당이다. 카는 민병대원들과 생활하며 이들의 진한 동지애와 자유로운 정신, 불꽃 튀는 투혼에 감격한다. 영화는 바로 이 점을 살리려고 노력한다. 영화 속의 여자 민병대원 블랑카가 바로 그 상징이다. 그래서 영화는 카와 블랑카의 짧은 사랑을 꼬지로 하여, 민병대원으로서의 훈련과 진지에서의 그들의 삶, 그리고 파시스트가 장악했던 마을을 해방하고 토지 혁명을 수행하는 과정, 스페인 남부 카탈로니아 지방의 중심 도시 바로셀로나에서 벌어진 공산당과 POUM 사이의 도시 내전, 마지막으로 민병대 전투의 혼란상과 공산당에 의한 민병대의 해체라는 역사적 과정을 꿰어 내고 있다.

그런데 이 영화는 앞에서 설명했던 켄 로치의 다큐멘터리화 기법을 전형적으로 보여 준다. 그것은 그가 당시의 내전을 생생한 현실로서 관객에게 제시하려고 한 목적에 부합하는 것으로 아주 다양한 요소가 이런 다큐멘터리화 기법에 이용되고 있다.

(1) 비-극적 요소

이 영화는 스페인 내전 당시, 특히 논쟁의 대상이 된 토지 문제에 대한 주민들의 긴 논쟁 장면을 보여 준다. 뿐만 아니라 민병대를 공산당 휘하의 민중 부대에 통합하느냐의 문제를 둘러싸고 민병대원끼리 논쟁을 벌이는 장면도 보여 준다. 어쩌면 지루하다 싶은 이런 논쟁 장면 자체를, 켄 로치는 극적 재미의 요소가 아님에도 집어넣어서 극적 긴박감을 약화한다. 이는 오히려 당시를 충실히 재현하려는 목적에서 나왔던 것으로 보이며, 따라서 다큐멘터리적 요소라고 하겠다.

(2) 비-극적 구조

비-극적 요소뿐만 아니라 영화 전체가 비-극적인 구조를 지닌다. 이러한 구조는 핵심적 스토리라고 할 수 있는 카와 블랑카의 사랑의 드라마와 무관한 요소들, 그러나 역사적으로는 주요한 요소들에 많은 시간을 할애해 기승전결이라는 드라마적 구조를 약화하여 오히려 마치 스페인 내전이라는 역사적 사건에 대한 기록 영화처럼 보이게 한다.

(3) 콜라주

이 영화는 카의 외손녀가 할아버지가 죽자, 그의 유품을 정리하던 중에 발견한 편지나 사진, 신문지를 통해 이야기를 전개한다. 그래서 일종의 회상 형식으로 이루어져 있는데, 이때 편지나 사진은 과거 현실의 일부로서 이야기의 진실성을 입증하는 증거가 된다. 특히 타이틀 롤에서 켄 로치는 당시의 뉴스릴을 이용하여 스페인 내전의 실상을 간략하게 스케치하는데, 이처럼 현실의 사물이나 기록을 재현의 이미지 속에 집어넣는 기법을 콜라주라고 할 수 있다.

(4) 객관적 카메라

앞에서 언급한 논쟁 장면에서 켄 로치는 논쟁에 참여한 각 계층의 입장을 공평하게 보여 주고자 카메라를 이들 모두에게 공평하게 배분한다. 사실이 영화에서의 화자는 무정부주의에 공감하는 카이므로, 이들의 입장에 우선권이 주어져야 할 것처럼 보인다. 물론 신좌파에 속하는 켄 로치의 입장도 그것에 가까운 것으로 보인다. 그럼에도 켄 로치는 가급적 모든 사람에게 골고루 공평하게 카메라를 배분하여, 마치 카메라는 그들 모두를 훑어 나가는 듯하다. 이와 같은 객관적 카메라는 뉴스에서 보여 주는 그런 객관성을 흉내낸다는 점에서 다큐멘터리화 기법에 속한다.

(5) 심도 있는 카메라

사건을 리얼하게 기록하는 장치로서 카메라는 사건의 다양하고 다중적인 측면을 보여 주기 위해 심도 있는 화면, 롱 테이크, 그리고 사건을 가장 잘 관찰할 수 있는 카메라의 거리나 앵글을 택하는데, 이 영화 역시 이런 기법을 잘 보여 준다. 대체로 카메라는 사건이 일어나기 전에 대기하고 있으면서 사건의 뒷모습까지 넉넉히 바라본다.

(6) 흔들리는 카메라

이 영화에서 급격한 전투 신들의 대부분이 이런 흔들리는 카메라 기법을 이용하여 촬영되었다. 그래서 프레임 속의 대상이 중심에 오지 않으며, 대상 이미지가 잘리고, 심지어는 다른 대상에 의해 피사체가 가려지는 등의 장면이 나타난다. 결과적으로 마치 현장 속에 우리가 뛰어 다니면서 관찰하는 듯한 생생함이 전달된다.

이런 기법은 특히 파시스트가 장악한 마을을 민병대원이 공격해 들어가는 시퀀스나 마지막 시퀀스, 즉 공산당 휘하의 부대에 의해 민병대원이 무장 해제를 당하는 시퀀스에서 아주 전형적으로 드러난다.

01 스페인 내전의 배경

앞에서 말했듯이 이 영화는 스페인 내전을 무대로 하여 무정부주의자의 사상과 행동을 보여 준다. 그러면 스페인에서의 무정부주의 흐름을 간략히 알아보자.

대체로 1880년 이후에 유럽 자본주의는 제2차 산업혁명, 즉 중화학 공업의 혁명을 토대로 점차 독점자본주의로 발전하였다. 여기서 대규모 공장에 밀집한 단순 육체 노동자들이 출현하면서, 이들의 자연 발생적 노동조합 운동을 바탕으로 사회주의 사상이 활기를 띠고 전개되었다. 19세기 말과 20세기 초만 해도 사회주의 사상이라고 한다면 다양한 사상이 경합을 하고 있었다. 그중 주로 세 가지 사상이 유럽을 지역별로 분할하여 지배하고 있었다.

마르크스적 사회민주주의는 유럽 중부를 중심으로 발전하였는데, 특히 독일 사회민주당이 핵심적 역할을 담당하였다. 마르크스는 여기서 합법적인 노동조합 운동을 혁명 전략과 연결 지으려고 했으며 이를 바탕으로 독일의 사회민주당은 획기적인 성과를 거두었다. 그러나 독일사회민주당은 과도하게 합법운동에 몰두하여 결국 사회혁명의 기회를 놓치고 말았는데, 이런 사회민주주의의 개량성을 비판하면서 무장 혁명적 전략을 강조했던 것이 바로 러시아의 레닌주의였다. 레닌은 1917년 러시아가 제1차 세계대전에서 패배한 것을 계기로 그 전후의 혼란을 혁명으로 연결 지어 세계에서 처음으로 사회주의 정권을 탄생시켰다.

그런데 이른바 유럽의 라틴 지역(이탈리아, 프랑스 남부, 스페인)에는 일찍부터 바쿠닌(M. Bakunin)의 무정부주의의 싹이 널리 뿌려져 있었다. 그런데 무정부주의는 19세기 말에 테러전술에 의존했으나 결국 성공을 거두지 못하자, 사회민주주의와 마찬가지로 노동조합 운동과 결합하여 새로이 성장했다. 이것이 바로 아나코 생디칼리즘, 즉 무정부주의적 조합주의 운동이다. 이는 다양한 노동자의 조합 운동을 토대로 총파업을 일으키고 이를 통해 사회를 전복하여 무정부주의적 원리에 따라 새로운 사회를 재구성한다는 것이다. 이러한 사회는 근본적으로 혁명적인 조합이 자기들이 존재했던 공장이나 농장 및 학교 등 사회의 조직을 자주 경영, 자치 관리함으로써 이루어진다고 주장했다. 이런 아나코 생디칼리즘은 특히 라틴 지역에서 상당한 영향력을 발휘했다.

스페인의 경우 이미 19세기 말 노동조합 운동을 바탕으로 정치적 권리를 획득하기 위해 사회당이 조직되었다. 그런데 이들과 대립하여 1910년 아나코 생디칼리스트의 조합인 CNT가 창립되었다. 이들은 독자적 정당을 만들지는 않았다. 그런데 1917년 러시아에 혁명이 성공하고 1921년 세계대전에 반대했던 사회주의자들이 모여 새로운 제3차 인터내셔널(코민테른)이 창립되자, 여기에 참가 여부를 둘러싸고 새로운 분파들이 형성되었다. 우선 사회당 내에서 청년동맹과 좌파는 코민테른에 가맹했으며 이들은 코민테른의 일반적 결정에 따라 공산당을 만들었다. 반면 CNT 내부도 다시 분열하여, 1922년 6월 가맹파가 따로 분리되어 나왔지만, 1931년 코민테른이 스탈린 중심체제로 바뀌자 코민테른을 탈퇴하여, 1935년 9월 마르크스주의 통일노동자당(POUM)을 만들었다. 바로 이 두 정당, 즉 공산당과 POUM이 이 영화에서 주요 대립 구도를 이루고 있다.

그런데 1936년 1~2월 스페인 공화국이 위기에 직면하여 인민전선이 형성되었다. 이는 1935년 7월에 코민테른의 파시즘에 대항하는 통일전선 이론에 기초한 것인데, 공화국의 위기에 직면하여 스페인의 좌파 세력이 대동단결하여 만들었던 것이다. 1936년 2월 16일에 인민전선이 선거에서 승리하자, 좌파 부르주아 공화파인 아사냐를 중심으로 정부가 구성되었다. 공산당과 아나키스트(CNT 및 POUM)는 직접 정부에 참여하지는 않았으나 인민전선 정부를 측면에서 지원하였다. 드디어 1936년 6월에 군부의 수장 모라 장군이 쿠데타를 일으켰다. 이런 쿠데타는 스페인 본토에서는 대부분 인민전선에 의해 진압되었지만, 식민지 모로코에서 프랑코가 이끄는 군대는 봉기에 성공하여 독일과 이탈리아의 측면 지원을 받아 군대를 본토에 상륙시켜 내전이 벌어지게 되었다.

02 내전의 초기 양상

스페인 내전은 국제적 양상을 띠게 되었다. 히틀러의 독일은 비행기와 전차, 그리고 직접 군대를 파견하여 지원했다. 이탈리아 역시 군수물자를 지원했다. 그런데 인민전선 정부에 대한 프랑스와 영국의 지원은 없었다. 오히려 불간섭을 선언하면서도 독일과 이탈리아의 지원을 막지 못해 내전을 방조한 거나 다름없었다. 반면 사회주의 소비에트는 적극적으로 지원에 나섰다. 비행기와 탱크를 지원했고, 직접 군대를 보내지는 않았지만 사회주의자들을 중심으로 국제의용군을 조직하여 스페인에 파견했다. 이 영화에서 영국 사회당원 데이비드 카 역시 이런 지원 프로그램의 요청을 받아 파견되었다. 이들 외국 지원병들은 영화에서의 카와 마찬가지로 국제여단을 형성하여 전선에 파견되었다.

전쟁의 초기에 인민전선을 지원했던 각 정파 및 조합은 각자 독립적인 민병대를 조직하여 프랑코의 연합된 정규군과 싸웠으며, 대체로 지역별로 할거했다. 영화에서 주인공 카는 열차에서 만난 POUM 소속 노동자 및 지원병과 더불어, 아나키스트 세력이 성했던 지역에 파견되었던 것으로 보인다. 반면 스페인 정치 중심지 마드리드 지역에는 점차 공산당 세력이 두각을 나타내었다. 이들은 강력한 조직력과 소비에트의 지원을 받아 성장했다. 그래서 내전 직후에는 2만 명 정도였다가 내전을 거치면서 30만 명의 당원을 보유한 조직체로 발전했다. 이들은 정부의 좌파 부르주아 공화파와 연합을 이루면서 점차 인민정부를 주도하게 되었다.

이에 반해서 아나키스트들은 원래 스탈린주의를 싫어했으며, 그러기에 소련의 지원을 받는 것을 꺼려 결과적으로는 충분한 무장을 얻지 못했다. 또 자유주의적 독립심이 강해 강력한 조직체를 형성하지도 못했다. 영화에서도 이들 민병대는 목총을 들고 훈련을 받으며, 전선에 파견되어도 19세기 식 장총을 들고 싸우는 것을 볼 수 있다. 그럼에도 그들에게는 혁명에 대한 헌신적 의지와 투철한 동지애가 있었으므로 온갖 난관을 무릅쓰고 프랑코의 정규군을 성공적으로 막아 낸다.

(1) 토지 혁명

공산당은 내전에서 승리하기 위해서는 부르주아 좌파 세력과 연합하여야 하며, 그러기 위해서는 스페인 혁명에서 핵심적 문제인 토지 혁명을 일정한 정도로 제한해야 한다고 보았다. 그러기에 그들은 대체로 프랑코 반란군과 가까운 귀족 신분의 부재지주의 소속 토지만을 대상으로 몰수하며, 이를 다시 토지가 부족한 소작농과 토지를 소유하지 못한 농업 노동자들에게 분배하려고 했다. 이들은 자가 경영하는 부르주아 지주들의 토지는 방임하려고 했던 것이다. 그러나 아나키스트들의 생각은 달랐다. 그들은 전쟁의 과정 중에 혁명을 수행하고자 했다. 그것도 무정부주의적 공산주의 이상을 바로 실현하려고 했던 것이다. 그러기에 그들은 부르주아 지주의 토지까지 몰수하여 집단화하기를 요구했다. 이렇게 하면 모든 사람이 평등하게 살면서도 토지 경영의 대규모화 이점에 의해 농업생산력을 증대할 수 있다고 보았던 것이다. 그러나 이런 시도는 인민정부를 지지하는 부르주아 지주의 이해와 부딪히면서 혁명 세력 내부의 분열을 초래하게 된다.

이런 아나키스트의 모습은 영화에서 마을에 파시스트들을 몰아내고 마을 주민들 사이에 토지 혁명을 어떻게 수행할 것인가를 둘러싸고 벌인 토론에서 단적으로 드러난다. 영화에서 도주 귀족의 토지를 몰수하는 데에는 아무도 이의가 없다. 그러나 몰수 토지를 분배하는 문제를 두고, 집단화와 분배의 주장이 대립한다. 그런데 대부분의 농민은 집단화를 찬성한다. 반면 오직 자기 땅을 가진 자작농 한 사람만이 집단화에 반대한다. 왜냐하면 집단화하게 되면 자기의 토지 역시 몰수될 것이기 때문이었다.

이런 농민의 토론에 지원병의 주장까지 겹치는데, 유독 나중에 공산당으로 넘어가는 로렌스만이 인민정부의 안, 즉 공산당의 주장을 받아들여 개별 분배하자고 주장한다. 하지만 결국 대부분의 농민과 아나키스트적 성격이 강한 지원병의 주장에 눌려 토지 혁명은 집단화로 결론지어진다. 그들은 이런 혁명적 결론을 내리고, 공산주의 이상의 실현에 대해 환호한다. 하지만 이는 혁명 세력 내부의 분열의 싹이 되고 만다. 토지 혁명을 계기로 부르주아 좌파가 프랑코 반란군 쪽으로 넘어간 것이다. 이 일로 결국 혁명 세력은 초기의 압도적 우위를 지켜 내지 못한 것이다.

(2) 교회 문제

영화는 무정부주의자들에게서 교회와 여성의 문제가 어떤 모습을 지니는지를 명쾌하게 보여 준다. 유럽의 경우 사회주의 혁명뿐 아니라 부르주아 혁명에서도 가장 어려운 장애가 바로 교회의 세력이었다. 이들은 봉건제의 가장 강력한 지원군이었다. 왜냐하면 사회의 구석구석에까지 뿌리를 내리고 학생들 대부분의 교육을 장악하고, 여성 대부분을 지배하고 있었기 때문이다. 특히 반종교개혁의 십자군인 제수이트 신부회가 강력한 힘을 발휘하던 스페인에서 교회는 무소불위의 힘을 가지고 있었다. 그들은 대부분의 토지, 심지어 수많은 기업까지 직접 소유하면서 반란군에게 직접적으로 봉사했다. 영화에서도 그 점이 잘 드러나는데, 마을의 신부가 반란군에게 밀고하여 마을의 아나키스트 5명을 살해하는 데 일조하고 심지어 총을 들고 혁명군과 싸우기도 한다.

그러나 이런 노골적인 교회의 책동은 오히려 대부분 인민의 반감을 사 결국 혁명은 반종교 투쟁으로까지 발전했다. 아나키즘은 인간의 이성을 절대적으로 신뢰하면서 종교를 비과학적 미신으로 몰아붙인다. 그 결과 아나키즘의 영향이 미친 지역에서는 강력한 반종교 투쟁이 벌어진다. 그래서 영화에서도 파시스트들로부터 해방이 되자 마을 주민들은 교회의 성상을 꺼내 불태우고, 신부를 사살하고 만다.

(3) 여성 문제

또한 여성의 문제도 혁명에서 주요한데, 아나키즘은 다른 사회주의보다 더욱 강력하게 여성 및 성을 해방시키자는 주장을 펼친다. 아나키즘은 인간의 자연성에 대한 긍정, 그리고 인도주의 정신, 개인의 자주 독립성과 상호부조의 연대라는 원리를 전폭적으로 받아들이며, 결과적으로 봉건적 사회에서 자주성이 억압되는 여성의 해방을 전면에 들고 나온다. 그런데 흥미로운 것은 아나키즘은 여성이 남성과는 다른 본성을 지니므로, 양자가 평등한 권리를 가진다고 생각하지는 않았다. 비록 여성의 자주적 결정권을 인정하고, 자기의 고유한 욕망의 충족을 통한 행복추구권을 인정했지만 그것은 어디까지나 여성으로서 본성을 살리는 과정이지 여성이 남성과 같은 종류의 일에서 동등한 능력을 가진다고 보지는 않았던 것이다. 즉, 각자는 자기의 능력에 맞는 서로 다른 활동을 가진다는 것이다. 하지만 기본적 욕망은 동일하므로, 여성도 남성과 마찬가지로 성적 욕망을 추구할 권리가 있음은 당연하다고 보았다.

그러므로 아나키즘에서 여성 해방의 문제는 성 해방의 주장으로 이어진다. 성의 해방은 여성의 기본적 욕망의 해방이므로 인도주의적으로 당연한 권리일 뿐만 아니라, 특히 여성의 억압과 착취는 성적 지배가 매개되어 있다고 보았기 때문에 아나키즘은 이 점을 더욱 강조했다. 즉, 여성의 성적 억압이 여성의 인간성의 사물화 내지 대상화를 가져오고, 이를 통해 사회적 억압이 유지된다는 생각이었다. 그러므로 여성의 해방은 무엇보다도 적극적으로 성적 욕망을 추구하는 성적 해방에서 출발해야 한다고 보았다. 이런 여성 해방의 문제는 영화에서 공산당 지역에서와 달리 아나키스트 지역에서 민병대에 적극적으로 여성이 참가하는 데서 볼 수 있다. 영화에서도 블랑카와 마이테가 적극적인 무장투쟁을 남성과 더불어 전개한다. 그러나 점차 여성에게는 무장투쟁이 금지된다. 블랑카가 말하듯이 여성은 민병대 내부에서 간호원이 될 수도, 요리사가 될 수도 있지만 총을 잡아서는 안 되는 것이다. 이런 점에서 영화는 아나키즘의 독특한 여성 해방의 입장을 보여 준다.

03 공산당과 POUM의 대결

영화에서 파시스트 지배하의 마을이 민병대에 의해 해방되고, 마을 주민들에 의해 토지 혁명이 수행되자, 혁명적 환희는 최고조에 이른다. 그래서 주인공 카는 영국에 남은 애인 키티에서 "난 예전의 내가 아니야, 더 높은 곳에 서 있는 느낌이야"라고 말한다.

민병대는 지방의 소도시를 해방시킨다.

그러나 이를 정점으로 서서히 혁명군의 앞길에 암운이 드리운다. 공산당과 POUM의 내분이 벌어진 것이다. 내분의 발단은 토지 혁명에 있었다. 그러나 그 문제 이상으로 정규군인 프랑코 반란군에 맞서서 싸우는 전술적 문제도 주요했다. 공산당이 주도하는 인민전선 정부는 분산되어 독립적으로 투쟁하는 각종 민병대를 통합하여 정규군화하려고 시도했으며, 소련이 제공하는 지원을 바탕으로 아나키스트 계열에게 이런 시도를 강요하려고 했다. 그러나 아나키스트에게 이런 시도는 공산당이 혁명군 전체를 지배하는 결과가 될 것으로 간주되었고, 따라서 아나키스트들은 자주권을 상실하지 않기 위해 이런 시도를 반대했다. 하지만 그럴 경우 그들은 소련으로부터 제공되는 군사적 지원을 받을 수 없을 뿐만 아니라 그 자체 분산 고립된 투쟁만으로는 조직적으로 공격해 들어오는 반란군을 막아 낼 수가 없었다. 이런 모순적 상황이 중첩되어 서로가 믿을 수 없는 상황에 이르자, 공산당은 인민전선 정부에 참여한 POUM의 지도자를 반란에 동조했다는 혐의로 체포하고, 동시에 부대를 동원하여 강제로 아나키스트 계열의 민병대를 해체해 자신이 조직한 민중부대에 그들을 통합해 나갔다.

영화 〈토지와 자유〉는 이런 혁명군 내부의 혼란상을 부상당하여 바르셀로나에 머문 카의 눈을 통해 보여 준다. 카는 그곳에서 공산당이 조직한 외국 지원병 부대인 국제여단에 참여하기로 결정했으나, 실제 반란군 진압에는 나가지도 못하고 바르셀로나 시내에서 벌어진 아나키스트들과의 내전에 동원된다. 그러나 그는 결국 이를 박차고 나가 참여하고자 했던 민병대를 찾아

공산당 계열 정부군이 민병대를 해산하려다가 비앙카를 살해하게 된다. 분노한 카가 이에 대해 항의한다.

나선다. 민병대에 합류한 그는 그러나 그곳에서 반란군에 의해 고립된 채 결국은 무용한 싸움을 치르게 된다. 마침내 혁명정부는 군대를 동원하여 민병대를 해산하고, 그 와중에 카는 애인 블랑카를 잃는다.

켄 로치는 이런 공산당과 아나키스트들의 갈등에서 명백히 공산당에게 책임을 묻고 있다. 즉, 혁명군이 반란군에게 결국 무너진 것은 공산당이 강제적으로 민병대를 해체 통합해 혁명군의 내적 활기를 약화한 데에 책임이 있다는 것이다. 이러한 그의 입장은 1956년 이후 관료주의화된 스탈린주의에 대해 신좌파 지식인이 가지고 있었던 반감이 그대로 투영된 것으로 보인다.

그럼에도 켄 로치는 민병대 내부의 급진화된 혁명 열기나 혼란스러운 비조직적 투쟁을 보여 줌으로써 일정 정도 아나키스트들에게도 책임이 있다는 것을 암시하고 있다. 사실 당시 내전의 승리라는 관점에서 본다면 공산당의 주장은 현실적인 것이었다. 반란군에 승리하기 위해서는 부르주아 공화파와 협력해야 했으며, 또 민병대는 통합되어 조직화되어야 했던 것이다.

영화에서 주인공 카는 이 점을 어느 정도 이해했다. 그럼에도 결국 그는 다시 민병대를 찾아가고 말았다. 거기에는 아나키즘이 온갖 정치적·혁명적 약점에도 불구하고 그것을 만회하고도 남을 만한 엄청난 매력을 지녔기 때문이 아닌가 생각한다.

영화 〈토지와 자유〉는 스페인 내전을 다큐멘터리처럼 보여 주지만, 한 편으로는 아나키즘의 매력을 잘 보여 주고 있다.

사실 아나키즘은 과학적으로는 합리적 이성주의, 도덕적으로는 자연주 의, 사회적으로는 소공동체의 연합과 자주관리를 뼈대로 하는 사상이다. 아 나코 생디칼리즘이란 이런 아나키즘을 바탕으로 전술적으로 조합주의[9]를 결 합한 것이다. 아나키즘을 사상적으로 본다면, 이는 20세기 초 밀집된 공장 의 단순 육체 노동자의 개념과 잘 연결되지 않는다. 그들은 오히려 사회민주 주의나 공산주의와 더 가깝다. 아나키즘은 상당히 지적이고 또 자유로운 지 식 노동자, 그러니까 20세기 이전에는 직인들이며 20세기 후반에는 전문 기 술을 가진 노동자와 잘 연결된다. 그러므로 아나키즘은 그때까지만 해도 직 인 체제가 남아 있던 유럽의 후진 자본주의 지역인 라틴 지역에 주로 분포 했으며, 20세기 중반에 대규모 공장 체제가 발전하자 쇠퇴했다. 그러다 다시 20세기 후반에 전문 기술 노동자의 등장과 더불어 성장하기 시작했던 것이다.

이런 아나키즘은 정신적으로는 오히려 기독교적 이상주의에 기초한다. 자신에 대한 금욕주의, 타인에 대한 헌신적 사랑의 정신이 사상적 아나키즘

---

9 여기서 조합주의란 물론 고용자 노동조합도 포함하지만, 그에 못지않게 농민과 같은 소규모 생산자 조합이나 심지어 학생 조합과 같이 소비자 조합도 포함하는 광범위한 의미로 사용된다. 이런 점에서 노동조합 운동에 바탕을 둔 사회민주주의나 공산주의 와 구분된다. 아나코 생디칼리즘은 이런 조합이 사회의 기본 단위인 코뮌이며, 이 조합 은 자주적으로 관리되어야 한다고 본다.

의 바탕에 전제되어 있다. 그러므로 대개 아나키스트는 기독교, 그것도 이상주의적 기독교 전통에서 발생했다. 러시아의 크로포트킨과 톨스토이, 영국의 고드윈과 로버트 오엔, 프랑스의 생시몽과 푸리에는 모두 이런 기독교 이상주의자였다. 이런 기독교 이상주의의 전통은 앞에서 말한 아나키즘의 과학적 합리주의, 도덕적 자연주의와 양립하기 어려움에도 아나키스트의 인간성 속에 무리 없이 결합되었다. 과학적 합리주의는 무한성조차 과학적으로 증명할 수 있다고 보았으며, 도덕적 세속주의는 공공의 이익을 절대적 신앙의 차원으로 격상했다.

이런 기독교 이상주의는 이 영화에서 바로 여 주인공 블랑카의 모습을 통해 형상화되었다. 애인과 더불어 직접 총을 잡고 싸우는 파르티잔, 애인을 잃고 슬픔에 잠겨서도 죄책감에 사로잡힌 동지를 따뜻하게 위로하는 동지애, 자신의 애인을 땅에 묻으면서도 혁명의 승리를 믿어 의심치 않는 혁명적 낙관주의, 벌거벗은 채 "오늘은 … 총알, 참호, 정치, 살상, 배반 대신 인간을 느끼고 싶다"고 말하는 휴머니즘, 그리고 사상적 차이를 발견하자 가차 없이 사랑의 결별을 선언하고 뒤도 돌아보지 않고 뛰어가는 치열함, 이 모든 것이 바로 그녀의 이미지인데, 그게 바로 아나키즘적 인간상인 것이다.

오늘날에도 아나키즘은 비록 사상적으로 많은 비판을 받음에도 이런 정신적인 측면으로 인해 많은 지식인, 즉 자유롭고 정의감이 넘치고 투쟁적인 지식인을 끌어들이고 있다.

참고문헌

1. Paul Rotha 지음, 유현목 옮김, 『기록 영화론』, 영화이론총서 제7집, 영화진흥공사, 1982.
   이 책은 다큐멘터리 영화의 흐름을 역사적으로 그리고 지역별로 살펴보면서 다큐멘터리의 기본 개념과 그 기법을 개략적으로 설명한다.

2. 齊藤孝 엮음, 이호웅·윤언균 옮김, 『스페인 내전 연구: 인민전선 붕괴와 프랑코의 집권』, 형성사, 1981.
   이 책은 스페인 내전에 대한 일본인의 연구서로서 우리나라에 번역된 유일한 서적이다. 여기에 스페인 내전에 대한 간략한 약사가 들어 있으며, 특히 내전사에서 농업 혁명 문제, 그리고 지역적으로 아스토리아 혁명에 대한 세부적 연구가 들어 있으며, 팔랑헤당에 대한 연구 및 프랑코와 독—불—일 사이의 방공협정에 대한 연구도 들어 있다. 특히 1930년대 아나키스트들의 대중소설을 연구하여 그 속에 담긴 아나키즘 사상을 소개한 내용은 아나키즘을 이해하는 데 많은 도움이 될 것이다.

3. 이병창, 『20세기 사상사』, 천지, 2001.
   이 책의 앞부분에 20세기 초의 역사적 배경 속에서 사회주의 사상이 어떻게 전개되고 있는지에 대한 설명은 아나키즘 사상을 사회민주주의나 공산주의와 비교하여 이해하는 데 도움이 될 것이다. 특히 제3장 노동계급의 성장 부분을 참조한다.

3. 박홍규, 『아나키즘 이야기』, 이학사, 2004.
   아나키즘이나 페미니즘, 에콜로지 등 현대 사회의 대안적인 이데올로기를 고찰한 인문서로 아나키즘의 사상을 광범위하게 역사적으로 훑어 나가는 동시에 아나키즘의 사상, 예술론, 교육론을 차례로 살펴 나간다. 저자는 이 책에서 아나키즘을 부정적으로 보는 일반적 인식에 문제를 제기하고, 과도한 국가권력과 천민자본주의 등의 병폐에 시달리는 현대 사회에 아나키즘을 대안으로 내세우고 있다.

4. 폴 에브리치 지음, 하승우 옮김, 「아나키스트의 초상」, 갈무리, 2004.

아나키스트 운동에 참여했던 대표적인 사람들의 삶과 개성을 드러낸 책이다. 러시아의 유명 지식인 미하일 바쿠닌과 표트르 크로포트킨부터 거의 알려지지 않은 오스트레일리아의 제화공이자 급진적인 연설가였던 플레밍까지 정치적·사회적 부조리에 맞섰던 전 세계적인 아나키스트의 삶과 기록을 통해 19세기와 20세기 초에 전성기를 누린 아나키스트 운동의 영향력과 1960년대와 1970년대 동안 저항운동 참여자들의 호소력 등 그 시대의 독특한 향기를 포착해 냈다.

5. 이영미, 「결코 내리지 않는 깃발: 켄 로치, 싸우는 작가주의에 대하여」, 「키노」, 9호, 1997.

이 논문에는 켄 로치와의 대담이 실려 있다. 그의 육성을 직접 확인할 수 있다는 점에서 그의 영화를 이해하는 데 매우 큰 도움이 된다.

6. 이효인, 「반제 반자본의 전사 감독 켄 로치」, 인터넷 문서.

이효인은 영화평론가로서 계간 「독립영화」를 편집하고 있다. 그가 켄 로치를 평한 이 글은 인터넷 문서이지만 국내에서 발견할 수 있는 거의 유일한 켄 로치에 대한 평론이므로 참고할 가치가 있다. 이 글에서 그는 켄 로치의 영화 〈칼라의 노래〉를 주로 평하고 있다. 그의 논평 가운데 다음 구절은 기억할 필요가 있다.

"켄 로치의 영화는 영화에 지나치게 빠져 버린 나머지 교만하게 내뱉는 말, '더 이상 새로운 영화는 없다' 따위를 단번에 통렬하게 반박한다. 그는 영화를 통하여 정치적으로 싸울 뿐 아니라 문화적으로도 싸우는 것이다. 영화는 궁극적으로 의지와 희망을 강조하지만 그의 인물들은 승리하기보다는 패배하는 편이다. 그리로 영웅적이거나 독보적인 인물보다는 평범한 패배자, 집단 중의 한 명이다. 이것은 그가 견지하고 있는 끝없는 비판정신과 현실주의에 의하는 것이다. 그래서 그에게 주어진 좌파 로맨틱 아나키스트란 칭호는 철없는 이상주의와는 상관없는 것이다."

제4장

타인의 삶

독일 통일 전 동독의 국가안전부

이필렬

난 그들의 삶을 훔쳤고 그들은 나의 인생을 바꿨다

타인의 삶(Das Leben Der Anderen)
감독: 플로리안 헨켈 폰 도너스마르크
2006년, 독일

영화 및 주제 소개

독일 통일 전 동독은 완전한 감시국가로, 감시를 담당한 기관은 국가안전부(Ministerium für Staatssicherheit)였다. 명칭은 정부 부처 중 하나인 것처럼 보이지만 다른 어떤 부처보다 더 큰 힘을 가지고 있었고, 내각 수반의 지시를 받는 것이 아니라 공산당 중앙위원회의 지시만을 받아서 움직였다. 정규 직원이 약 9만 명이나 되는 거대 조직이었는데, 그 외에 20만 명에 가까운 비공식 정보원(Inoffizielle Mitarbeiter)을 거느리고 있었다. 동독 인구가 약 1,600만 명이었으므로 인구 180명 중 1명이 국가안전부 요원으로 일했고, 80명 중 1명이 정보원이었던 것이다. 당시 현실 사회주의 국가 어디에서도 이처럼 방대한 정보기관을 유지하는 곳은 없었다. 스탈린의 공포정치가 횡행했던 소련에서도 KGB 요원은 600명 중 1명이었고, 동독의 이웃 폴란드에서는 1,500명 중 1명이었다.

동독에서 국가안전부라는 거대 기구를 만들어 인민을 감시한 이유는 독일민주공화국(Deutsche Demokratische Republik)이라는 이름의 사회주의 국가를 유지하기 위해서였다. 공산당의 독점적인 지배, 즉 공산당 간부들의 권력 독점을 계속 유지하기 위해서였던 것이다. 동독 공산당은 제2차 세계대전 후 사회민주당과 공산당의 합당으로 만들어졌고, 정식 명칭은 사회주의통일당(Sozialistische Einheitspartei)이었다. 그들은 동독의 모든 권력을 독점했고, 동독의 사회 시스템을 마르크스-레닌주의의 이념에 맞도록 개조해 나갔다. 그러나 인민들이 모두 이에 동조한 것은 아니었다. 1953년에는 베를린 인근에서 노동자들의 봉기가 일어났고, 봉기는 독일 전역으로 퍼졌다. 동독 정부

비슬러는 헤드폰을 쓴 채 슬픈 모습으로 두 연인의 모습을 상상하고 있다.

는 이 봉기를 제대로 진압하지 못했고, 급기야는 탱크를 동원한 소련군이 개입하여 무자비하게 진압함으로써 끝이 났다. 불만은 쌓여 갔고, 해마다 수십만 명의 동독 인민들이 서독으로 넘어갔다. 이를 막기 위해 1961년에 동독정부는 베를린에 장벽을 쌓았고, 동서독 경계에는 5킬로미터 넓이의 출입금지구역과 길이 1,400킬로미터에 달하는 높은 철조망 울타리를 세웠다. 베를린장벽이 세워짐에 따라 그 전까지는 베를린 안에서 자유롭게 이동할 수 있었던 동독 인민들이 하루아침에 베를린의 반쪽에 갇히는 신세가 되었다. 동독정부는 인민의 불만을 이러한 억압적 수단을 동원해서 누를 수밖에 없었고, 이와 동시에 인민에 대한 감시도 크게 강화되기 시작했다. 그리고 이 감시는 시간이 흐를수록 확대되어 갔다.

　　1950년대와 1960년대에 국가안전부의 조직은 상대적으로 그다지 크지 않았다. 1949년 처음 설립되었을 때 정규 직원의 수는 1,150명에 불과했다. 그러나 1960년에 정규직원은 2만 명, 비공식 정보원은 9만 명으로 늘어났다. 설립 초기 국가안전부의 존립 목적도 그 후의 목적과 다를 바 없었지만, 그들이 인민을 감시하고 억누르는 방법은 조금 달랐다. 강압, 폭력, 고문 등이 감시와 억압을 위해 사용되었다. 그러나 동독의 경제 시스템이 제대로 작동하지 않게 되고, 이를 타개하기 위해 동독정부가 서방세계, 특히 서독의 도움을 받게 되자 감시 방법이 달라졌다. 서독의 경제원조는 빌리 브란트 정권의 접근을 통한 변화 (Wandel durch Annäherung), 즉 동독 사회의 인민의 삶의 조건이 나아지는 데 기여하는 것을 전제로 이루어졌다. 그러므로 동독에서 권력 유지를 위해 인민을 상대로 폭력이나 고문을 자행하며 인권유린을 한다는 사실이 알려지면 원조를 받기가 어려워질 수 있었다. 그렇다고 해도 공산당의 권력 독점을 유지하기 위해서는 감시를 하지 않을 수 없었다. 게다가 서독과의 교류는 동독에서 태어나고 교육을 받았지만, 동독 체제에 대해 회의적인 생각을 가진 젊은이들을 점점 더 늘어나게 하는 결과를 가져왔다. 이들 중 상당수는 동독 사회주의 체제에 절망하여 대부분 서독으로 넘어가려고 했는데, 그 결과 1970년대에는 수천 명에 지나지 않던 이주 신청자가 1980년대 중엽에는 5만 명을 넘어섰고 1980년대 말에는 10만 명을 넘게 되었다. 1989년 소련의 개혁·개방, 즉 페레스트로이카와 동구 사회주의의 말기 증상으로 인해 동독 체제가 흔들리게 되자 이주 희망자는 급속히 늘어났다.

이들 이주 신청자 중에서 실제로 이주가 허용된 사람의 수는 많지 않았다. 1985년에는 5만여 명 중 1만 7,000명, 1988년에는 11만여 명 중 2만 5,000명이었다. 1989년에는 10만 명이 이주가 허용되었다. 1961년 베를린 장벽이 세워진 다음부터 1989년 11월까지 서독으로 이주가 허용된 사람의 수는 약 45만 명이었는데, 이 중에서 25만 명은 이주 승인의 대가로 서독에서 동독에 금전을 지불한, 즉 돈으로 산(Freikauf) 사람들이었다. 1980년대 말에는 이주 신청자의 증가와 더불어 동독에 남아서 동독 사회를 개혁하려는 사람들도 늘어났다. 이들은 동독을 서구 자본주의와 비슷한 체제로 만드는 것을 원하지는 않았다. 이들 중에는 자본주의를 동경하는 사람이 거의 없었다. 만일 그랬다면 이들은 여러 경로를 통해서 서독으로 넘어가려고 했을 것이고, 동독 정부에서는 말썽만 피우는 이들에게 쉽게 이주 승인을 내주었을 것이다. 실제로 서독으로 가려는 젊은이들은 대부분 서구사회의 물질적 풍요로움과 자유를 동경했기 때문에, 이들에게서 동독 사회를 개혁하려는 의지는 찾아보기 어려웠다.

그러나 1970년대와 1980년대에 사회주의가 인민의 평등하고 평화로운 삶을 위한 가장 우월한 체제이고 동독의 모든 인민은 이 체제의 발전과 유지를 위해서 노력해야 한다는 교육을 받았기에 전 세대에 비해 사회주의에 대한 신념을 강하게 가지고 있었지만, 동시에 동독이 서구 사회에 대해 어느 정도 개방적인 정책을 취한 상황에서 자라나 서구 문화의 영향도 받았던 세대는 눈에 보이는 현실 사회주의 체제에 대해 회의를 품을 수밖에 없었다. 이들에게 현실 사회주의는 서구에 비해 인민의 질 높은 삶을 보장해 주지도 않고 사상과 언론의 자유를 극도로 억압하는 체제로 보였기 때문이다. 이들 중에서 서독으로 넘어가는 대신 동독에 남아 동독의 체제를 진정으로 인민을 위한 사회주의로 개혁하려는 그룹이 생겨났다. 이들은 대부분 학교(Polytechnische Oberschule) 다닐 때 처음에는 '청소년선구자'(Junge Pioniere)에 가입해서 활동하다가 고학년이 되어서는 '자유독일청년'(Freie Deutsche Jugend)에 들어가서 공산당원이 되는 준비훈련을 받고, 학교를 졸업한 후에는 공산당 당원으로 받아들여진 사람들로, 만일 체제에 순응했다면 높은 자리로 올라갈 수 있었던 엘리트들이었다.

사회주의 이념을 신봉하면서도 동시에 동독의 권력을 독점한 사회주의통일당 간부들과 체제의 부조리에 대해 실망한 이들은 주로 교회, 환경보호 그룹, 문화단체 등을 통해서 체제에 저항하거나 개혁을 요구했다. 동독 공산당에게는 내부에 남아 체제를 비판하는 활동을 벌이는 이들이 서독으로 넘어가려는 '체제 배신자'(Republikverrat)보다 더 위협적인 존재였다. 그래서 이들은 모두 철저하게 감시당했고, 다양한 방식으로 억압당했다. 감시는 주로 비공식 정보원을 통해서 이루어졌다. 정보원들은 체제 비판자들이 만나고 활동하는 곳 어디에나 있었다. 이들은 '동지'로서, 또는 친구로서 체제 비판자들의 활동을 감시하고 보고했다.

국가안전부는 감시를 위해서는 어떠한 윤리적 고려도 하지 않았다. 아주 가까운 친구를 정보원으로 만드는 것은 물론이고, 심지어는 체제 비판자의 부인이나 남편을 움직여서 자기 반려자를 감시하는 일을 하도록 하기도 했다. 남편이나 부인이 정보원이었다는 사실은 독일이 통일된 후에야 드러났다. 동독의 체제비판 단체 '판코브 평화그룹'(Pankower Friedenskreis)과 '풀뿌리의 교회'(Kirche von Unten)에서 활동했던 베라 렝스펠트(Vera Lengsfeld)의 경우, 함께 아들을 셋이나 낳고 산 남편이 그녀를 감시했다. 이 사실은 1991년 통일이 된 후에 렝스펠트가 국가안전부의 기록을 검색하고 나서야 드러났다. 렝스펠트는 아버지가 국가안전부 간부였고, 23세 때 사회주의통일당 당원이 되었다. 1981년부터 시작된 체제 비판 활동으로 그녀는 1988년에 체포되었고, 유학이란 명목으로 영국으로 추방당했다. 그녀는 동독 국적을 박탈당하지 않기 위해 서독을 택하지 않고 영국 유학을 선택했다. 영화 〈타인의 삶〉의 주인공 비슬러 대위로 출연한 울리히 뮈에(Ulirch Mühe)의 부인이었던 배우 예니 그뢸만(Jenny Gröllmann)도 국가안전부에 보고하기 위해 남편을 포함한 동료 배우들을 감시했다. 영화에서 비슬러 대위는 서독으로 탈출한 '공화국 배신자'의 친구를 체포해서 배후의 조력자가 누구인지 대라고 심문한다. 이때 그는 온갖 심리학적 심문 방법을 사용한다. 똑바로 앉히고, 잠을 재우지 않고, 같은 질문을 거듭해서 하고, 급기야는 부인을 체포하고 아들과 딸은 소년훈육소(staatliche Erziehungsanstalt)로 보내겠다고 협박한다. 이렇게 가족을 미끼로 위협하자 결국 도망자의 친구가 무너져 버리고 배후 조력자의 이름을 밝힌다. 그들의 심문 방법에는 털끝만큼의 윤리적 고려도 없었던 것이다.

친구로서 친구들을 감시하고 보고하는 일은 더 잦았다. 베를린 프렌츠라우 베르크의 여러 대항문화 그룹의 핵심 역할을 했던 자샤 안더손(Sascha Anderson)이라는 인물은 오랫동안 비공식 정보원으로 일하면서 당시의 많은 체제 비판적 동료들에 관한 정보를 국가안전부에 제공했다. 동독 정부를 무너뜨리는 데 중요한 역할을 한 노이에스 포룸이라는 체제 비판 그룹의 일원으로 활동한 베르벨 볼라이(Bärbel Boley) 주변에서는 모니카 해거(Monika Haeger)라는 정보원이 같은 체제 비판 그룹의 신뢰받는 일원으로서 10년 가까운 기간 동안 감시를 수행했다. 해거는 통일 후 비공식 정보원일뿐만 아니라 국가안전부의 정식 요원이라는 것이 밝혀졌다. 정보를 얻기 위해서는 더 뻔뻔스러운 방법도 동원되었다. 어떤 체제 비판적인 부부의 가족이 서독으로 넘어가려는지 알기 위해 비공식 정보원으로 일하던 고등학교 여학생을 시켜서 같은 고등학교에 다니던 부부 아들의 애인이 되어서 아이 부모가 어떤 생각을 하는지 알아보라는 지시를 내리기도 했다. 여기서 알 수 있듯이 비공식 정보원은 학교에도 깔려 있었다. 학생 정보원의 수는 약 8,000명에 달했는데, 이들은 체제 비판적이 될 가능성이 있는 학생들을 감시하고 이들의 부모에 대한 정보를 캐내어서 국가안전부에 보고하는 일을 했다.

비공식 정보원은 동독 사회주의를 지키기 위해 국가안전부의 제안에 자발적으로 협조한 경우도 있지만, 국가안전부의 회유, 협박, 강압에 의해 협력한 경우도 많았다. 영화의 여주인공 크리스타-마리아 질란트처럼 개인적인 약점을 찾아내어, 그것을 눈감아 주는 대가로 비공식 정보원으로 활동하게 하거나, 협조하지 않으면 그 자신 또는 가까운 사람들의 장래를 망칠 수 있다는 협박에 굴복하게 만드는 식이었다. 영화에서 국가안전기획부 요원 비슬러 대위는 극작가 드라이만의 집에 도청 장치를 설치하는 장면을 목격한 이웃집 여자에게 발설할 경우 딸의 의학 공부는 끝장일 줄 알라고 협박하는데, 이러한 식의 협박은 정보원으로 협력하게 만드는 데에도 사용되었던 것이다.

동독인 중 체제에 불만을 가진 사람들은 국가안전부가 비공식 정보원을 풀어서 자기들의 일거수일투족을 감시한다는 것을 알고 있었다. 그러나 이들은 국가안전부에서 그들을 감시할 뿐만 아니라 상상하기 어려운 방식으로 '분쇄'(Zersetzung)하고 있다는 것은 잘 알지 못했다. 서독의 경제원조를 받게 되는 1970년대부터 폭력이나 고문을 통해서 비판자들을 청소하기 어렵게 되자 국가안전부에서는 겉으로는 잘 드러나지 않는 색다른 전술을 채택하게 되는데, 이것이 바로 '분쇄' 작전이었다. '분쇄' 작전은 글자 그대로 체제 비판자들의 삶을 망가뜨림으로써 이들을 동독 사회에서 청소하고 다른 비판자들에게는 체제 비판자들의 말로가 어떻게 되는지 보여 주기 위한 것이었다. 통일 후 국가안전부의 문서를 통해서 드러난 바에 따르면 수만에서 수십만 명이 '분쇄 작전'의 대상이 되었고, 이들 중 5,000명의 삶이 이로 인해 영구히 망가졌다.

'분쇄'에는 갖가지 뻔뻔스러운 방법이 동원되었다. 어떤 방법이 효과적인지에 관한 심리학 연구도 병행되었다. 자동차 바퀴의 바람을 빼놓고, 브레이크 연결관의 연결을 느슨하게 만들어 놓음으로써 체제 비판자가 자동차 사고로 다치거나 사망하도록 조작하는 것은 물론이고, 부부 사이에 유혹자를 개입시켜서 가정을 파괴하거나, 익명의 편지나 전화를 통해서 부인이나 남편에게 상대방이 다른 사람과 내연 관계라는 거짓 정보를 흘리기도 했다. 뿐만 아니라 이들의 집에 들어가서 교묘하게 물건을 건드리거나 직장에서 따돌림을 당하게 하기도 했다. 그럼으로써 비판자들을 심리적·정신적으로 망가뜨렸다. 영화에서도 비슬러 대위가 드라이만의 방에 들어가 베르톨트 브레히트의 시집을 들고 나오는 장면이 나오는데, 이처럼 그들은 감시대상자의 집에 언제든지 몰래 들어갈 수 있었다.

'분쇄'를 위해 어떤 방법을 사용할지는 대상자의 성격이나 심리적 상태 등에 따라 달라졌다. 예를들어 평화운동에 참여했던 소아과의사 카린 리터(Karin Ritter)라는 여성은 매우 예민한 성격의 소유자였고, 우울증 치료를 받은 적이 있었는데, 이 경우에는 집 안에 몰래 들어가서 그릇의 배치를 바꾸거나 용기 속에 담긴 것을 바꿔치기함으로써 정신적으로 견디기 어렵게 만드는 것이었다. 한두 번도 아니고 계속 이런 일이 발생하면 무신경한 사람이라도 노이로제에 걸릴 수 있다. 사실 이런 일은 다른 사람에게는 말하기 어려운 성격의 것이다. 사람들이 믿지 않을 가능성이 크고, 자신이 이상한 분열증적 증상에 시달린다는 인상을 심어 주기 때문이다. 이는 예민한 성격의 '분쇄' 대상자를 더욱 고립무원의 불안과 고독의 상태로 내몰고, 결국 진짜 분열증을 유발한다. 그녀의 경우에는 직장에서도 '분쇄' 작전이 시행되었다. 그녀가 환자에게 내린 진단을 비공식 정보원이었던 동료 의사가 환자나 보호자에게 몰래 가서 진단이 틀렸다고 말하거나, 환자 앞에서 과장이 그녀에게 진단을 잘못 내렸다고 직접 말함으로써 공개적인 망신을 주는 것이다. 이로 인해 그녀는 환자의 신뢰를 잃고, 그녀가 없을 때 집 안에 누군가 들어올지 모른다는 공포로 직장에도 나가지 않고 친구들도 만나지 않은 채 거의 집에만 틀어박혀 있게 되었다. 친구들은 그녀가 자살할지 모른다는 우려에서 그녀를 정신병원에 넣었지만, 동독이 무너진 후 집으로 돌아온 그녀는 결국 자살하고 말았다.

'분쇄'를 성공적으로 수행하기 위해 국가안전부에서는 저급한 심리학 연구도 수행했다. 영화에는 국가안전부에서 드라이만 감시를 총지휘하는 그루비츠 중령이 비슬러 대위에게 예술가의 심리를 분석한 박사학위 논문을 심사한 이야기를 하는 장면이 나온다. 논문에서는 예술가를 다섯 가지 부류로 나누고 있는데, 그루비츠는 드라이만이 네 번째 부류에 속한다고 말하면서 이 부류에 속한 예술가가 가장 '분쇄'하기 쉽다고 말한다. 실제로 국가안전부는 포츠담에 국가안전부 요원을 키우기 위한 대학(Die Juristische Hochschule des Ministeriums für Staatssicherheit)을 세워 운영했고, 여기에서 '공화국 배신자'를 다루기 위한 심리학 연구를 수행했다. 영화에서 이야기하듯이 '분쇄'에 관한 '연구'에 대해 박사학위까지 수여할 수 있었다.

확인되지는 않았지만, 동독 정부에서 체제 비판자들을 감옥에 가둔 후에도 '분쇄'를 시도했다는 의혹이 있다. 수감되었던 체제 비판자 중 여러 명이 나중에 혈액암 등으로 일찍 사망하는데, 국가안전부에서 감옥에 있던 이들에게 몰래 방사능을 쪼였다는 것이다. 사회주의가 인류의 행복한 삶을 가져다줄 가장 우월한 체제라고 확신했던 루돌프 바로라는 학자는 동독 현실 사회주의의 개혁 방안에 관한 『대안(Die Alternative)』이라는 책을 서독에서 출판한 후 1978년에 8년형을 선고받고 감옥에 갇혔다가 1979년에 서독을 비롯한 유럽 사회의 항의로 사면되어 서독으로 추방되었다. 독일 통일 후 훔볼트대학에서 강의하던 그는 1997년 62세의 나이에 혈액암으로 사망했다. 비슷한 시기에 감옥에 갇혔던 여러 명의 다른 체제 비판자도 50대나 60대에 암으로 사망했는데, 이는 이들이 감옥에서 방사능을 쪼였을 개연성이 충분이 있음을 보여 준다.

동독의 국가안전부가 어떻게 인민을 억압하고 망가뜨렸는가에 대한 보도나 연구는 많이 나와 있다. 그러나 영화라는 대중적인 형태로 국가안전부를 묘사한 것은 〈타인의 삶〉이 최초이다. 이 영화는 국가안전부의 감시와 인민의 억눌린 삶을 매우 사실적으로 그렸다는 호평을 받았다. 미국 국가안전청(NSA)이 전 세계를 상대로 벌인 감시 행위를 폭로한 에드워드 스노든도 이영화의 영향을 받아 자기 직장의 비리 행위를 폭로했다고 한다.

영화 줄거리

비슬러 대위는 국가안전부 요원이다. 그는 사회주의가 인민의 행복한 삶을 가능하게 해 주는 가장 우월한 체제라는 신념을 가지고 있다. 그리고 자신은 국가안전부 요원으로서 이 체제를 만들고 지속될 수 있게 해 주는 공산당을 지키는 방패와 칼 역할을 한다고 생각한다. 그는 영화 첫 장면에 나오듯이 '공화국 배신자'들을 상대하고 학생들을 가르치는 일에는 매우 유능하지만, 높은 자리에 올라가는 데는 큰 관심이 없다. 오직 자기 신념에 충실하려고 한다. 그와 국가안전부 대학의 동기이면서 상사인 그루비츠는 이미 중령이 되었지만, 그는 아직 대위라는 것이 이를 잘 보여 준다.

그루비츠는 문화예술부 장관 헴프로부터 드라이만이라는 극작가를 '분쇄'하라는 명령을 받고, 이 과업을 유능한 비슬러에게 맡긴다. 비슬러는 그루비츠와 함께 드라이만이 희곡을 쓴 연극을 감상하면서 망원경을 이용해 드라이만의 움직임을 처음으로 관찰한다. 그는 드라이만에게서 공화국에 충성하는 척하지만 언젠가는 배신할 수도 있는 위선자적 면모를 감지하고 그의 일거수일투족을 24시간 감시하는 일에 착수한다. 이를 위해 그는 드라이만이 살고 있는 아파트 집안 곳곳에 도청장치를 깔아 놓고, 건물 다락에 감시실을 설치한다. 드라이만은 자기 집에서 글을 쓰기 때문에 여기에 도청 장치를 설치하면 그가 언제 무얼 하는지 거의 모두 감시할 수 있다. 게다가 그가 집에 없을 때는 문을 따고 들어가서 그가 어떤 책을 읽고 어떤 잡지나 신문을 보고 어떤 글을 쓰는지도 알아낼 수 있다.

드라이만은 유명한 여배우 질란트와 사랑하는 사이로 그녀와 함께 살고 있다. 그러나 국가 문화예술부 소속인 그녀의 최고 상사인 장관도 그녀에게 음욕을 품고 있다. 장관은 그녀에게 목요일마다 만날 것을 강요한다. 거절하면 불이익을 당할 것을 우려한 그녀는 드라이만에게는 다른 이유를 둘러대고 장관을 만나 준다. 장관은 질란트를 자기 차에 태우고 다니며 육체적·정신적으로 농락한다. 사실 장관이 드라이만을 감시하라고 지시한 이유는 드라이만을 '분쇄'함으로써 질란트를 더 쉽게 농락하기 위해서이다.

드라이만을 감시하던 비슬러는 질란트가 리무진 자동차에서 내리는 장면을 보고 그루비츠에게 차적 조회를 의뢰한다. 그러나 그루비츠는 그 차는 문화예술부 장관의 관용차이고, 질란트와 장관의 관계는 감시의 대상이 아니니 보고서에 기록하지 말라고 대답한다. 비슬러는 장관의 비리를 눈감아 주는 것은 당을 위한 일이 아니라고 말하지만, 그루비츠는 그런 일을 폭로하는 것은 자신과 비슬러의 승진에 도움이 안 된다고 말한다. 이때부터 비슬러에게는 동독의 권력자에 대한 회의가 싹트기 시작한다. 그 후 비슬러는 감시하는 동안 드라이만과 질란트가 정말 사랑하는 사이라는 것을 알게 된다. 그리고 질란트를 차지하기 위해 드라이만을 '분쇄'하고 사랑을 파괴하려는 문화예술부 장관에게 분노의 감정을 느끼게 된다. 그는 다시 한 번 질란트가 장관의 차에서 내리는 것을 발견하고, "쓰디쓴 진실의 시간"(Stunde der bitteren Wahrheiten)이라고 중얼거리며 드라이만 집의 초인종이 계속 울리도록 조작하여 드라이만이 그 장면을 보도록 함으로써 장관과 질란트의 관계를 폭로한다.

질란트는 들어오자마자 욕실로 달려가 장관에게 농락당한 몸을 씻고 침대에 웅크려 눕는다. 이때 드라이만이 들어와 꼭 껴안아 달라고 하는 질란트를 말없이 안아 준다. 비슬러는 머리에 헤드폰을 쓰고 아무 말도 들리지 않는 집 안에서 두 연인이 만들어 낼 슬픈 장면을 그 자신 또한 눈을 꼭 감은 슬픈 모습으로 상상한다. 다음 날 비슬러는 드라이만의 집에 몰래 들어가 드라이만이 연인과 함께 누웠던 침대 옆에 쪼그리고 앉아 안타까운 눈빛으로 침대를 바라보다가 드라이만의 책상에서 베르톨트 브레히트(Bertolt Brecht)의 시집을 가지고 나온다. 집에 돌아온 비슬러는 가방에서 시집을 꺼내들고 브레히트의 사랑의 사그라짐에 대해 노래한 〈마리 A.의 추억〉이라는 시를 읽는다.

그리고 얼마 후 드라이만은 친구에게서 걸려 온 전화를 통해 예르스카라는 연출가가 목매어 자살했다는 소식을 듣는다. 비슬러도 도청 장치를 통해 이 소식을 함께 듣는다. 드라이만은 극작가이기 때문에 작품을 무대에 올리려면 연출가와 공동 작업을 해야 한다. 예르스카는 그가 오랫동안 호흡을 맞춘 연출가였는데, 그는 예르스카야말로 자기 작품을 가장 잘 해석하는 연출가라고 생각한다. 그러나 예르스카는 당국으로부터 활동금지 조치를 당한 상태였다. 책으로 가득한 좁은 방에서 연출에 대한 욕구를 혼자 술로 억누르며 지내던 그가 결국 삶을 포기한 것이다. 충격에 휩싸인 드라이만은 말을 잃고, 피아노 앞에 앉아 자기 50회 생일 때 예르스카가 선물한 〈선한 사람의 소나타〉라는 악보를 펼쳐 피아노를 친다. 비슬러는 헤드폰을 낀 채 이루 형언할 수 없는 표정으로 이 곡을 듣는다. 그리고 동독 체제에 대한 회의는 점점 깊어 간다.

감시를 마친 비슬러는 집으로 올라가는 엘리베이터 안에서 공을 가지고 함께 탄 어린아이로부터 "아저씨 정말 국가안전부에서 일하세요"라는 질문을 받는다. 비슬러는 "국가안전부가 뭘 하는지 알고 있냐"고 되묻는다. 아이는 "아빠가 말했는데 사람들을 잡아 가는 나쁜 사람들"이라고 대답한다. 비슬러는 아빠 "이름이 뭐냐"라고 물으려다가 멈칫하고는 "네 공 이름이 뭐냐"라고 묻는다. 아이는 "아저씨 웃겨요. 공이 무슨 이름이 있어요"라고 대답한다. 감시를 시작하기 전이었다면 당연히 어떤 주저함도 없이 아빠 이름을 알아내려 했을 것이고, 그를 체포해서 심문하거나 '비공식 정보원'을 시켜서 감시하려고 했겠지만, 그동안 체제에 대한 회의를 품게 된 그는 이름을 물으려다 공 이름이 뭐냐고 둘러댄 것이다.

장관은 그루비츠에게 어서 드라이만의 '비리'를 찾아내라고 닦달한다. 그리고 자기 운전기사에게 질란트도 감시해서 약점을 찾아내라고 명령한다. 그 다음날은 질란트가 장관과 만나 주기로 약속한 날이다. 저녁이 되자 질란트는 집에서 나가려고 옷을 갈아입고 서성거리며 동료와 약속이 있다고 말한다. 드라이만은 질란트에게 장관과 만나는 것과 약을 먹는 것을 모두 알고 있으니 장관을 만나지 말고 약도 먹지 말라고 설득한다. 사실 질란트는 최고 수준의 연기자로 평가받지만 자신은 최고란 자신감이 없고, 그러면서도 최고로 평가받기를 원하기 때문에 언제 바닥으로 떨어질지 모른다는 불안감을 가지고 있다. 이 정신적인 불안감은 병적인 것이 되었고, 이를 해소하기 위해 안정제를 복용한다. 그런데 이 약은 의사의 처방을 받은 것이 아니고 세상에 알려져서도 안 되기 때문에, 그녀는 의약품 밀매를 하는 약사로부터 약을 조달받는다.

질란트는 장관을 만나러 나가지 않을 경우 연기자로서 생명이 끊길 것을 불안해한다. 드라이만은 질란트가 최고 수준의 예술가이고 관객도 이를 잘 알고 있다고 말하며 장관의 뒷배가 필요 없으니 가지 말라고 간절하게 애원한다. 그러나 질란트는 누가 연기하고 연출해도 되는지 모두 위에서 결정되는 이 체제를 자기는 증오하지만 예르스카처럼 되기 싫기 때문에 어쩔 수 없이 장관과 잠을 자 주는 것이라고 항변한다. 그러면서 드라이만도 체제와 한 침대에 누워 자기는 자기와 마찬가지가 아니냐고 힐난한다. 비슬러는 이 모든 대화를 아주 무거운 표정으로 엿듣다가 교체 요원이 오자 헤드폰을 넘겨주고 밖으로 나온다. 체제에 대한 그의 회의와 분노는 점점 깊어 간다. 분노를 삭이기 위해 그는 집으로 가지 않고 근처의 술집으로 가서 보드카를 시킨다.

질란트는 드라이만을 힐난한 후 그의 만류를 뿌리치고 집을 나온다. 그러나 드라이만과의 언쟁으로 심란해진 그녀는 장관을 만나러 가는 대신 비슬러가 들어간 술집으로 가서 코냑을 마시며 괴로워한다. 이때 보드카를 몇 잔 들이킨 비슬러가 그녀에게 가서 그녀를 좋아하는 관객이라고 소개하고, 사랑하는 사람을 두고 '이상한 사람'을 만나는 것은 위대한 예술가인 그녀답지 않다고 말한다. 이 말을 듣고 그녀는 비슬러에게 "당신은 좋은 사람"이라고 대답하고는 술집을 나가 드라이만에게 돌아간다. 교체 요원의 감시 보고서에는 "20분 후 질란트가 돌아온다. 드라이만은 너무 행복해한다. 뒤이어 격렬한 정사가 벌어진다. 질란트는 이제 다시는 당신을 두고 나가지 않겠다고 말하고, 드라이만은 이제 무슨 일이든 할 수 있는 기운을 얻었다고 말한다"고 기록된다.

에르스카의 장례식에 참석한 드라이만은 동독의 자살 통계에 대해서 생각한다. 동독에서는 각종 통계를 발표하지만, 1977년부터 자살자 수는 아예 세지 않고 있다. 너무 많기 때문이다. 드라이만은 이 자살 통계를 발표하지 않는 동독 체제에 대해 글을 써서 서독의 매체에 싣겠다고 생각한다. 친구들과 의논하여 글을 『슈피겔(*Spiegel*)』이라는 서독의 유수한 주간지에 싣기로 하고 슈피겔의 편집장으로부터 숨기기 쉬운 소형 타자기를 받아 글을 쓰기 시작한다. 동독의 타자기는 모두 국가안전부에 등록되어 있다. 누가 어디에서 무슨 타자기로 글을 쓰는지 권력자들은 훤하게 알 수 있다. 국가안전부에서 타자 원고를 입수하면 누가 썼는지 금방 알게 되어 있다. 그런 까닭에 슈피겔은 등록되어 있지 않은 타자기를 밀반입해 드라이만에게 제공한 것이다.

드라이만은 질란트에게도 말하지 않고 이 타자기를 이용해서 글을 쓴다. 사용 후 타자기는 거실 문지방 밑에 조심스럽게 숨겨 놓는다. 비슬러는 도청을 통해 드라이만이 동독의 자살 통계에 관해 글을 쓴다는 것을 알게 된다. 그러나 보고서에는 드라이만과 친구들이 다른 사람에게 동독 40주년 기념 희곡을 공동 집필한다고 둘러대자고 한 것과 같이 동독 40주년 기념 희곡 집필이라고 기록한다. 교체 요원은 그게 아닐 것 같다고 말하지만, 희곡 집필이라는 상관 비슬러의 강압적인 주장에 꼬리를 내린다. 이제 국가안전부 요원이 체제 비판자들과 적극적인 공모를 시작한 것이다. 그후 그는 교체 요원이 더 자세한 것을 알아내지 못하도록, 그루비츠를 찾아가 캐낼 만한 것이 별로 없으니 자기 혼자 12시간만 감시하도록 해 달라고 요청한다. 그루비츠는 이상한 낌새를 눈치채지만 이를 허락한다.

드라이만이 쓴 글이 『슈피겔』에 발표되자 국가안전부는 발칵 뒤집힌다. 집필자가 누구인지를 찾아내려는 일이 시작되고, 슈피겔에 심어 놓은 비공식 요원을 통해서 원고 원본의 복사본이 도착한다. 그러나 동독에는 없는 타자기로 작성되었기 때문에 저자를 찾아내지 못한다. 국가안전부 장관의 질책을 받은 그루비츠는 비슬러에게 어떤 실마리도 눈치채지 못했느냐고 전화로 묻지만 비슬러는 조심스럽게 모른다고 대답한다. 이때 문화예술부 장관이 그루비츠를 불러내어 질란트가 불법으로 의약품을 조달받는다는 정보를 주고, 그녀를 동독의 무대에 다시는 서지 못하게 하라고 말한다. 국가안전부 요원들은 현장을 덮쳐 질란트를 체포해 압송한다.

그루비츠는 "배우가 더이상 연기 일을 못 하면 무슨 일을 할 거냐"는 말로 심문을 시작한다. 절망에 빠진 질란트는 그루비츠에게 동료들을 스파이 짓하는 일이라도 시키는 것은 뭐든 하겠으니 봐 달라고 애걸한다. 그루비츠는 높은 사람을 적으로 만들었기 때문에 다 소용없는 일이지만, 단 한 가지 『슈피겔』의 글을 누가 썼는지 알려 주면 덮어 주겠다고 말한다. 질란트는 체념과 증오 — 자기자신에 대한 것도 포함된 듯한 — 가 뒤섞인 헛웃음을 지으며 결국 사랑하는 사람을 배신한다.

돌아오지 않는 질란트를 기다리던 드라이만의 집에 국가안전부 요원들이 수색영장을 들고 진입한다. 집 안을 샅샅이 뒤지지만 찾으려는 타자기는 발견하지 못한다. 요원들이 철수한 후 그루비츠는 비슬러를 불러 네가 우리 편이라면 이게 마지막 기회이니 질란트로부터 결정적인 정보를 캐내라고 명령한다. 뛰어난 심문 기술을 지닌 비슬러는 타자기의 존재를 부인하는 질란트를 한 치의 빈틈도 없이 몰아쳐 타자기가 어디에 숨겨져 있는지 알아낸다. 그리고 그 정보를 그루비츠에게 넘기고 자신은 사라진다.

사라진 비슬러는 차를 타고 먼저 드라이만의 집으로 가서 타자기를 찾아내 없애 버린다. 수색당한 일에 대해 친구들과 상의하러 나갔던 드라이만이 들어오고, 이어서 국가안전부에 협력한 대가로 풀려난 질란트가 돌아온다. 그 후 다시 그루비츠를 필두로 수색요원들이 들이닥친다. 이들이 타자기 있던 곳을 뒤지려고 할 때 샤워를 마친 질란트가 나오고 드라이만은 원망과 힐난의 눈초리로 질란트를 바라본다. 눈을 마주친 질란트는 수치에 휩싸여 목욕 가운을 입은 채 집을 뛰쳐나가고, 요원들은 결국 타자기를 발견하지 못한다. 드라이만은 안도의 숨을 쉬지만, 이때 거리에서 차가 급정거하는 소리

드라이만은 이미 이 세상 사람이 아닌 질란트를 품에 안고 오열한다.

와 둔탁한 충돌음이 들린다. 아파트 건너편에서 바라보던 비슬러가 달려가지만 그녀는 "내가 너무 약했어요"라고 가늘게 말하며 죽어 간다. 비슬러는 안타까운 목소리로 "내가 다 …"라고 말하지만 질란트는 숨이 끊어진다. 드라이만이 달려와서 질란트를 품에 안고 울먹이며 "용서해"라는 말을 수없이 외치지만 질란트는 이미 이 세상 사람이 아니다.

그루비츠는 수사 종결을 명하고, 비슬러에게 다가가 "너의 장래는 끝났다"고 말한다. 그 후 국가안전부 지하실에서 편지봉투 뜯는 일을 하던 비슬러는 동독 붕괴 후 우체통에 광고지 넣는 일을 하며 살아간다. 통일 후 드라이만은 동독 시절 질란트가 주연을 맡았던 자기 작품 공연을 보다가 공연장에서 우연히 질란트를 농락한 동독 장관을 만난다. 왜 자기 집은 도청하지 않았는지 궁금하다고 묻는 드라이만에게 장관은 콘센트 아래를 뜯어 보라고 말한다. 집에 돌아온 드라이만은 도처에 도청 장치가 묻혀 있는 것을 발견하고, 국가안전부 문서를 모아 둔 문서보관소를 찾아가 자신에 관한 기록을 요청하여 열람한다. 책장 한 줄을 가득 채울 만큼 많은 기록을 가져온 직원은

"경의를 표한다"는 말을 하며 기록철을 넘겨준다. 기록을 뒤지던 드라이만은 HGW XX/7이라는 암호명의 요원이 거짓 보고를 통해 그를 보호했음을 알게 된다. 택시를 타고 가던 그는 베를린 거리에서 우연히 비슬러를 발견하고 차에서 내렸다가 그냥 집으로 돌아간다. 그리고 2년 후 〈선한 사람의 소나타〉라는 소설을 내놓는다. 광고지를 돌리다가 서점에 걸린 드라이만의 소설을 본 비슬러는 서점에 들어가 책을 집어들고 넘긴다. 첫 장에서 '이 책을 HGW XX/7에게 감사하는 마음으로 헌정한다'는 말을 발견한 비슬러는 "선물용 포장을 할까요"라는 물음에 "아니요, 그 책은 나를 위한 것이오"라고 말하며 책을 사들고 나온다.

영화로 생각하기, 생각하며 영화 보기

01 국가안전부와 NSA

동독은 완전한 감시국가였다. 인터넷이 퍼지기 전이었지만, 도청, 편지 검열, 사방에 깔린 정보원을 통해 거의 모든 인민의 정보를 수집하고 이를 통해 사회를 통제할 수 있었다는 것을 영화는 보여 준다. 동독은 이제 무너졌고, 촘촘한 정보원의 감시망과 도청을 통한 감시는 끝났다. 통제와 억압이 횡행하던 국가에서 자유를 향유할 수 있는 국가로 바뀌었기 때문에 감시가 필요없게 되었다고 볼 수도 있다.

실제로 동독의 반체제인사였던 배르벨 볼라이는 그렇게 생각했다. 그러나 인터넷과 스마트폰의 시대가 되고, 모든 사람이 인터넷을 통해 아주 사소한 정보까지 자유롭게 나누는 시대로 들어선 지금 감시는 동독 시절보다 훨씬 더 쉬워졌다. 보통 사람들은 감시에 대해서 거의 신경을 쓰지 않고 비밀스러운 이야기를 인터넷상에 옮겨 놓는다. 동독과 달리 자유로운 세상, 권력이 독점되지 않는 민주주의 사회에서 권력 유지를 위한 감시는 필요없는 것처럼 보인다. 그러나 실상은 훨씬 더 촘촘한 감시가 가능해졌고, 감시가 이루어지고 있다. 차이가 있다면 그때보다 적은 돈을 들여서 효율적으로 필요한 정보를 수집하고 감시 대상을 관찰한다는 것이다.

동독의 감시를 온몸으로 경험한 볼라이는 이에 대해 아주 착잡한 심경으로 말한다.

비슬러는 드라이만과 질란트의 삶을 감시한다.

　"솔직히 말해서 나는 이런 걸 기대하지는 않았다. 사람들은 항상 본래적인 비밀정보부의 활동과 국민 전체에 대한 감시를 구별했다. 전체에 대한 감시는 무엇보다 권력을 행사하고 권력유지를 보장하는 데 기여한다. 이를 위해서 동독에서는 국민에 대해 많이 알아야 했고, 국민을 장악해야 했다. 체제에 대항하는 어떤 움직임도 미리 알아채야 했고, 분쇄해야 했다. 그런데 20년이 지난 지금 나는 도대체 왜 여기에서 감시가 일어나는 것인지 묻고 있다. 나는 이걸 정말 도무지 이해하지 못하겠다. 이 체제는 어떤 면에서는 스스로 유지되는 체제이다. 자본주의는 운동력이 있다. 수년간의 위기가 닥칠 수 있지만, 자본주의는 이걸 극복한다. 그런데 왜 여기에서 지금 감시를 하는 것인가? 사람들이 전화로 무슨 이야기를 하는가가 누구에게 흥밋거리가 될 수 있나? 동독에서도 나는 종종 그걸 이해하지 못했다. 그러나 지금 나는 정말 이해할 수 없다. 왜냐하면 그 감시와 연결된 권력이라는 것은 … 나에게 조금 소름끼치는 것이기 때문이다."

02 감시와 한국의 정보기관

"나는 정보기관을 조금도 신뢰하지 않는다. 정보 요원들은 불쌍한 인간들이다. 그들은 두 가지 종류의 정신병을 앓고 있다. 하나는 그들이 실제로 수행한 일에 대해 결코 공적인 인정을 받지 못한다는 것 때문에 발병한다. 그건 그들이 '음지'에서 일할 수밖에 없기 때문에 나타나는 불가피한 일이다. 이로 인해 그들의 영혼이 변형된다. 또 한 가지 병은 그들이 자기 나라의 국익을 정부보다 훨씬 더 잘 파악하고 있다고 믿는 경향 때문에 발생한다. 이 두 번째 병 때문에 나는 정보기관을 신뢰하지 않는다. 나는 13년 동안 연방정부에 참여했지만, 정보기관의 장을 만난 것은 단 한 번뿐이었다. 그것도 10분 동안. 그 사람이 내가 알았던 유일한 정보기관 요원이었다."

1970년대부터 1980년대 초까지 독일 국방장관과 재무장관을 거쳐 수상을 지낸 헬무트 슈미트의 말이다. 퇴임후 군산복합체의 위험에 대해 경고한

극작가 드라이만과 여배우 질란트는 진정으로 사랑하는 사이이다

자신이 감시하던 드라이만을 보호하던 비슬러는 국가안전부의 한직으로 쫓겨났다가 통일 후 우체통에 광고지를 넣는 일을 하며 살아간다.

아이젠하워처럼 그도 자기 정부 산하의 기구에 대해 경고한 것이다. 슈미트가 재임하는 동안 독일 사회는 적군파의 테러와 납치로 심한 불안에 휩싸여 있었다. 그 자신과 부인도 납치 위협을 느꼈고, 납치될 경우 절대 테러리스트의 요구에 응하지 말라는 문서를 남길 정도로 사태가 긴박하게 돌아갔다. 이때 그가 얻은 깨달음이 바로 정보기관은 신뢰해서는 안 된다는 것이었다. 정보가 무엇보다 절실하게 필요했을 때 도달한 결론이 정보를 캐내어서 제공하는 곳을 믿어선 안 되겠다는 것이었는데, 이유는 그들이 민주주의 원칙이 아니라 그들 자신이 이해하는 '국익'에 따라 행동한다는 통찰을 했기 때문이다. 철저하게 민주주의를 신봉했던 그였기에 그들의 속성을 바로 파악할 수 있었을 것이다.

한국에서도 정보기관은 자기가 이해하는 '국익'에 따라 행동한다. 그들은 자기들이 생각하는 '국익'에 방해된다고 여겨지면 민주주의 원칙도 가차없이 던져 버린다. 민주주의와 평화를 지향한다면서 나라 안에서는 물론이고 나라 밖에서도 결코 허용할 수 없는 일을 '국익'의 이름으로 저지르는 것이다.

"인간의 존엄을 무시한다는 면에서는 국가 테러리즘이 더 심하다." 이는 헬무트 슈미트가 도달한 또 한 가지 통찰이다. 독일 수상으로 일하는 동안 세계 각국의 정치가와 정보기관을 경험한 후에 얻은 결론일 것이다. 그는 더 이상 설명하지 않겠다고 했지만, 아마 세계에서 유능하다고 인정받는 정보기관들의 활약상을 보면서 그런 생각을 했을 것이다.

참고문헌

1. 데이비드 라이언 지음, 이광조 옮김, 『감시사회로의 유혹』, 후마니타스, 2014.

저자는 이 책에서 '감시사회'라는 개념을 사용하는데, 이를 통해 감시 활동이 정부관료기구의 틀을 넘어 모든 사회적 회로로 확산되었다고 주장한다. 또한 우리의 일상에서 이루어지는 감시를 다룸으로써 감시가 일부 자본가들의 음모에 의해 만들어지는 것이 아니라 이동성과 속도, 안전과 소비자의 자유를 선호하는 사회에서 질서를 유지하고 조율하는 중요한 수단으로 사용된다고 이야기한다. 그리고 감시는 사람들을 분류·선별하고 범주화하고 차별화함으로써 불평등을 자동화한다고 밝힌다.

2. 로빈 터지 지음, 추선영 옮김, 『감시 사회, 안전장치인가, 통제 도구인가?』, 이후, 2013.

저자는 이 책에서 구약 성경, 중세의 마녀 사냥, 근대의 공포정치, 냉전시대 첩보전에서 무르익은 감시의 역사를 일별한 뒤, 첨단 감시기술과 그 기술을 통제하려는 국가, 그로부터 이윤을 얻으려는 시장, 그리고 감시에 길들여진 우리의 모습을 그려 내고 있다. 해외 사례 외에도 각 장 부록에는 전자 여권 논쟁, 전자 정부의 문제, 개인정보 보호법 등의 국내 사례도 충실히 실려 있다.

3. 이영기, 『베를린 장벽은 어떻게 무너졌는가: 20年前』, 강남, 2009.

저자는 이 책에서 베를린 장벽이 어떻게 붕괴되었는지 그 과정을 분석하고 분단된 한반도의 현실에 어떤 시사점을 던져 줄 수 있는지 살피고 있다. 1961년 8월 장벽이 구축된 이후 서방 진영과 동독의 움직임과 함께 1989년 11월에 장벽이 붕괴되는 과정까지의 사실을 정리하고 장벽 붕괴의 원인을 살펴보면서 독일 통일을 통해 우리의 현실에 어떤 해법을 얻을 수 있는지 진단하고 있다.

4. 한상희 · 홍성수 · 최철웅 · 한홍구 · 엄기호, 『감시사회: 벌거벗고 대한민국에서 살아가기』, 철수와영희, 2012.

이 책은 (재)인권재단 사람, 민주사회를 위한 변호사 모임, 진보네트워크센터, 천주교인권위원회, 청소년인권행동 '아수나로', 함께하는시민행동이 함께 기획한 책이다. 한국 현대사로부터 이어진 사찰과 정보정치의 문제점, 상업적 감시에 대한 검토, 법과 인권에 드러난 감시의 문제, 신분증명제도의 문제점을 통해 감시와 통제의 문제에 대해 살펴보고 있다.

제5장

굿나잇 앤 굿럭

매카시즘, 언론과 여론 형성의 문제

정준영

굿나잇 앤 굿럭(Good Night, And Good Luck)
감독: 조지 클루니
2005년, 미국

미국의 영화계에는 진보적인 인사가 많다고 알려져 있다. 이를 반영하 듯 미국의 대통령 선거를 즈음하여 각 당의 후보가 후원금을 모집할 때에도 보수적인 공화당보다는 상대적으로 진보적인 민주당 후보가 영화계에서 거 둬들이는 후원금이 압도적으로 많다. 또 미국의 영화계 인사들이 주로 거주 하는 뉴욕과 LA가 속해 있는 뉴욕 주와 캘리포니아 주도 선거에서 민주당이 줄곧 강세를 보이는 지역이다.

보수와 진보는 상대적인 것이어서 정의하기가 쉽지 않은 개념이다. 어 느 시대 어느 사회에서는 진보적이었던 것이 다른 시대 다른 사회에서는 매 우 보수적인 것으로 평가될 수 있기 때문이다. 성에 관한 표현 같은 것이 이 를 보여 주는 대표적인 사례이다. 오늘날 한국 사회에서 남녀의 키스 장면이 텔레비전 드라마에 나오는 것을 보고 분노를 표한다면 어찌할 수 없는 구시 대 인물로 평가될 것이다. 하지만 불과 20여 년 전의 한국 사회에서는 그런 반응이 지극히 자연스러운 것이었다. 그 시절에는 청소년이 볼 수 있는 황금 시간대의 텔레비전 드라마에 키스 장면을 허용해도 된다고 생각한 한국인은 그리 많지 않았다.

단순화해서 얘기하자면 보수란 '명시적으로 비합리적이지 않다면 유지 하고자 하는' 입장을 가리킨다. 어떤 것이 만들어져서 유지되어 온 데에는 그 나름의 이유가 있다고 생각해서이다. 반면 진보는 '명시적으로 합리적이지 않다면 더 합리적이라고 생각되는 것으로 바꾸려는' 입장이다. 우리는 완성 을 지향해야 하고 완성을 달성하는 것은 불완전한 것들을 개선함으로써 이루어질 수 있다고 보기 때문이다. 즉, 합리적이지 않은 것들은 아직 완성에 도달하지 못한 불완전한 것들이고, 따라서 바뀌어야 할 것들이다. 그러므로 보수와 진보 사이의 대립은 무엇이 합리적인 것인가를 둘러싸고 벌어지는 갈등이라고 할 수 있다.

예술계 또는 할리우드의 전반적인 분위기가 진보로 치우쳐 있는 것은 이런 점에서 충분히 이해할 수 있다. 적어도 18세기 이후 서구 사회에서 예술은 예술계 내·외부 사람들 모두에게 그 나름의 방식으로 완성을 지향하는 것으로 인식되어 왔고, 그 과정에서 예술 활동을 하는 사람들은 우리를 둘러싼 온갖 종류의 속박을 떨쳐 냄으로써 새롭고 창의적인 것을 만들어 내려고 노력해 왔기 때문이다. 그 방향이 항상 합리적인 것을 지향한 것은 아니지만 적어도 현존하는 비합리적인 또는 최소한 합리적이지 않은 구속을 벗어나려고 한다는 점에서 진보와 예술은 공통점을 지니고 있다.

또 아방가르드처럼 예술의 일부 분파는 명시적으로 진보적 움직임을 추구하기도 했다. 그러다 보니 비록 할리우드 영화가 상업주의의 물결에 깊이 침식되어 있기는 하지만 영화가 예술의 한 장르로 확고하게 자리 잡은 20세기 이후 영화계에서 활동하는 사람 중에는 영화가 상업성에만 치우치는 것에 불편을 느끼는 사람도 적지 않다.

배우 조지 클루니(George Clooney, 1961~)는 미국 영화계의 대표적인 진보 인사 중 한 명으로 유력한 공직 후보로도 거론되는 인물이기도 하다. 그런 조지 클루니가 배우에 만족하지 않고 직접 영화를 만들었다. 오락 영화인 〈배트맨과 로빈〉이나 〈오션스〉 시리즈에 출연했던 경력에 걸맞지 않게 매우 묵직한 주제의 영화로, 진보적인 그의 입장을 잘 대변해 주는 영화이기도 하다.

영화는 미국의 정치사에서 가장 암울했던 시대 중 하나였던 1950년대, 그리고 그 암울한 분위기를 만드는 데 결정적 영향을 미쳤던 매카시즘을 다룬 영화이니 말이다. 이 영화에서 다루고 있는 조지프 레이먼드 매카시(Joseph Raymond McCarthy, 1908~1957)는 위스콘신 주에서 태어나 연방 상원의원을 지낸 미국의 정치인으로서 그 당시 미국의 체제를 절대적인 것으로 보고 그에 조금이라도 위협이 될 소지가 있는 사람은 모두 척결하고자 했던 극단적 보수주의의 입장을 대변하는 사람이다.

매카시 의원은 어려운 가정 형편으로 20세에 고등학교에 들어가 속성으로 과정을 마치고 법과대학원을 졸업하여 변호사 자격을 취득했다. 이후 지방 판사가 된 그는 낙농업 농부들에게 유리한 판결로 낙농업이 발달한 위스콘신 주에서 큰 인기를 모은다. 제2차 세계대전에도 참전한 그는 돌아와 다시 판사로 재직하다가 1946년에 공화당 후보로 상원의원에 당선되었다.

무명의 초선 의원이었던 그는 당시 막 시작되고 있던 냉전 분위기 속에서 반공을 내세우며 일약 정치권의 중심 인물로 부상한다. 1950년 2월에 웨스트버지니아 주의 휠링에서 열린 공화당 부녀자 당원 집회에서 이른바 매카시즘의 포문을 열기 시작한 것이다. 당시 매카시는 공산주의자들이 미국 곳곳에 퍼져 있으며 그 명단도 갖고 있다고 주장했다.

매카시의 연설로 미국 사회는 큰 충격에 빠졌고 공산주의자들에 대한 고발 열풍이 일어났다. 1952년에 재선에 성공한 그는 공산주의자에 대한 조사를 계속하면서 심지어 아이젠하워 대통령과 공화당, 민주당의 양당 지도부, 육군 장군들까지도 공산주의자라고 비난했다. 하지만 1954년에 열린 국회 청문회에서 그의 주장은 근거가 없는 발언으로 판명되었고, 같은 해 12월에 상원은 67 대 22로 그에 대한 비난 결의안을 의결하였다. 이후 상원에서의 영향력을 잃고 알코올 중독에 빠진 그는 상원의원의 직위만 유지한 채 거의 활동은 하지 못하다가 1957년에 48세의 나이로 세상을 떠났다.

한편 당시 매카시에게 적극 동조한 사람으로는 후에 대통령이 된 로널

드 레이건과 엘리아 카잔, 월트 디즈니가 있으며, 피해자로는 영화인 찰리 채플린, 극작가 아서 밀러, 지휘자 레너드 번스타인, 시인이자 극작가인 베르톨트 브레히트 등을 들 수 있다. 매카시의 반공주의 발언에서 유래하여 극단적 반공 사상을 가리키게 된 매카시즘의 피해자 수를 정확하게 집계하기는 힘들다. 하지만 수백 명이 수감되고 4만 명에서 1만 2,000명이 직업을 잃었다고 보고된다. 특히 영화 산업에서는 300여 명이 넘는 배우 및 작가, 감독들이 할리우드의 비공식적인 블랙리스트에 올라 해고를 당하기도 했다. 심지어 공산주의와 아무 관련이 없는 동성애 혐의도 매카시즘의 주요 공격 대상이 되었다. 매카시즘은 사회 전반을 뒤흔든 광범위한 문화적·사회적 현상으로, 미국에서 수많은 논란과 갈등을 일으켰다.

〈굿나잇 앤 굿럭(Good Night, and Good Luck)〉이 만들어진 2005년은 공화당 출신의 조지 부시 후보가 대통령이 되어 보수 편향의 정책을 몰아 나가던 시기이다. 2001년에 부시 대통령은 테러범이 탈취한 비행기에 의해 뉴욕의 쌍둥이 빌딩이 폭파된 9·11 사태의 배후로 이라크의 후세인 대통령을 지목하고 2003년부터 이라크와 전쟁을 벌였다.

그러나 부시 대통령이 전쟁의 근거로 삼았던 대량 살상무기는 어느 곳에서도 발견되지 않았으며, 후세인 대통령이 테러의 배후라는 점도 밝혀지지 않았다. 그럼에도 9·11 사태로 인해 빚어진 보수적 분위기 속에서 부시 대통령의 전쟁 결정은 아무런 저지도 없이 진행되었으며, 언론 역시 그에 대해 제대로 비판하지 못했다. 그리고 그 결과는 아부 그라이브 수용소에서 행해진 이라크군 포로에 대한 학대 행위와 양민 학살 등으로 나타났다. 그럼에도 언론이 제 역할을 하지 못하고 무력한 모습을 보이는 가운데 부시 대통령은 2004년의 대통령 선거에서 재선에 성공하기도 하였다.

이 영화는 2000년대 초반 미국 사회의 상황, 그중에서도 특히 진실 보도를 등한시한 언론의 상황이 매카시즘의 광풍이 휘몰아쳤던 1950년대와 크게 다르지 않음을 시사한다. 그리고 이를 통해 언론의 본분을 일깨움으로써 미국 사회를 바로잡으려고 한다.

영화 〈굿나잇 앤 굿럭〉을 감독한 조지 클루니는 할리우드의 대표적인 미남 배우이자 감독이기도 하다. 켄터키 주 렉싱턴에서 언론인이자 정치인인 닉 클루니의 아들로 출생한 그는 1984년에 코미디 드라마 시리즈 〈E/R〉에서 텔레비전 배우로 출발해 NBC TV 시리즈 〈ER〉(1994~1995)에서 더그 로스 의사 역으로 인기를 모으면서 영화에도 출연하기 시작하였다. 〈황혼에서 새벽까지〉(1996), 〈배트맨과 로빈〉(1997), 〈피스메이커〉(1997), 〈쓰리 킹스〉(1999)와 〈오션스 일레븐〉(2001)과 그 속편(2004, 2007) 등 대중적 영화를 통해 인기를 모은 그는 2005년에 영화 〈시리아나〉로 아카데미상 남우조연상을 수상하였고, 2001년, 2006년, 2012년에는 골든 글로브상을 수상하였다. 감독으로는 2002년에 영화 〈컨페션〉(Confessions of a Dangerous Mind)으로 데뷔하였다. 〈굿나잇 앤 굿럭〉(2005)으로 아카데미 6개 부문의 수상 후보가 된 바 있으며, 2013년에는 자신이 제작한 영화 〈아르고〉로 작품상을 받기도 했다.

조지 클루니는 영화 외의 사회 활동에도 매우 적극적으로 참여하는 배우이다. 2008년에는 국제연합의 평화적 교섭인으로 임명되었으며, 2009년에는 시사주간지 〈타임〉이 선정하는 세계에서 가장 영향력 있는 100인에 포함되기도 했다. 2011년 남수단의 분리 독립에 공헌했으며, 현재까지도 수단과 남수단 관련 활동에 힘쓰고 있다. 또한 민주당의 열성적 지지자인 그는 오바마 대통령의 기금 마련 파티를 주도하기도 해 정계 진출 소문이 끊이지 않는 인물이기도 하다.

영화 줄거리

　제2차 세계대전에 종군하여 미국인에게 런던의 상황을 생생하게 전달해 줌으로써 명망과 신뢰를 얻었던 CBS의 뉴스맨 에드워드 머로(데이비드 스트래선 분)는 전쟁 종식과 함께 만개한 텔레비전의 시대를 맞아 뉴스 다큐멘터리인 〈현장중계(SEE IT NOW)〉를 진행한다. 이 프로그램에서 그는 프로듀서 프레드 프렌들리(조지 클루니 분)와 힘을 합쳐 매회 뜨거운 정치·사회적 이슈를 던지며 미국 사회에 논란을 불러일으킨다.

　그런데 당시는 제2차 세계대전 이후 형성된 전 세계적 냉전 질서의 영향에 편승하여 극단적 반공주의를 주창한 미국의 상원의원 조지프 매카시로 인해 미국 사회에 공산주의자 색출 광풍이 불던 때였다. 매카시 의원은 공산주의자와 친공산주의자들을 미국의 안보를 위협하는 반사회적 스파이로 규정하고, 사회 각 분야에 걸쳐 대대적인 빨갱이 색출 작업에 열을 올린다. 극에 달한 매카시의 레드 혐오증으로 인해 결국 공산주의와는 아무 상관없는 무고한 사람들까지 빨갱이로 몰리는 사태가 발생하지만, 대다수 언론인은 두려움에 감히 그와 맞서지 못하고 몸을 사리며 언론의 사명인 진실 보도를 외면한다.

　어느 날 에드워드 머로의 제작팀에게 매카시 의원과 간접적으로 연관된 억울한 사례 하나가 포착된다. 한 군인이 공산주의자로 의심받은 누나 때문에 연좌제에 걸려 불명예 제대를 강요받은 사례였다. 머로와 제작팀은 매카시 의원에게 공격받게 될 위험을 무릅쓰고 그 군인에게 적용된 죄목이 근거 없는 것이며 불명예 제대의 강요가 부당하다는 점을 밝힌다. 프로그램이 방영된 후 머로와 제작팀은 매카시 의원의 표적이 되고 이때부터 머로와 매카시 의원의 싸움이 불붙는다. 사실을 근거로 매카시 의원의 행적을 논리적으로 비판한 1954년 3월 9일 자 머로의 방송에 분노한 매카시가 약 일주일 뒤인 4월 6일 반박 방송을 내보낸 것이다. 이 과정에서 매카시 의원의 영향력에 겁을 집어먹은 광고주들이 광고를 철회하고 방송사 경영진마저 프로그램 폐지를 요구한다. 하지만 머로는 굴하지 않고 싸움을 이어 간다. 결국 머로와 제작팀의 끈질긴 추적으로 매카시 의원의 공산주의자 색출 작업이 근거 없는 것이라는 사실이 적나라하게 밝혀진다. 그리고 머로의 냉철한 논조와는 대조적으로 머로에 대한 인신공격으로 가득한 매카시의 반박 방송은 오히려 매카시 의원에 대한 비판적 분위기를 형성해 이후 매카시 의원의 근거 없는 주장에 대한 청문회까지 열린다. 이 청문회를 통해 매카시 의원은 증거도 없이 허위 주장을 한 것으로 밝혀져 상원에서 비난결의안이 채택된다. 결국 이 일로 매카시 의원은 정치적으로 쇠락의 길을 걷게 되고 머로와 진실을 추구하는 언론은 승리를 거둔다.

01 흑백의 시대

〈굿나잇 앤 굿럭〉은 흑백 영화이다. 1930년대 이후 컬러 영화가 일반화되면서 흑백 필름으로 영화를 찍는다는 것은 그 자체가 특별한 의미를 지닌다. 컬러가 대상을 좀 더 사실적으로 드러내 보여 주는 것과 달리 흑백 필름은 농담의 조정을 통해 감독의 의도를 더 많이 포함할 수 있다. 그러다 보니 이른바 예술 영화를 지향하는 감독들은 흑백 필름을 종종 선택하곤 한다. 또 컬러 영화에서 특별한 효과를 위해 부분적으로 흑백 화면을 사용하는 사례도 있다.

〈굿나잇 앤 굿럭〉을 예술 영화라고 보기는 어렵지만 감독의 의도가 강하게 드러나고 있다는 점에서는 그와 유사하다고 할 수 있을 것이다. 그렇다면 그 의도는 무엇일까? 쉽게 이해할 수 있듯이 이 영화에서 흑백 필름을 선택한 것은 이 영화가 다루고 있는 1950년대 미국 사회가 공산주의자와 반공주의자를 이분법적으로 나누고 공산주의자로 지목된 사람들을 철저히 악으로 규정했던 분위기를 상징하기 위한 것이다. 흑백의 시대에는 다양성이 공존할 수 없다. 이 영화는 매카시즘이 미국 사회에서 사상의 다양성, 개인마다 서로 다른 색깔의 생각을 억압한 원흉임을 보여 준다.

이 영화에서는 흑백의 대조 이외에도 대조되는 것을 여럿 찾아볼 수 있다. 먼저 이 영화의 시작과 끝을 장식하는 미국 라디오 텔레비전 뉴스 감독 협회(Radio and Television News Directors Association) 주최의 에드워드 머로

머로의 뉴스팀이 술집에서 긴장을 풀고 있다. 재즈 가수의 느린 노래가 흘러나오는 술집의 분위기는 회의장과 방송 현장의 급박한 분위기와 전혀 다른 모습을 전해 준다.

헌정의 밤 장면을 보자. 영화는 마치 사교계의 파티와 같은 나른하고 여유로운 분위기로 시작한다. 느린 음악을 배경 삼아 정장 차림으로 가벼운 담소를 나누는 참석 인물들의 표정에서 긴장감은 거의 느껴지지 않는다. 하지만 이런 분위기는 머로가 단상에 등장한 후 완전히 바뀐다. 텔레비전의 사회적 책임을 강조하는 머로의 진지한 연설이 진행되면서 여유로움은 사라지고 긴장감이 지배하기 시작하는 것이다. 이와 유사한 대조는 머로의 뉴스팀이 회의 후나 방송 후 즐겨 찾는 술집에서도 찾을 수 있다. 재즈 가수의 느린 노래가 흘러나오는 술집의 분위기는 회의장과 방송 현장의 급박한 분위기와는 전혀 다른 모습을 전해 준다. 머로의 뉴스팀 또한 이 술집에서만큼은 긴장된 태도를 조금 누그러뜨리며 웃음을 보이기도 한다.

이 두 가지 대조에서 강조되는 것은 평화로운 일상과 그 일상을 지키는 데 기여하는 텔레비전 뉴스, 더 나아가 언론의 역할이다. 파티장과 술집의 나른하고 여유로운 분위기가 유지될 수 있는 것은 언론이 사회적 책임을 다하고 있기 때문이다. 머로는 연설을 통해 텔레비전의 사회적 책임을 강조하며 텔레비전을 단지 오락 수단이 아니라 계몽 수단으로 사용할 것을 주장한다. 이런 머로의 주장을 참조할 때 이 두 가지 대조는 한편으로 평온한 시대에 깨어 있어야 하는 언론의 역할을 보여 주는 동시에 깨어 있는 언론이 그 평온함을 만든다는 것을 상징하는 것으로 해석할 수 있다. 물론 재즈 바에서의 노래는 단지 나른함과 여유로움만 보여 주는 것이 아니라 가사를 통해 분위기와 상황에 대한 메시지를 전달하는 역할을 수행하고 있기도 하다. 하지만 주된 역할은 대조의 다른 항으로서의 역할이라고 할 수 있다.

마지막으로 찾아볼 수 있는 대조는 영화화된 화면과 자료 화면 사이의 대조이다. 〈굿나잇 앤 굿럭〉에서 실존 인물임에도 머로의 방송 장면은 철저히 영화화되어 있는 반면 머로의 주적으로 설정된 매카시 의원과 관련된 장면은 모두 실제 자료 화면을 차용하고 있다. 이처럼 매카시 의원에게만 자료 화면을 많이 사용한 것은 두 가지 의미로 해석해 볼 수 있다. 첫째로 자료 화면은 이 영화가 철저하게 역사적 사실에 기초한 이야기이며 단지 허구의 영화가 아니라는 점을 강조한다. 즉, 〈굿나잇 앤 굿럭〉은 머로가 연설에서 강조하듯이 그저 오락을 위해 보아야 할 영화가 아니라 사회와 자신을 성찰하기 위해 보아야 할 영화라는 것이다. 둘째로 자료 화면의 거친 화소는 영화화된 화면의 매끈한 화소와 대비되어 매카시 의원의 주장이 지닌 논리의 조악함과 매카시즘의 폭력적 성격을 강조하는 의미를 지니고 있다. 거친 화소의 자료 화면을 통해 관객은 매카시 의원과 그의 주장이 그 화면의 질만큼이나 거칠고 정제되지 않은 것임을 느낄 수 있다.

02 직설법으로 얘기하기

영화를 감상하는 방식은 다양하다. 보는 사람의 상황에 따라 같은 영화를 보더라도 서로 다른 부분에 초점을 맞출 수 있으며, 영화에 대한 사전 지식도 영화 감상에 영향을 미칠 수 있다. 또 영화를 만든 사람이 은연중에 감상 방법을 암시하기도 한다. 그래서 어떤 영화는 주제보다는 표현 기법이나 이야기의 구성 방법 등을 더 주목해서 봐야 하는 반면 어떤 영화는 주제에 좀 더 주목해서 봐야 하는 경우도 있다.

〈굿나잇 앤 굿럭〉은 철저하게 영화의 주제에 초점을 맞추고 감상해야 하는 영화이다. 이 영화는 관객을 설득하려고 한다. 그래서 이 영화는 설득에 가장 효과적인 방법, 즉 설득을 위한 글에서 즐겨 사용하는 수미쌍관법을 사용하고 있다. 영화에서 하려는 얘기를 처음과 끝에 반복 배치함으로써 강조하고 있는 것이다. 이 영화에서는 미국 라디오 텔레비전 뉴스 감독 협회에서 머로가 연설을 하는 장면이 그에 해당한다. 그 자리에서 머로가 했던 연설 내용이 바로 이 영화가 전달하려는 메시지이며, 머로의 연설을 직접 인용하는 형식을 통해 그것을 관객에게 전달하고 있다. 결국 이 영화는 관객으로 하여금 단지 재미를 넘어 오늘날 미국 사회의 현실과 언론의 위상을 되돌아보게 만든다.

이처럼 〈굿나잇 앤 굿럭〉은 철저하게 직설법을 사용하여 얘기를 풀어 나가는 영화이다. 직설법을 사용하다 보니 영화를 이해하는 데 모호한 요소는 거의 없다. 영화의 구성에 복선을 깔아 놓지도 않았고 추론을 통해 이해해야 할 암시도 없다. 영화는 머로가 매카시 의원과 엮여 투쟁을 벌이다가 마침내 승리하는 과정을 그저 시간순으로 배치해 놓고 있다. 사내 결혼 금지정책 때문에 고심하는 한 부부와 마음이 여려 적대적 언론의 악평을 견뎌 내지 못하고 결국 자살에 이르는 동료 기자의 에피소드 외에 줄거리의 전개를 방해하는 별개의 요소도 존재하지 않는다. 두 에피소드 역시 당시의 상황이 얼마나 치열했는지, 머로의 제작팀에 부과된 압력이 얼마나 컸는지 보여 주기 위해 삽입된 것뿐이다.

흑백 필름을 사용한 대조 등 몇 가지 대조 외에 비유나 상징 등을 거의 사용하지 않은 점도 직설법을 지향하는 이 영화의 기조에 부합한다. 방송 원고를 준비하며 고뇌하는 머로의 모습이나 줄담배를 피우며 방송을 진행하는 모습 역시 특별한 의미를 전달해 주기보다는 그저 상황의 엄중함을 있는 그대로 보여 줄 뿐이다.

사실 〈굿나잇 앤 굿럭〉이 직설법을 택한 것은 이 영화가 얘기하려는 바와도 잘 맞아떨어지는 것이다. 진실을 보도함으로써 올바른 여론 형성에 기여해야 할 언론의 사회적 역할을 강조하는 것이다. 6하 원칙에 따라 사실을

머로가 줄담배를 피우며 방송을 진행하고 있다. 이 장면은 무엇을 비유하거나 상징한다기보다 그저 상황의 엄중함을 있는 그대로 보여 준다.

보도하는 사건 보도 기사의 건조한 문체가 보여 주듯이 진실을 얘기할 때 비유나 상징은 별 필요가 없다. 이 영화는 언론이 바로 이 영화처럼 직설법으로 얘기하기를 촉구한다.

이 영화에서 사용된 거의 유일한 비유는 매카시즘이 횡행하던 1950년 대의 미국 사회와 2000년대의 미국 사회를 결부한 것이다. 하지만 이 비유가 명시적으로든 암묵적으로든 영화 속에서 드러나는 것은 아니다. 다만 이 영화의 감독인 조지 클루니의 성향, 이 영화가 만들어진 시점 등을 고려해 미루어 짐작할 수 있을 뿐이다.

조지 클루니는 9 · 11 사태의 와중에서 무분별하게 마련된 테러 방지 대책이 1950년대의 매카시즘과 다르지 않다고 얘기하는 듯하다. 특히 비미(非美) 위원회를 통해 명확한 근거도 없이 수많은 미국인을 공산주의자로 몰아 고통에 빠뜨렸던 매카시 의원과 테러를 방지한다는 명목으로 명확한 증거 없이 단순한 의심만으로 민간인에 대한 무차별적 사찰을 가능하게 만든 애국자법(Patriot Act)이 과연 어떻게 다르냐고 항변하는 듯하다. 조지 클루니에 게 매카시 의원과 조지 부시 대통령은 단지 공화당이라는 당적만 같은 인물이 아니라 거의 일란성 쌍생아로 비쳤을지도 모른다. 비유조차 직설법과 거의 다를 바 없이 표현하는 방식은 직설법 영화인 〈굿나잇 앤 굿럭〉의 또 하나의 특징이라고 할 수 있다.

03 언론은 혼자서 존재할 수 없다

〈굿나잇 앤 굿럭〉은 텔레비전 방송사인 CBS의 에드워드 머로가 보여 준 용기와 업적을 다룬 영화이다. 하지만 영화는 그 과정에서 머로를 〈에어포스원〉 등 해리슨 포드가 주연으로 즐겨 나오는 영화의 주인공들처럼 보통 사람을 초월한 영웅의 모습으로 묘사하지는 않는다. 물론 머로는 권력의 압력에 결코 굴하지 않는 존재이다. 그는 프로그램의 내용 때문에 광고주가 떨어져 나가자 경영의 압박을 호소하며 기조를 바꿀 것을 요구하는 사장 프랭크 스탠턴에게 자신과 프로듀서 프렌들리의 봉급으로 광고료를 대신하겠다고 얘기하며 당당한 모습을 보인다. 또 매카시 상원의원이 자신을 공격했을 때 언론과 싸우는 정치인이 어떻게 되는지 보여 주겠다며 자신감을 내비치기도 한다.

그러나 방송 원고를 구상하며 혼자 생각에 잠겨 있거나, 싸우는 과정에서 상대의 공격을 이기지 못해 결국 자살을 하고 마는 동료의 모습을 보며 고뇌하는 모습은 역경에 부딪혔을 때 보통 사람들이 흔히 보여 주는 모습과 결코 다르지 않다. 실상 그는 처음부터 매카시 의원을 겨냥해 그를 비판해야겠다고 결심했던 인물도 아니다. 매카시 의원에게 문제의식은 지니고 있었지만 매카시즘의 거대한 바람 때문에 숨을 죽이고 있던 여느 소심한 언론인과 다를 바 없는 인물이었다. 그런 그가 매카시 의원과 얽히게 된 것은, 매카시즘의 분위기 속에서 전역을 강요받는 한 군인의 억울함을 풀어 주려는 과정에서였다. 그때에도 그는 흔한 영웅 스토리의 영웅들과는 달리 최대한 조심하며 사안에 접근한다.

그리고 결정적으로 그는 모든 것을 혼자 헤쳐 나가는 고독한 영웅이 아니라 누군가의 도움이나 격려의 말이 간절히 필요한 존재이다. 평상시 그의 옆에서 도움을 주는 존재는 친구인 프로듀서 프렌들리이지만 매카시 상원의원처럼 거대한 적과 맞닥뜨렸을 때는 친구의 도움만으로는 충분하지 않다. 그에게는 뜻을 같이하며 연대해 부당한 권력과 맞서 싸워 줄 사람들이 필요하다.

주인공인 앵커 머로는 모든 것을 혼자 헤쳐 가는 고독한 영웅이 아니다. 그의 뉴스팀, 프로듀서 프렌들리나 〈뉴욕 타임스〉의 잭 굴드 기자, 시민의 지지가 필요한 존재이다.

방송을 마치고 제작진이 즐겨 가는 재즈 바에 자주 등장하는 〈뉴욕 타임스〉의 잭 굴드 기자가 바로 이에 해당하는 사람이다. 이 영화에서 잭 굴드라는 인물은 이름과 그가 쓴 기사 내용만 나오지만 사소한 언급에 비해 매우 큰 비중을 차지하는 존재로 그려진다. 그가 쓴 우호적인 기사와 응원의 메시지가 머로와 팀 구성원에게 용기를 주고 계속 싸워 나갈 수 있는 힘을 부여해 주기 때문이다. 잭 굴드 기자의 응원이 없었다면 머로의 영웅적인 싸움도 결코 제대로 이어질 수 없었을 것이다.

〈굿나잇 앤 굿럭〉에서 잭 굴드 기자에 대한 언급은 두 가지 의미를 지닌다. 한 가지는 방금 얘기했듯이 머로의 인간적인 면모를 강조하는 것이다. 굴드 기자의 도움에 감사하는 머로의 모습을 보여 줌으로써 그가 절대적 영웅이 아니라 우리와 같은 보통 사람 중 한 명이며, 다만 잘못된 것에 맞서는 용기를 보여 주었을 뿐임을 강조한다. 다른 하나는 언론을 탄압하려는 강력한 정치권력이나 사회의 악에 맞설 때 언론인의 연대, 특히 서로 다른 매체 사이의 협력이 필요함을 보여 주는 것이다. 실제로 미국의 텔레비전과 신문 시장에서 진보적 언론의 중심을 이루는 CBS와 〈뉴욕 타임스〉는 이 영화에서 묘사되는 매카시 의원의 사례뿐 아니라 베트남 전쟁의 부도덕성을 파헤치는 과정에서도 긴밀한 협력을 통해 미국 사회의 여론이 바르게 형성되도록 하는 데 기여한 바 있다.

마찬가지로 방송이 나간 후 인용되는 여론조사의 결과도 머로가 혼자 모든 것을 헤쳐 나가는 영웅이 아니라 도움이 필요한 존재임을 보여 준다. 머로에게 우호적으로 나온 여론조사는 머로와 제작팀이 계속 싸워 나갈 수 있는 힘을 부여해 준다. 현대사회에서 언론은 흔히 제4부라고 하여 마치 권력 기관처럼 묘사되지만 그 권력은 올바른 여론 형성을 위해 함께 노력하는 언론 종사자들 상호 간의 연대와 이들의 노력에 대한 시민의 지지가 있을 때만 존재하는 것임을 〈굿나잇 앤 굿럭〉은 보여 주고 있다. 민주주의는 건전한 시민의 올바른 판단 능력이 뒷받침되어야만 지켜질 수 있음을 보여 준다는 점에서 이 영화는 언론의 사회적 역할뿐만 아니라 시민의 올바른 역할도 제시한다고 볼 수 있다.

04 조지 클루니는 왜 조연으로 만족했나?

〈굿나잇 앤 굿럭〉에서 흥미로운 점 중 하나는 이 영화의 감독인 조지 클루니가 영화의 주인공이 아니라 조연으로서 주인공인 머로의 친구이자 그가 출연하는 프로그램의 프로듀서인 프레드 프렌들리 역으로 등장한다는 점이다. 영화배우가 감독이 된 사례는 대중적인 서부영화의 주인공에서 아카데미 감독상 수상 감독이 된 클린트 이스트우드 등 여럿 찾아볼 수 있지만 자신이 감독한 영화에 출연하면서 스스로 조연을 택한 사례는 그리 많지 않다. 물론 자신이 감독한 영화에 반드시 등장했다는 앨프리드 히치콕처럼 단역을 맡은 사람도 있지만 이 영화에서 조지 클루니의 역할은 그런 미미한 역할도 아니다. 그렇다면 이미 할리우드의 최고 스타 중 한 명으로 평가받으며 주연을 맡아도 아무 문제가 없었을 조지 클루니는 왜 조연을 선택했을까?

에드워드 머로가 실존 인물이고 따라서 가급적 외모가 닮은 인물을 골라야 했다는 것도 한 가지 이유가 될 것이다. 실제로 이 영화에서 머로 역을 맡은 데이비드 스트래선은 머로의 실제 모습과 많이 닮아서 영화의 실감을 더해 주고 있다. 하지만 컴퓨터 프로그램인 포토숍으로 사진의 모습을 마음대로 바꿀 수 있는 일명 '뽀샵'의 시대인 요즘 세상에서 단지 외모 때문에 주연을 포기했을 것이라고 보기는 쉽지 않다. 고도로 발전한 분장술에 컴퓨터 그래픽 기술을 결합한다면 원래 생김새와 전혀 다른 모습으로 변신하는 것도 충분히 가능한 시대이니 말이다.

영화 제작 과정에서 배역의 선정, 즉 캐스팅은 매우 중요한 과정 중 하나로 배역을 선정할 때에는 배우의 기존 이미지가 영향을 미친다는 점도 무시할 수 없다. 조지 클루니는 이 영화를 감독하기 전에 이미 여러 영화에 출연한 바 있지만 그에게 큰 인기를 안겨 준 〈배트맨과 로빈〉, 〈오션스〉 시리즈 등 주로 오락 영화여서 이 영화의 주인공인 에드워드 머로처럼 진지한 인물을 연기하기에는 적합하지 않다고 생각할 수 있었을 것이다. 하지만 존 웨인이나 제임스 딘, 메릴린 먼로처럼 하나의 고정된 이미지를 지속적으로 이어 갔던 1960년대 이전의 영화 스타들과 달리 텔레비전 시대 이후의 스타들은 연기 변신을 자주 시도한다는 점에서 이전의 이미지가 새로운 배역을 맡는 데 결정적인 장애가 되지는 않는다. 〈굿나잇 앤 굿럭〉에서 머로 역을 맡은 데이비드 스트래선 역시 이 영화에 출연하기 전에 코미디영화 〈한여름 밤의 꿈〉과 드라마 〈림보〉 등에 출연하며 여러 색깔의 배역을 섭렵한 바 있다.

조지 클루니는 이 영화를 통해 관객을 설득하고자 한다. 하지만 그것이 스타라는 자신의 유명세를 이용하는 방식은 결코 아니다. 그는 자신이 감동적으로 보았던 한 인물의 삶을 담담하게 보여 줌으로써 간접적으로 자신의 이야기를 풀어 나가는 형식을 취한다. 그것은 동시에 이 영화에서 머로가 얘기한, 텔레비전이 오락으로 취급되는 것을 피하는 방식이기도 하다. 조지 클루니의 이전 영화, 적어도 대중에게 널리 알려진 영화를 참조해 본다면 그가 맡는 새로운 역할은 이전 영화의 무게를 완전히 벗어던질 수 없고 그 결과 머로의 의미를 희석할 위험성이 있다. 따라서 조지 클루니는 역사에 남아 있는 인물인 머로가 아니라 그 옆에 있었지만 역사에서 잊힌 프렌들리를 자신의 배역으로 택함으로써 관객이 이 영화에 가질 수 있는 선입견을 완화하고 있다.

다른 한편 그가 주연을 맡지 않은 것은 극히 상업적인 할리우드의 세계에서 그가 취할 수 있는 정치적 입장의 타협점이라고도 볼 수 있다. 이미 이 영화의 감독을 맡음으로써 자신의 정치적 입장을 분명히 드러내기는 했지만, 주연까지 맡아 그 입장을 더욱 공고하게 만드는 것은 조금 다른 문제라고 할 수 있다. 감독은 정치적 입장과 무관하게 연출력을 고려하여 배우를 기용할 수 있지만 상업성을 지향하는 영화사의 입장에서는 특정한 정치적 이미지를 지닌 배우를 기용하는 것은 영화의 흥행을 위해 치명적이라고 생각할 수 있기 때문이다. 조지 클루니는 이 영화에서 감독과 주연을 동시에 맡지 않음으로써 자신의 이미지가 한쪽으로 굳어지는 것을 피하려고 했다고 할 수 있다. 이는 자신의 생각과 현실의 한계를 절충하는 그 나름의 방식인 셈이다.

05 한국 사회와 언론

20세기 후반의 위대한 언어학자인 놈 촘스키(Noam Chomsky)는 미국 언론의 편향성, 특히 국내 보도에서의 대기업 중심적 시각과 국제보도에서 미국 중심적인 시각, 그리고 제국주의적 시각에 대해 지속적인 비판을 가해 왔다. 이미 언론사 그 자체가 대기업이고 광고 수익을 주된 수입원으로 삼는 탓에 미국의 언론이 자연스럽게 대기업 편향적 성격을 지니게 되었다는 것이다. 뿐만 아니라 뉴스의 주요 취재원이 정부의 고위 관료나 기업의 홍보 담당자인 데다가 대기업이 자신에게 불리한 언론 보도가 나올 경우 법적 소송 등을 통해 언론사를 괴롭힐 수 있다는 점도 대기업 편향성을 강화하는 요인이라고 보았다. 여기에 미국 언론이 지닌 이데올로기로서의 반공주의는 국제 뉴스가 자본주의 블록의 국가들에게 편향되도록 만들기도 한다.

촘스키가 비판했던 미국 언론의 편향성은 국제뉴스 취재 과정에서 미국 언론의 영향을 많이 받는 우리에게도 영향을 미쳐 우리 언론이 국제 뉴스를 보는 관점이 편향되도록 만들기도 했다. 과거 냉전 시대에 베트남이나 중국 등 공산주의 국가에 대해 왜곡된 뉴스를 내보낸 점, 현재 이스라엘과 아랍권의 분쟁에서 이스라엘 편향적인 보도 경향을 보이는 점 등이 그 영향의 결과이다. 하지만 그런 한계에도 불구하고 미국의 언론, 특히 신문은 역사의 어떤 시점에서 조지프 매카시의 허구를 드러내고, 베트남 전쟁의 부도덕성을 밝혀냈으며, 워터게이트 추문의 진실을 폭로하는 등 미국 정치가 잘못된 길로 나아가는 것을 바로잡는 최소한의 견제 역할을 나름대로 수행해 왔다. 1987년 텔레비전의 공정성 원칙(fairness doctrine), 즉 찬반양론이 존재하는 사회적 사안을 보도할 때에는 양측의 입장을 균형 있게 다루어야 한다는 원칙이 폐기되면서 보수적 입장의 선전 매체가 되어 버린 채널이 나타나고, 인터넷과 휴대전화의 발전에 힘입은 새로운 매체의 등장으로 사회적 영향력마저 축소되고 있지만 전통적 정론지와 주요 채널의 뉴스를 중심으로 공론장의 버팀목으로서 언론의 역할은 여전히 지속되고 있다. 그리고 언론의 이런 역할 덕분에 월터 크롱카이트를 비롯해 피터 제닝스, 댄 레더 등 텔레비전 뉴스의 앵커와 에드워드 머로, 테드 코펠 등 다큐멘터리 프로의 앵커들이 대중적 스타의 위치를 차지했다. 그들은 대중의 입장에서 정치권력을 감시하고 비판하는 선봉이었다.

한국 사회의 언론은 일제 강점기에 일본 왕에 대한 충성과 제국주의 전쟁에 대한 헌신을 강요했던 〈조선일보〉와 〈동아일보〉 등 친일 언론의 전통이 광복 이후 70년이 지난 오늘날까지 지속되고 있는 형편이다. 그들은 1970년대 박정희 정권하에서 자유 언론을 외치는 기자들을 무더기로 해직하며 독재 정권의 통치에 순종했고, 1980년대 전두환 정권 때에는 정권이 하달한 이른바 보도지침에 따라 신문과 방송을 만들기도 했다. 1987년 이후 민주화가 이루어진 후에는 언론 스스로가 권력기관화하면서 언론사의 이해관계에 따라 보도를 일삼는 태도를 보였다. 즉, 사회적 사안의 보도에서 기본적인 사실 보도의 원칙마저 제대로 지키지 않으며 여론을 특정한 방향으로 몰고 가는 데 앞장섰던 것이다. 주로 신문을 통해 공론장을 어지럽히던 친일·친독재 언론의 후예들은 이명박 정권이 들어선 후 2011년에는 정권으로부터 부여된 온갖 특혜를 등에 업고 방송 시장에까지 진출하여 여론 시장을 완벽하게 장악하기 위해 나서고 있다.

물론 우리 언론의 역사가 온통 부정적인 측면으로만 채워져 있는 것은 아니다. 한때 한국 사회의 언론은 독재 권력의 압박 속에서 언론의 역할과 현실 사이의 균형을 맞추기 위해 애를 쓴 적이 있다. 또 지금까지도 언론의 사회적 역할을 다하고 언론의 사명을 지키려는 언론사와 언론인이 많이 남아 있는 것도 사실이다. 하지만 일부 거대 언론을 중심으로 언론 스스로 권력의 일부가 되면서 이처럼 균형을 찾으려는 시도는 점차 구석으로 몰리고 스스로의 권력을 유지하고자 하는 욕망이 이를 압도하게 되었다.

영화 〈굿나잇 앤 굿럭〉은 매카시즘의 광풍이 휩쓸던 1950년대 미국에서 온갖 위험을 무릅쓰고 진실을 보도하기 위해 과감히 나섰던 한 텔레비전 앵커의 용기 있는 행동과 그 결과를 다룬 영화이다. 이 영화는 언론의 진정한 사회적 역할이 무엇인지에 대해 얘기하면서 우리 언론의 현실에 대해서도 돌아볼 기회를 제공해 준다. 우리 언론에는 과연 에드워드 머로가 존재하는가? 설사 존재하더라도 우리는 그의 얘기를 들을 준비가 되어 있는가? 궁극적으로 언론의 힘은 수용자에 의해 결정되는 것이다.

참고문헌

1. 노엄 촘스키·에드워드 허먼 지음, 정경옥 옮김, 「여론조작: 매스미디어의 정치경제학」,
에코리브르, 2006.
   미국의 대외정책을 줄기차게 비판해 온 촘스키가 미디어 정치경제학의 권위자 허먼
   과 함께 저술한 매스미디어 비판서이다. 대중매체는 그 자체가 기업이다 보니 시장
   상황에 따라 행위할 수밖에 없게 된다는 전제하에 대중매체의 뉴스를 왜곡하는 요인
   으로 다섯 가지 뉴스 필터를 제시한다. 그것은 각각 대중매체는 그 자체가 거대기업
   이며, 대중매체의 주요 수익원은 광고이고, 주요 정보원은 정부의 고위 관료나 기업
   의 홍보 담당자이며, 대기업은 우월한 힘으로 불리한 기사가 실렸을 때 법적 대응을
   함으로써 대중매체 스스로 자기검열을 하게 만들 수 있고, 미국의 대중매체가 반공
   주의의 관점에서 세계를 바라본다는 것이다. 언론이 스스로 권력이 되고자 하는 우
   리 사회의 상황과 딱 들어맞지는 않지만 대부분의 논의는 우리 사회의 언론에도 그
   대로 적용될 수 있다.

2. 닐 포스트먼 지음, 홍윤선 옮김, 「죽도록 즐기기」, 굿인포메이션, 2009.
   미디어 비평가들은 항상 다큐멘터리와 시사 프로그램을 높이 평가한다. 하지만 텔레
   비전에서 정작 시청률이 높은 프로그램은 드라마를 비롯한 오락 프로그램이다. 텔레
   비전에서는 왜 진지한 프로그램이 성공하기 힘들까? 이 책은 전파 미디어가 왜 오락
   중심적인 내용으로 흐를 수밖에 없는지, 텔레비전의 등장이 어떻게 인쇄시대의 깊은
   사고와 토론 문화를 침식했는지 아주 흥미롭게 분석하고 있다.

3. 정준영, 「텔레비전 읽기: 시청에서 비평으로」, 책세상, 2001.
   텔레비전의 올바른 수용을 위해 텔레비전 방송의 주요 요소를 살펴본 책이다. 그저
   수동적으로 텔레비전을 시청하는 것이 아니라 능동적으로 비평할 수 있는 능력을 함
   양하는 데 목표를 두고 있다. 문고본으로 되어 있어 가볍게 훑어볼 수 있다.

4. 최영묵, 『한국 방송정책론: 역사와 전망』, 논형, 2010.

성공회대학교 교수이자 한국 사회 언론의 개혁을 위해 활발히 활동하고 있는 필자는 이 책에서 한국 방송 정책의 역사와 주요 쟁점을 살펴보면서 나아가 새로운 정책의 모델을 제시하고 있다. 교과서 형태로 되어 있어 다소 딱딱하게 느껴질 수 있지만 방송이 왜 규제를 받아야 하고 어떤 규제가 바람직한 것인지에 대한 시사점을 얻을 수 있다.

5. Gitlin, Todd, *The Whole World is Watching: Mass Media in the Making and Unmaking of the New Left*, University of California Press, 1980.

세계에 대한 지식이 모두 대중매체를 통해 전달되는 현대사회에서는 심지어 사회운동조차 대중매체의 입맛에 맞는 형태로 스스로를 드러내야만 대중적으로 확산될 수 있음을 보여 주는 책이다. 젊은 시절 학생운동을 했던 저자는 이 책에서 미국의 대중매체가 어떤 식으로 진보적 사회운동의 대중적 이미지를 형성해 왔는지를 분석하고 있다. 베트남 전쟁에 대한 부정적 여론이 확산되는 과정에서 CBS와 〈뉴욕 타임스〉가 어떤 식으로 서로 협력하며 여론 형성에 기여했는지에 대한 분석을 볼 수 있다.

제6장

오피셜 스토리

진실과 정의 그리고 역사

박구병

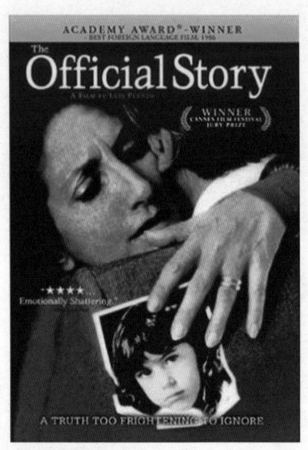

오피셜 스토리(The Official Story)
감독: 루이스 푸엔소
1985년, 아르헨티나

영화 및 주제 소개

　1985년에 발표된 영화 〈오피셜 스토리〉는 아르헨티나 출신 작가 아이다 보르트니크(Aída Bortnik)의 원작 소설을 바탕으로 루이스 푸엔소(Luis Puenzo)가 연출한 작품이다. 푸엔소는 광고 분야에서 주로 활동한 감독으로, 그간 신간 도서와 전시 기획의 광고를 주로 제작해 왔다. 하지만 〈오피셜 스토리〉를 연출함으로써 긴장을 오래 유지해야 하는 시사적 소재를 다루는 영화에서도 재능을 인정받았다.

　영화 제작은 아르헨티나에서 군부독재가 종료된 1983년에 시작되었다. 감독과 배우, 특히 가비(Gaby) 역할을 맡은 아날리아 카스트로(Analía Castro)의 가족에게 가해진 위협 탓에 영화 제작 취소가 공표되기도 했지만 실제로는 비밀리에 작업이 지속되었다. 〈오피셜 스토리〉가 개봉된 1985년 4월 3일은 공교롭게도 '추악한 전쟁'을 주도한 군부 책임자들에 대해 첫 판결이 내려진 날로, 이 영화가 1986년에 라틴아메리카 영화 사상 최초로 아카데미 최우수 외국어영화상을 수상한 까닭은 바로 이 '추악한 전쟁'의 실상을 단호히 고발한 덕분이라고 볼 수 있다.

　그럼에도 이 영화에 대한 역사가들의 태도는 다소 착잡할 수도 있을 것이다. 여전히 많은 역사학 연구자들은 명확하게 드러내진 않지만 영화로 전달되는 역사가 지면을 통해 전달되는 역사만큼 가치 있거나 '진실'을 담을 수 없다고 생각한다. 하지만 지난 수십 년 동안 지속된 문자 기록과 이미지 사이의 경쟁에서 이미지가 승리함에 따라 이미지는 '풍속과 여론의 지배자'가 되었다. 프랑스의 역사가 마르크 페로가 강조한 대로 "이미지를 생산하는 사회에서 이미지란 역사 문서이자 역사의 주체"인 것이다.

영화는 문서 사료를 보충할 뿐만 아니라 그 자체로서 역사 인식의 표상이 될 수 있기 때문에 이미 기록 보존과 역사 연구에서 확고한 지위를 차지해 왔다. 영화 제작자들이 영화라는 시각 매체를 통해 역사적 실제를 기술(記述)하거나 독특한 사회문화적 코드를 재현하는 데 전념한다는 점을 감안한다면 영화의 내용을 넘어 그것이 생산하는 담론을 이해하는 작업은 매우 긴요하다. 그러므로 그들의 시각적 역사 서술을 검토하면서 정보의 신빙성뿐만 아니라 그 관점이 무엇인지, 그리고 영화 속에서 진실의 복잡성과 모순을 어느 정도까지 드러내는지에 주의를 기울여야 한다. 그럴 때에야 비로소 영화는 과거와 현재의 사실들을 비판적으로 이해하는 데 의미 있는 통로가 될 것이다.

또한 영화는 특정 사회의 집단 경험으로부터 신화를 추출해 픽션(fiction, 극영화), 뉴스릴(newsreel footage, 뉴스영화), 다큐멘터리 드라마, 또는 이 모든 장르를 혼합한 형태로 시각적 상징을 만들어 내기도 한다. 그뿐 아니라 대중의 기억을 다양하게 형상화함으로써 공식적 이야기가 은폐하거나 빼앗아 간 과거사를 대중에게 되돌려 주기도 한다. 그런 의미에서 영화는 공식적 역사의 보존과 재생산에 맞서 대항 역사(counter-history)나 비공식적 역사의 형성에 기여하는 훌륭한 역사서라고도 할 수 있다.

모든 영화가 의도적으로 사회정치적 주장을 담아내지 않는다고 하더라도 많은 영화는 그런 의견을 포함하거나 회피함으로써 사회정치적이고 시대와 관련된 특성을 지닐 수 있다. 이 글에서는 이런 점을 염두에 두고 1970년대 말부터 아르헨티나 군부가 전개한 '추악한 전쟁'의 단면이 영화 〈오피셜 스토리(La Historia Oficial)〉 속에서 어떻게 그려졌는지를 살펴보고, 공식적 역사 또는 관제(官制) 역사와 그에 따른 지배적 허구를 넘어서려는 감독과 주인공의 분투가 아르헨티나인의 기억 보존, 새로운 문화에 대한 정체성 탐색,

그리고 과거사 정리 작업에 어떻게 기여하는지 주목하고자 한다.

영화 줄거리

〈오피셜 스토리〉는 "국가적 상처를 상징하는 가족 드라마"를 표방한다. 때문에 부에노스아이레스에 거주하는 부유한 사업가의 아내이자 고등학교 역사 교사인 알리시아(Alicia)를 주인공으로 등장시킨다.

영화는 1976년부터 '추악한 전쟁'을 펼쳤던 군부통치위원회가 퇴진하고 아직 민선(民選) 정부가 공식적으로 등장하지 않은 과도기를 배경으로 삼는다. 주인공 알리시아는 이러한 때에 군부독재의 실상에 대해서는 전혀 알지 못한 채, 달리 말하면 공식적 역사만을 신뢰한 채 살아온 인물이다. 영화는 바로 이러한 알리시아의 의식 변화를 추적한다. 알리시아는 아르헨티나 중산층의 허위의식, 무지, 순진성을 상징하는 인물로서, 그의 삶은 '추악한 전쟁'의 비극을 이중적으로 대변한다. 부유한 사업가인 남편 로베르토(Roberto)와 다섯 살 된 양녀 가비와 함께 고급 주택에서 부러울 것 없는 생활을 영위하는 알리시아는 당시 군부독재 체제가 자행한 경악할 만한 범법 행위, 예컨대 좌파 인사와 반정부 세력의 대대적인 검거, 이들의 행방불명과 비밀스러운 학살에 관해서는 아무것도 모른 채 마냥 행복해 보인다.

하지만 유럽에서 망명 생활을 끝내고 6년 만에 귀국한 오랜 친구 아나(Ana)로부터 끔찍한 고문의 경험담을 듣고 난 뒤 공식적 역사에 대한 알리시아의 태도와 의식은 조금씩 변하기 시작한다. 아나와 재회하고 옛 이야기를 나누게 된 알리시아는 크게 기뻐한다. 그리고 작별 인사도 없이 왜 그리 훌쩍 떠났는지에 대해 묻는다. 궁금해하는 알리시아 앞에서 아나는 무슨 일이 있었는지 말하려고 하지 않는다. 하지만 고통스러운 감정을 분출한 뒤 마침내 자신이 한 달 내내 겪은 '추악한 전쟁'의 면모를 털어놓는다. 반정부 활동에 가담했다고 알려진 애인의 행방을 찾으려는 사람들에 의해 느닷없는 체포를 당해 갖은 심문과 고문을 당했다고 밝힌 것이다. 놀란 알리시아는 왜 그런 학대와 폭행을 당국에 알리고 도움을 요청하지 않았느냐고 아나에게 말한다. 아나는 알리시아의 순진한 의문에 비꼬듯이 대응하면서 당시 군부나 경찰에 의해 '좌익분자'라는 혐의로 수감된 임산부들이 비밀 수용소에서 출산한 사실과 탈취당한 그들의 신생아들이 아마 군 장교나 정보 요원에게 넘겨졌을 것이라는 소문까지 전해 준다. 알리시아의 의식 속에 자리 잡게 된 아나의 충격적인 고백은 그를 불편하게 만들고 점차 심각한 고민 속에 빠뜨린다. 양녀 가비의 출생을 둘러싼 비밀은 알리시아의 삶이 보여 주는 첫 번째 '추악한 전쟁'의 비극이다.

작위적인 설정의 혐의가 짙지만, 역사 교사인 알리시아가 오랜만에 돌아온 친구의 증언을 듣기 전까지는 공식적 역사에 붙잡힌 채 불행한 과거사의 실체에 다가설 수 없었다는 점은 그의 삶이 대변하는 두 번째 비극이다. 19세기 초 아르헨티나 독립의 영웅담을 비롯해 민족주의적 서사에 대해 강조하는 알리시아에게 어느 학생이 "선생님은 역사 교과서에 나오는 것만 믿느냐?"고 던진 당돌한 질문과 문학을 가르치는 동료 교사 베니테스의 권고는 알리시아의 고립된 자기 확신이 깨지는 데 중요한 계기를 제공한다. 낯선 내용의 폭로를 접하면서 점차 '진실'에 눈을 뜨고 의식 전환의 조짐을 드러내는 알리시아는 나아가 입양의 비밀과 공식적 역사 이면에 감춰진 비극을 파헤치기 시작한다.

남편 로베르토는 자기 나름대로 좋은 기회와 경로를 포착해 가비를 입양함으로써 자녀가 없는 처지를 개선하려고 한 전형적인 욕망의 화신이었다. 〈오피셜 스토리〉는 군부 정권의 폭력성 외에도 이들과 연고 관계를 맺고 있는 아르헨티나의 지배층, 즉 로베르토로 상징되는 정·재계 실력자들의 위선과 배금주의를 통렬하게 비판한다. 로베르토의 부모는 에스파냐 내전에서 패배한 뒤 아르헨티나로 망명한 공화파의 일원으로서, 로베르토의 기회주의적 출세 방식을 매우 못마땅하게 여긴다. 로베르토의 아버지는 운명이 쇠하는 나라에서 성공하는 부류는 오로지 '창녀와 도둑뿐'이라고 말하면서 로베르토를 비난하지만, 로베르토의 견지에서 볼 때 부모와 남동생은 패배자에 지나지 않는다.

로베르토는 아내 알리시아의 과거사 인식이 예전과 달라지는 것을 용납할 수 없다. 공식적 이야기로부터의 이탈은 자신이 주도면밀하게 이끌어 온 삶의 토대를 크게 요동치게 할 것이 분명했기 때문이다. 그리하여 알리시아가 아나에게서 전해 들은 이야기를 언급했을 때 로베르토는 그것을 근거 없는 유언비어이며 꾸며 낸 이야기라고 일축한다. 하지만 알리시아는 가비의 생모를 찾아내든지, 아니면 최소한 그에게 무슨 일이 벌어졌는지 알아보고자 사설탐정식의 추적을 개시한다. 로베르토의 적극적인 방해에도 불구하고 알리시아는 병원의 관련 기록이나 양녀 가비의 출생을 목격한 이들을 찾고자 애쓴다.

그 무렵 알리시아는 남편의 몇 가지 미심쩍은 행동과 회사 내의 긴박한 상황을 통해 남편이 군부가 자행한 '추악한 전쟁'의 협력자였을 수도 있다는 의심을 품는다. 1982년 여름 군부통치위원회가 퇴진한 뒤 엄청난 압박을 느끼고 있던 로베르토는 가비의 친부모에 관해 묻는 알리시아에게 매번 언짢게 반응하면서 초조감을 드러낸다. 알리시아는 갓 태어난 상태로 입양된 가비가 아나의 말대로 감옥에 갇힌 여인에게서 탈취한 아이가 아닐지 의심하게 된다. 길거리에서 맞닥뜨린 실종자 가족의 시위 장면을 떠올리며 추적 작업에 몰두한 알리시아는 마침내 가비가 '추악한 전쟁' 당시 실종된 임산부의 자녀라는 점을 확신하는 동시에 가비의 할머니로 추정되는 사라(Sara)를 만나 공감을 나눈다. '오월광장어머니회'에 소속된 사라는 실종된 딸과 사위, 그리고 딸이 출산한 아이의 행방을 찾고 있었다.

애당초 사라는 알리시아를 자기와 같은 처지에 있는 여인으로 받아들여 실종자의 수많은 사진을 보여 주거나 가비의 출생 정보를 찾는 데 도움을 준다. 결국 사라는 알리시아의 의도와 가비의 존재를 알아채고 가비가 실종된 자기 딸과 꼭 닮았다는 생각에 이른다. 알리시아 역시 '체제 전복 세력' 또는 '불순분자'의 딸인 가비를 '불온한 환경'으로부터 격리하려는 차원에서 강제로 입양했다는 사실을 인식하게 된다. 영화 막바지에서 알리시아는 남편의 난폭하고 무자비한 폭행, 달리 말해 '추악한 전쟁'의 충격적인 인권 유린 행위를 상징하는 폭력에 시달린다. 이를 계기로 알리시아는 '추악한 전쟁'을 '국가 재건 과정'으로 미화해 온 공식적 역사뿐만 아니라 범죄 행위에 연루된 남편과도 결별한다.

영화로 생각하기, 생각하며 영화 보기

01 지배 권력층의 공식적 역사 구성

여러 비판적 교육학자에 따르면 교육 체계는 정치적·문화적 안정을 유지하기 위해 지배 권력층이 동원하는 핵심적 기제이다. 조지 오웰은 『1984년』에서 "현재를 통제하는 자가 과거를 통제"한다고 주장하면서 역사가 기록되는 방식에 누가 영향을 미치는지를 분명히 밝힌다. 또한 1970년대 초 『억압받는 자의 교육학(Pedagogy of the Oppressed)』의 출판으로 명성을 떨친 브라질의 교육학자 파울루 프레이리(Paulo Freire)는 "지배 권력층이 사회적 불평등을 비판적으로 자각할 수 있는 교육 형태를 발전시킬 것이라는 기대는 지나치게 순진한 생각"이라고 말한 바 있다. 지배 권력층은 주요 신문과 텔레비전 방송망, 교과서 출판업체를 관리함으로써 과거와 현재의 여러 사건에 대해 대중이 생각하는 방식을 주조하는 데 막강한 힘을 발휘한다. 그러므로 밀접하게 엮여 있는 권력층과 공식적 역사 기록의 관계에 대해서는 진지한 성찰이 요구된다.

미국의 사회학자 제임스 로웬은 미국의 역사 교과서 분석을 통해 공식적 역사란 부분적 사실의 목록일 뿐만 아니라 오류와 왜곡에 바탕을 둔 멜로드라마에 가깝다고 역설한다. 로웬은 그렇게 공식적 역사를 구성하고 가르치는 까닭은 무엇인지, 그리고 그렇게 가르친 결과는 무엇인지를 따지면서 다양한 의문을 제기한다. 해당 사회의 주류가 승인하는 공식적 역사는 어떤 내용과 관점을 지니는가? 공식적 역사가 담긴 교과서는 과연 어떤 의도와 방

해외 망명 생활을 끝내고 6년 만에 귀국한 오랜 친구 아나(왼쪽)로부터 납치와
고문의 경험담을 듣고 난 뒤 알리시아가 아나를 포옹하며 위로한다.

식으로 집필되는가? 교과서에 부적절하고 잘못된 세부 묘사가 많은 까닭은
무엇인가? 여러 종류의 교과서가 놀라울 정도로 획일성을 드러내는 이유는
무엇인가? 이는 누구를 만족시키기 위한 것인가? 도대체 이런 교과서를 신
뢰할 수 있는가?

　　로웬이 지적하듯이 미국의 여러 주(州)에 설치된 교과서 채택위원회는
사실상 검열관으로 기능하며 역사 교과서의 내용을 공식적이고 지루하며 획
일적이게 만드는 주역이다. 아울러 교과서를 채택하는 데 중요한 역할을 담
당하는 교사 역시 잘못된 역사 교육에 큰 책임이 있다. 결국 교과서가 지니는
확실성의 수사(修辭), 왜곡과 누락은 교사가 학생에게 가르친 거짓말인 셈이
다. 잘못이 계속 보존되고 새로운 세대에게 전수되는 까닭은 실제 역사가 그
리 우아하고 멋지지만은 않았다는 사실을 두려워하기 때문이다. 그리고 그
런 탓에 학생들로부터 존경받지 못하게 되지 않을까 두려워하기 때문이다.
도입부에서 언급한 프랑스의 역사가 페로에 따르면, 미국은 역사가가 알고

있는 사실과 일반인이 배운 내용 간의 격차가 세계에서 가장 크게 벌어진 나라가 되었다.

수학이나 영어를 비롯한 대부분의 과목을 꾸준히 학습한 학생은 그렇지 않은 학생보다 더 나은 실력을 갖추게 될 것이다. 하지만 교과서를 토대로 공식적 역사를 꾸준히 학습하는 것은 학생들의 바람직한 역사 인식을 위해 그다지 권장할 만한 방식이 아니다. 이는 획일적인 역사 교육과 교과서가 빚어낸 자연스러운 결과이다.

〈오피셜 스토리〉의 앞부분에서, 자신이 속한 시대와 사회의 복잡한 현실에 대해 철저히 무지한 역사 교사 알리시아는 공식적 역사를 전파하는 대변인 역할을 충실하게 수행한다. 알리시아는 공식적 역사를 가르칠 뿐만 아니라 수업 토론과 학생들의 보고서도 교과서와 공식적 역사와 관련된 것만 다루도록 제한한다. 그런 의미에서 전통적인 역사 교과서는 알리시아에게 일종의 도피처를 제공한다. 그러다가 아나와의 재회, '오월광장어머니회' 방문과 사라와의 교감, 로베르토와의 갈등 등을 차례로 겪으면서 알리시아는 자신이 굳게 신뢰해 온 공식적 역사가 얼마나 가혹한 반인륜 범죄 행위와 맞물려 있는지 자각하기에 이른다. 아울러 황금률로 여기던 공식적 역사의 허구성 또한 깨닫는다. 결국 무시할 수 없는 도덕적·윤리적 문제에 봉착해 공범 의식에 시달리게 된 알리시아는 마음의 평화를 얻기 위해서라도 가비의 생모가 누구인지 계속 추적할 수밖에 없는 처지에 놓인다.

02 지배적 허구를 넘어 안티고네가 다시 쓰는 역사로

〈오피셜 스토리〉는 알리시아의 의식화 과정에 주목하면서 그동안 공식적 역사 속에 존재하지 않은 것처럼 보였던 '추악한 전쟁'의 진면목을 드러내고 이를 통해 지배 권력층의 공식적 역사에 도전장을 내민다. 흔히 공식적 역사란 대중의 역사라기보다는 일부 '위대한 인물'들의 역사로 이해되어 왔다. 탁월한 개인이 과도하게 드러나는 만큼 보통 사람들의 목소리는 침묵을 강요받은 셈이었다. 하지만 문학, 영화, 역사의 새로운 경향과 담론은 기존의 접근법을 비판하며 예전에 발언권을 부여받지 못한 이들을 전면에 내세우기도 한다.

알리시아의 사례가 아르헨티나 사회에서 얼마나 전형적인 것인지 분명하지는 않다. 오히려 진실 규명을 원하지 않거나 부인하는 경우가 더 일반적일 수도 있다. 이는 공식적 역사나 지배적 허구(dominant fiction)를 지지할 의향이 있거나 지지할 수밖에 없는 이들이 적잖다는 반증이기도 하다. 프랑스의 철학자 자크 랑시에르에 따르면, 지배적 허구란 "(그것에 의해) 사회적 합의의 이미지가 사회 구성원에게 제공되는 특권적 재현(표현) 양식"을 의미한다. 또 그것은 어떤 시대나 사회적 현실을 다양하게 반영하기보다는 지배적인 이미지로 환원하거나 고정하려는 메커니즘이다. 지배적 허구는 정치·문화적 권력 행위의 산물로서 어느 사회에서든 대개 공식적 역사의 지위에 오르고 제도권 교육을 통해 재생산되며 주류 담론으로 증폭되는 경향이 있다. 한편 그것은 이른바 집단적 의사(擬似) 체험(prosthetic memory)이나 집단 기억 그리고 정체성을 구성하는 데 핵심적인 영향을 미친다. 이런 환경에서 지배 권력층이 통제하는 지배적 허구의 이면에 묻힌 기억이나 권력의 지위에서 배제된 이들의 이야기는 어떻게 복원되고 전수될 수 있을까?

기실 인류의 과거는 지배 권력층의 공식 기억과 그로부터 밀려난 자들의 목소리가 충돌하고 경쟁하는 과정이었다고 해도 과언이 아니다. 그러므로 지배적 허구라는 일종의 환원적 이미지에서 벗어나 바람직한 역사 인식을 도모하기 위해서는 다음과 같은 질문을 던져야 한다. 진정 무엇이 우리의 과거이며 그 속에서 정치적·문화적·인종적 소수자의 경험과 기억은 어떻게 대변되었는가? 또는 묻힐 수밖에 없었는가? 이런 의미에서 지배적 허구에 대한 도전은 역사를 다시 쓰는 작업이다. 이는 결코 하나로 환원되거나 뭉뚱그릴 수 없는 과거의 혼란스럽고 복잡한 현실, 다양한 시각과 관점을 소생시키려는 노력이다.

〈오피셜 스토리〉의 막바지에 알리시아는 아르헨티나인의 무지와 무관심, 집단적 허위 의식이라는 죄를 뒤집어쓴 채 낯선 곳으로 쫓겨나는 속죄양처럼 보인다. 남편과 사랑하는 양녀를 떠날 수밖에 없는 알리시아는 슬픈 운명을 타고난 여인 안티고네의 환생이다. 하지만 가출 이후의 쉽지 않은 여정이 친구 아나의 망명 생활과 유사한 체험을 통해 알리시아를 새로운 존재로 탈바꿈시키리라고 추측해 볼 여지도 있다. 그것은 충격적인 현실에 눈을 뜨고 지배 이데올로기에 거슬러 새로운 대안을 찾아나서는 험로였을 것이다. 진실을 탐색하고 올바르게 기억하려는 알리시아의 길은 지배적 허구에 대한 반성으로 요약할 수 있을 것이다.

고대 그리스의 비극작가 소포클레스의 작품에 등장하는 안티고네는 제한적인 조직의 가치에 맞서 보편적 인권을 옹호하려다가 끝내 처형당한 비운의 주인공이다. 테베(Thebes)의 공주 안티고네는 쌍둥이 오빠의 불화, 격렬한 다툼, 공멸을 목격한 뒤 사망 후에도 반역자로 취급받는 혈육을 위해 최소한의 인간적 예우를 베풀지만, 실정법에 저촉된 이 선택은 그를 제물로 만드는 빌미가 된다. 그런 점에서 알리시아의 이별 여정과 안티고네의 슬픈 최후는 닮은 구석이 많다.

지배적 허구에 대한 또 다른 도전 사례로는 올리버 스톤 감독의 영화 〈7월 4일 생(Born on the Fourth of July)〉의 주인공 론 코빅을 들 수 있다. 코빅은 베트남전쟁에 참가한 실존 인물로서 미국 독립기념일에 기독교 가정에서 태어나 반듯하게 성장한 '애국 청년'이다. 베트남전쟁의 끔찍한 경험은 그에게서 많은 것을 앗아갔지만 다른 한편으로는 지배적 허구에서 벗어날 계기를 제공했다. 낯선 땅 베트남에서 그를 맞이한 것은 애국적이고 영예로운 용사가 될 기회가 아니라 민간인과 군인조차 구분할 수 없는 혼란, 불안, 그리고 두려움이었다. 베트콩 전사가 아닌 수많은 양민을 학살하고 교전 중 실수로 동료마저 사망에 이르게 함으로써 코빅은 점차 자신이 가담한 기막힌 전쟁의 실체가 무엇인지 실감한다. 평생 휠체어에 의지해야 하는 중상을 입고 귀국한 뒤 코빅은 방황의 세월을 딛고 일어나 반전(反戰)운동의 선봉에 나선다. 코빅은 정치가들의 그럴듯한 명분과 베트남전쟁을 "공산주의 세력의 팽창에 맞선 자유 수호 투쟁"으로 인식하려는 미국 사회의 지배적 허구에 맞서 전쟁의 참상과 미군 개입의 부당성에 대해 고발하고자 애쓴다. 코빅은 공세적 국가 이상의 희생양으로서 지배적 허구에 도전하는 다른 목소리를 대변한다.

시각 매체를 활용한 역사 다시 쓰기와 관련해 1980년대 후반부터 미국 영화계에서는 판에 박힌 민족주의 또는 애국주의적 서사를 넘어 다양한 인종적·문화적 정체성에 주목하는 시도가 새로운 핵심 논제로 떠오르고 있다는 점을 지적할 필요가 있다. 달리 말해 기존의 애국주의적 서사는 점차 사회적 합의의 이미지나 지배적 허구를 넘어 다양한 정체성을 반영하려는 노력을 통해 재구성되고 있는 것이다. 그것은 이제 과거와 다르게 혼성적이고 다문화적인 사회적 기억의 활력을 회복시키거나, 지배적 허구의 반복이 얼마나 불필요한 논란을 야기하는지를 드러내고 사회 구성원 전체를 가로지르는 정체성(identity from across)을 모색하는 대항 서사의 도전에 직면하게 되었다.

1980년대에 접어들면서 과거사에 대한 대중의 관심이 크게 고조된 것과 대조적으로 미국 역사에 대한 무지는 놀라운 수준에 이르렀다. 이는 현대 미국 사회가 지니는 역사와 기억 간의 균열 탓이다. 다양한 인종과 문화의 구성 때문에 미국에서는 복수(複數)의 기억, 복잡한 집단 정체성, 비공식적인 기념이 활성화되어 왔음에도 그런 요소는 오랫동안 단일하고 획일적인 국가적 신화와 지배적 허구에 가려져 있었다. 그러므로 지배적인 설명 방식에서 배제당하거나 망각된 이들의 역사적 경험에 주목하고 그것의 단층선을 드러내려는 시도가 출현한 것은 매우 자연스러운 일이다.

〈7월 4일생〉이나 〈포레스트 검프(Forrest Gump)〉와 같은 영화는 당시까지 부각되지 않고 가라앉아 있었던 역사와 국가에 대한 복잡한 기억을 살려 냄으로써 다소 손상되었지만 여전히 지속되고 있는 웅장한 위풍 대신에 베트남전쟁 시기의 사회적 파열과 단절을 보여 준다. 또한 그동안 배제되어 온 다양한 역사적 경험과 지배적 서술과는 다른 해석이나 대안적 서사로 향하는 통로를 제공한다. 그리하여 1960년대의 저항 문화와 감춰진 기억을 불러 일으켜서 그것이 역사와 국가에 대한 새로운 서사에 통합될 수 있는 계기를 마련한다. 그러므로 우리는 특정 사회가 간직하려는 공적 사건의 목록, 특히 역경과 투쟁의 역사에 대한 지배적 허구와 지역적·개인적 기억 간의 복잡한 상호작용에 주목하면서 잘 알려지지 않은 역사적 경험이 지닐 수 있는 더 넓은 의미와 중요성에도 유념해야 한다.

〈오피셜 스토리〉는 공식적 역사 교육에 맞서려는 고등학생들의 모습을 포착한다. 전체 조회 시간에 알리시아는 학생들과 함께 19세기 독립투쟁의 정신을 담고 있는 국가(國歌)를 제창하면서 후렴구에 나오는 "자유, 자유, 자유"를 또렷하게 발음한다. 그러나 정작 자신이 살고 있는 시대의 자유에 대해서는 무감각한 면모를 보인다. 이와 달리 학생들은 대체로 교과서에 기록된 역사를 신뢰하지 않고 나아가 공식적 역사는 군부로 대표되는 학살자에 의해 기록되었기 때문에 결코 믿을 수 없다고 항변한다. 그런 학생들의 반응은 아나의 고백과 더불어 알리시아의 인식 전환을 유도하는 발판이 된다.

03 공식적 역사 이면의 억압된 기억과 '오월광장어머니회'

1976년 3월 쿠데타를 통해 집권한 아르헨티나의 군부 세력은 유례없이 억압적인 통치를 펼쳤다. 그들은 1983년까지 계속된 이러한 통치를 '국가 재건 과정'으로 미화했지만 실상은 '추악한 전쟁'이었다. '추악한 전쟁'이 전개되는 동안 군, 경찰, 극우 단체는 주로 청년층을 대상으로 납치, 고문, 암살, 재산 강탈, 심지어 영·유아 탈취와 같은 인권 유린 행위를 자행했다. 피해자 가족의 모임인 '오월광장어머니회(Las Madres de la Plaza de Mayo)'의 추산에 따르면 '추악한 전쟁'으로 인한 실종자는 최대 3만 명에 이르렀다.

1982년 여름 말비나스(영어식으로는 포클랜드) 전쟁에서 영국에 참패한 군부의 퇴진으로 민주화 이행이 시작되었고, '추악한 전쟁'에 대한 진상 규명이 급선무로 떠올랐다. 1983년 12월에 출범한 라울 알폰신 정부는 '실종자진상조사국가위원회(CONADEP)'를 설치하고 9개월 뒤 최종 보고서인 『눈카마스(Nunca Más)』를 발간했다. '실종자진상조사국가위원회'는 제2차 세계대전 뒤 설치된 공식적 조사위원회 가운데 최초의 사례로서 향후 유사한 위원회의 모델이 되었다. 그리고 『눈카마스』는 국가 폭력에 대한 종합적인 고발장으로서 세계적인 베스트셀러의 반열에 올랐다. '다시는 안 돼' 또는 '더 이상은 안 돼'라는 뜻을 지닌 『눈카마스』는 은폐된 각종 의혹 사건의 진실 규명을 요구하는 이들을 집결하는 구호가 되었고, 여러 나라에서 국가 폭력의 실상을 보고할 때 참고하는 과거사 청산 작업의 대명사로 자리매김했다. 과테말라에서 '가톨릭교회 대주교구 인권사무국'의 주도로 탄생한 '역사적 기억의 회복을 위한 프로젝트'의 보고서도 1998년에 『과테말라, 눈카마스 (*Guatemala, Nunca Más*)』라는 제목으로 출판되었다.

『눈카마스』는 군부와 경찰이 통제했던 비밀 수용소 340곳의 목록을 작성하고, 이곳에서 젊은 남성뿐만 아니라 게릴라 조직과 관련되지 않았던 임산부와 어린이까지 납치와 고문의 피해자가 되었음을 밝혔다. 또 집권 세력이 자행한 엽기적인 범죄 행위를 기록했다. 납치와 고문 관련자는 수감된 임산부의 출산 영아나 납치된 부부의 아이들을 '전리품'으로 여겨 군부 독재 정권과 연고가 있는 부부나 부유한 엘리트층의 가정에 입양시켰다. 강제 입양

부유한 사업가인 남편 로베르토, 양녀 가비와 함께 남부러울 것 없는 가정생활을 영위하던 알리시아의 모습을 담은 영화 포스터 이다. 맨 윗 줄에 적혀 있는 영화 소개 글에 따르면 "항상 두 가지 다른 역사 해석이 존재한다. 즉, 공식적 역사와 실제의 역사"이다.

의 주모자는 영·유아들을 '좌익 분자를 길러 내는 불온한' 가정환경에서 떼어 내어 '모범적인' 가정으로 이식(移植)하고자 했다. 이런 강제 입양은 정치적 오만과 냉혹함이 빚어낸 충격적인 반인륜적 참사였다.

하지만 『눈카마스』의 출판 이후 개시된 사법적 청산 과정은 군부, 특히 일방적인 처벌을 우려한 일부 중·하급 장교의 강력한 반발에 부딪혔다. 또한 비극적인 과거사를 둘러싸고 진실과 정의를 요구하는 이들과 상황을 감안해 현실적 해법을 주장하는 세력 사이에 논란이 불거졌다. 사법적 청산 과정은 기소 범위 축소와 신속한 재판 종결로 이어졌고, 민선 정부는 포괄적인 사면법과 사면령을 통해 가해 책임자의 집단 면책을 시도했다. 결국 정치적 타협에 주안점을 둔 이런 조치는 인권 유린 피해자의 반발을 초래했고 일반인의 기대를 실망과 무관심으로 바꾸어 놓았다.

'실종자진상조사국가위원회'는 대체로 적절한 보상 조치와 국민적 화해를 위한 출발점으로 인식되었지만, 민선 정부의 가해자 사면을 용서와 화해를 통한 사회 통합의 초석으로 이해하기에는 부족한 감이 있었다. 정치적 협상으로 일단락된 공식적 청산 과정은 피해자와 가해자 모두의 반발을 불러일으킨 탓에 1990년대에 크고 작은 논란이 지속되었다. 특히 피해자는 사면 정책을 야합으로 규정하면서 공식적 청산 과정이 제대로 규명하지 못한 실종자 문제의 해결을 줄기차게 요구했다.

〈오피셜 스토리〉에 등장하는 '오월광장어머니회'는 '오월광장할머니회(Asociación Civil Abuelas de Plaza de Mayo)'와 더불어 '추악한 전쟁'의 대표적인 피해자 단체이다. 이들 단체는 어느 누구도 억압적인 군부 통치에 맞서 공개적으로 저항하기 힘들었던 1977년 4월 이래 실종된 자녀들의 행방을 추적하고 정부 차원의 진상 규명과 기념 문화의 정착을 요구하며 줄기차게 활동해 왔다. 아르헨티나의 독립을 기념하고 국가적 기억을 강화하는 데 기여해 온 부에노스아이레스의 오월광장은 이러한 어머니회의 활동을 통해 전 세계에 아르헨티나 현대사의 상흔을 상징하는 새로운 기억의 터전이 되었다.

'추악한 전쟁'의 피해자일 뿐 아니라 보편적 인권 향상을 위한 투쟁의 상징으로 떠오른 어머니회의 활동은 몇 가지 특징을 지니고 있다. 무엇보다 어머니회는 비폭력적 직접 행동을 통해 대안적인 저항 운동으로 자리 잡았다. 기존 정당의 틀 밖에서 구성된 어머니회는 양육, 평화, 협력, 상호 애정과 같은 모성적 가치와 정치적 활동을 융합해 위계적 복종과 강압에 의존하는 군부 정권에 맞서 독자적인 투쟁을 꾸준히 전개함으로써 무시할 수 없는 정치적 위상을 지니게 되었다. 이들은 자녀의 실종이 초래한 개인적 슬픔과 절망 그리고 분노를 일종의 공적인 힘으로 승화함으로써 다른 세력이 군부 독재에 맞서 저항할 수 있는 여지를 만들어 냈다.

정부 당국의 조소와 무관심에도 아랑곳하지 않고 여론의 성원을 받지 못할 때부터 꾸준히 전개된 실종자 문제의 진상 규명 노력은 '오월광장어머니회'를 세계적인 인권 단체로 부각한 원동력이었다. 『눈카마스』의 출판 이후 어머니회는 '(자식을) 산 채로 돌려 달라'와 '죄를 범한 자 모두를 처벌하라'는 구호를 외치며 투쟁의 의지를 집약했다. 아울러 어머니회는 사회적 외면과 망각의 경향에 맞서 실종자를 둘러싼 진실 규명과 가해자에 대한 정의로운 법 집행에 대한 청원을 넘어 실종자의 비극을 올바르게 기억하는 일은 보복이 아니라 정의의 실현임을 역설했다. 그리하여 어머니회는 과거사 청산이란 사법적 심판이나 정치적 봉합의 차원 이외에 쉽게 아물지 않는 상흔의 치유와 애도, 기억의 유지까지 포함하는 지속적인 과정이라는 점을 각인시켜 주었다.

〈오피셜 스토리〉에서 한때 공식적 역사의 전파자였던 알리시아는 가비의 출생에 관한 진실을 추적하는 도중에 전혀 다른 사회·경제적, 정치적 환경에 처해 있는 '오월광장어머니회'의 사라를 만나 이야기를 나누면서 사라의 억눌린 기억을 드러내도록 도와주며 차츰 상호 이해의 폭을 넓힌다. 이 과정에서 본질적으로는 적대적인 관계에 놓여 있는 두 여인은 서로의 공통점을 확인하게 된다. 두 여인 모두 자신의 딸을 잃는 충격적인 상황에 처한 것이다. 이런 특별한 교감을 통해 두 여인 사이에는 공식적 역사의 잔혹성에 맞서 진실, 정의, 명예를 추구하려는 동반자적 관계가 싹튼다.

알리시아가 로베르토와 사이가 좋지 않은 시부모에게 양녀 가비를 보낸 뒤 홀로 로베르토와 맞서는 장면에서 전개되는 대화는 알리시아가 어떻게 사라의 감정을 대변하는지를 잘 보여 준다. 신경질적인 목소리로 어디에선가 걸려 온 전화를 받고 난 뒤 로베르토는 "알리시아! 가비는 어딨지?"라고 묻는다. 알리시아는 뜬금없이 "끔찍해요, 로베르토."라고 대꾸한다. "끔찍하다니, 뭐가?"라는 로베르토의 반문에 알리시아는 "자기 딸이 어디에 있는지 알지 못한다는 게 끔찍해요"라고 말한다.

한편 영화 마지막 부분에서 가비가 알리시아를 기다리며 부르는 노래는 역사적 기억과 망각의 문제라는 측면에서 시사하는 바가 크다. 가비가 부르는 노래는 아르헨티나에서 잘 알려진 동요로 제목은 '기억하지 못하는 나라에서(En el país de Nomeacuerdo)'이다. "기억하지 못하는 나라에서/세 발짝을 내딛자 길을 잃어버려요/한 발짝을 저쪽으로/정말 저쪽으로 내디뎠는지 기억이 나질 않아요……." 〈오피셜 스토리〉는 아르헨티나가 기억하지 못하는 나라의 지위에서 벗어나고자 얼마나 분투하는지를 보여 준다.

〈오피셜 스토리〉는 '추악한 전쟁' 시기 아르헨티나에서 어떻게 사회적 파열이 생겨났는지 알려 줄 뿐만 아니라 '오월광장어머니회'의 사례에서 보듯 배제당한 이들의 대항 기억(counter-memory)을 공식 담론으로 끌어들여 새로운 역사 인식과 집단 정체성을 도모한다는 점에서 교훈극이기도 하다. 아르헨티나 정부는 비교적 신속하게 공식적인 '진실과 정의' 정책을 추진했고 『눈카마스』와 피해자의 상징적 표상, 이를테면 '오월광장어머니회'의 두건이나 '그들은 어디에 있는가?'라는 펼침막은 시대를 상징하는 기호로 부각했지만, '추악한 전쟁'의 가해자 처리와 억눌린 기억의 역사화 문제를 놓고는 지속적으로 난항을 겪어 왔다. '추악한 전쟁'의 실체에 대해 뒤늦게나마 돌아보도록, 달리 말해 유보된 도덕적·사회적 책임감을 성찰하도록 요청받은 셈이었다.

무엇보다 정치적 타협으로 마무리된 사법적 청산 과정에 대해 국내외에서 문제 제기가 끊이질 않았다. 1992년에 '미주인권재판소'는 가족과 친지가 실종자의 행방에 관해 '알 권리'를 지닌다고 밝히면서 아르헨티나 정부의 사면령을 기각했고, 1996년에는 실종자의 행방을 조사하기 위한 제2차 진실위원회의 설치에 동의하도록 아르헨티나 정부에 권고했다. 한편 1992년 11월에 아르헨티나 정부는 '오월광장할머니회'의 꾸준한 요청을 수용해 '국가신원(身元)권리위원회'를 설치하고 국립유전자데이터은행과 협조하도록 조치했다. 이 기관은 부모와 함께 납치되었거나 구금된 어머니에게서 태어난 뒤 불법적으로 입양된 미성년자에 대한 탐문과 신원 확인, 복귀를 돕는 역할을 맡게 되었다. 또 여러 인권 단체의 청원에 따라 사망·매장 증명서와 아울러 경찰과 법원, 기타 공공기관의 기록과 부검 목록이 공개되기도 했다. '오월

피해자 가족의 모임인 오월광장어머니회의 시위 광경을 묘사한 〈오피셜 스토리〉속의 한 장면. 이들의 추산에 따르면 '추악한 전쟁'의 납치·실종자는 최대 3만 명에 이른다.

광장할머니회'에 따르면 최근까지 강제 입양아 400여 명 가운데 80명 이상이 본래의 신원을 확인한 바 있다. 아울러 1995년에는 실종자의 자녀로 구성된 '망각과 침묵에 맞서 정체성과 정의를 추구하는 자녀 모임(HIJOS)'이 창립되었다.

또한 '법률사회연구소'와 '열린 기억(Memoria Abierta)'을 비롯한 독립적 성격의 재단들이 설립되어 '추악한 전쟁'의 희생자에 관한 각종 자료 수집과 기록 보관, 피해자를 위한 법률적·사회적·의료적 지원, 인권 교육과 연구 수행 등 다양한 활동을 펼쳤다. 2003년 5월에 중도좌파 성향의 네스토르 키르치네르 정부가 출범한 뒤에는 '추악한 전쟁' 시절 자행된 국가 폭력에 대한 입법적·사법적 심판이 다시 모색되었다. 그 결과 2007년 대법원은 1990년 당시 카를로스 메넴 대통령이 내린 사면령에 대해 위헌 판결을 선고했고, 이에 따라 왕년의 독재자 호르헤 비델라에게 가택연금 조치가 내려졌다. 2008년 10월에는 83세의 고령인 비델라가 감옥으로 이송되는 등 36명의 인권 침해 가해자가 기소되었다.

이런 분위기 속에서 '국가기억자료보관소(ANM)'가 세워졌다. 과거 비밀 구금소로 악명이 높았던 해군기술학교 부지에 설립된 이 기구는 '실종자진상조사국가위원회'가 남긴 각종 자료를 관리할 뿐 아니라 피살, 실종, 수감의 피해자와 직계 가족 그리고 생환자가 국가 차원의 보상 과정에서 작성한 기록을 포함해 "국가가 책임져야 할 인권과 기본적 자유 침해와 관련된 증언과 문서를 입수, 분석, 분류, 디지털화, 보관"하는 업무를 담당한다. 나아가 『눈카마스』의 권고를 실행하고자 설득력 있는 교육 수단을 마련하고 인권 보호와 증진을 위해 기여하고 있다.

05 늦게 태어난 세대의 부담과 진지한 과거사 대면

'오월광장어머니회'는 진실과 정의의 추구라는 사회·정치적 과제를 어떻게 새로운 문화적 가치와 윤리적 기억의 구축으로 귀결하느냐가 아르헨티나인에게 남겨진 중요한 책무임을 환기해 준다. 더욱이 실종자 자녀의 활동에서 확인할 수 있듯이 과거사를 둘러싼 논란은 더 이상 가해자와 피해자 사이의 문제로만 간주될 수 없고, 비극적인 역사적 경험이 전수와 기억을 통해 후속 세대의 의식과 정체성 형성에 크게 영향을 미친다는 점을 간과해서는 안 될 것이다. 또 역사 연구와 기억의 팽창 덕택에 점차 과거사와 관련된 사실 자체가 증대하고 있다는 점에 주목할 필요가 있다. 그런 의미에서 과거사 청산은 일거에 종결되는 것이 아니라 지속적인 성찰의 과정이라고 보아야 한다. 과거사 청산은 한국 사회에서도 이미 일상용어가 되었다. 특히 한국 사회는 세계적으로 유례를 찾기 힘들 만큼 다중의 청산 구조를 지니고 있기 때문에 흔히 '과거사 청산의 백화점'으로 인식되는 실정이다. 다만 역사적 사실로서 과거 그 자체를 원래대로 복원하거나 처벌이나 배상 같은 사후적(事後的) 방식을 통해 온전하게 교정할 수 없다는 점 때문에 '청산'보다는 '정리'라는 표현이 선호되기도 한다.

과거사 청산의 과제를 몇 가지로 범주화하면 진실 규명, 인권 재판과 가해자 처벌(정의의 실현), 피해자에 대한 배상과 보상, 화해, 그리고 기억의 역사화 등으로 요약할 수 있다. 이제까지 이 문제를 다룬 국내외의 연구는 대부분 사법적 심판이나 공식적인 진실(과 화해)위원회의 활동에 초점을 맞춰 왔다. 이와 달리 피해 보상이나 명예 회복, 그리고 후속 세대를 위한 기억의 역사화에 대해선 상대적으로 관심을 덜 기울였다. 하지만 최근 들어 역사적 기억 연구는 국내에서도 괄목할 만한 성장세를 보여 주고 있다. 역사적 기억에 대한 관심은 대체로 공식적 역사에 가려진 억압된 기억의 복원에 주목하기 때문에 이 문제는 재현의 방식과 내용을 둘러싸고 치열한 정치적 논란을 초래하기도 한다.

오랫동안 한국인의 근현대사를 보는 시각이나 한반도 정세에 영향을 미치는 외부 세력에 대한 인식 역시 대체로 권력층이 주조해 낸 지배적 허구 속에서 헤어나지 못한 것이 사실이다. 합리적 중도주의자나 민족주의자가 '좌파'나 '빨갱이'로 낙인찍히는 악순환이 최근까지 이어지고 있는 것이다. 예컨대 이승만 정권이 쌓아 올린 지배적 허구 속에서 진보당을 이끌며 평화통일을 주장하던 진보적 민족주의자 조봉암은 국가보안법 위반 혐의로 사형선고를 받고 1959년에 형장의 이슬로 사라지기도 했다.

그런가 하면 21세기에 접어들어 한국 사회에서는 과거의 대항 기억이 공식적 역사의 지위로 격상된 경우도 있다. 이 과정에서 불거진 역사적 기억을 둘러싼 사회·정치적 갈등과 충돌은 현재진행형이다. 각종 조사위원회가 주도하는 과거사 청산 작업이 지속되고 있기 때문에 불가피하게 기억을 둘러싼 투쟁과 정치적 갈등은 더욱 증폭될 가능성이 크다. 현실 정치의 필요에 따른 과거사의 활용이나 백안시(白眼視)는 앞으로 또 다른 갈등과 보복을 초래할 공산이 크며, 자칫 당대 실정을 적절하게 고려하지 않은 후속 세대의 도덕적 오만과 일방적 단죄로 끝날 가능성도 있다. 하지만 과거사 청산이 특정 세력의 정치적 공세일 수 있다면, 그것을 회피하려고 하거나 가해자와 피해자의 범위와 책임 소재, 처벌의 수위를 조절하려는 시도 역시 정치적 행위일 수밖에 없다는 점을 인정해야 한다. 과거사 청산은 정치적 대립이 존재하는 현실 속에서 이루어질 수밖에 없기 때문에 '정치적'이란 표현에 부정적인 시선을 보낼 필요는 없다.

이 세상에 없는 이들의 과거 행적을 비판하는 것은 독일의 철학자 위르겐 하버마스가 지적한 대로 '늦게 태어난 세대가 누리는 복(福)이자 행운'일 수 있다. 하지만 불가피하게 과거사의 비극을 제대로 정리해야 하는 후속 세대는 복이 아니라 차라리 무거운 부담을 진 것이 아닐까? 오늘날 한국 사회에는 '과거에 연연하지 말자'고 하면서도 과거에 집착해 다양한 기억의 역사화 자체에 반대하고, 특정인을 자의적으로 미화하는 반면 다른 성향의 인물을 폄하하는 비합리적인 인식 태도가 쇠하지 않고 있다. 진지한 성찰 없이 과거사에 대한 지배적 허구에 안주하는 이들도 적지 않다. 과거사 청산을 삶의 가치와 태도가 다른 이들을 깎아내리는 기회로만 여겨서도 안 되겠지만, 그저 과거가 좋았다고 뚜렷한 근거 없이 추정해서도 안 될 것이다. 그렇지 않으면 지배적 허구에서 벗어난 바람직한 과거사 인식의 길은 멀고도 험할 뿐이다.

정도의 차이를 차치하고 본다면, 덧붙임과 누락을 통한 역사 왜곡이란 관점에서는 식민 통치를 미화해 온 일본은 물론이거니와 그 반대편에 있는 한국 사회도 자유로울 수는 없을 것이다. 일본의 역사 왜곡에 맞서 단지 반일 감정과 민족주의적 의식을 고취하는 데 그칠 것이 아니라 영욕과 부침의 역사를 그대로 드러내고, 나아가 진지하게 과거사를 대면할 수 있는 용기와 능력을 배양해야 하는 책무가 한국인에게도 요구되는 것이다. 예컨대 서울의 독립문 부근에 있는 서대문형무소역사관은 역사적 사실과 기억의 누락을 예증하는 단적인 사례이다. 일본인 경찰관에게 모진 고문을 받았던 독립운동가의 고통을 체감할 수 있도록 교육하는 이 전시관은 그에 못지않게 또 다른 중요한 역사적 기억을 감추고 있다. 일제 치하 '넥타이공장'(교수형장)으로도 기능했던 이곳의 시간은 사실상 1945년에 멈춰 서 있다. 이곳은 1987년 11월에 서울구치소가 경기도 의왕으로 옮기기 전까지 미결수를 수용한 공간으로, 특히 1975년 4월 9일 이른바 '인민혁명당 재건위 사건'의 주모자로 몰려 군사법원 재판부의 확정판결 후 20시간 만에 형장의 이슬로 사라지고 만 도예종을 비롯한 8명 젊은이의 한이 서린 역사의 현장이기도 하다. 전 세계의 많은 지식인들로부터 강력한 비난을 산 바 있는 '사법 살인'의 집행 장소가 바로 현재의 서대문형무소역사관이지만 지금 이곳은 군사독재 체제의 암울한 면모를 약화한 채 반쪽짜리 기억을 드러내고 있을 뿐이다.

　　〈오피셜 스토리〉가 역설하듯이 자의적인 기억의 역사화나 일방적인 과거 전유(專有)를 바탕으로 한 공식적 역사 서술은 유효 기간이 짧을 수밖에 없다. 부끄럽다는 이유로 지나간 사건을 감추거나 왜곡한다면 미래는 어두워질 것이다. 후속 세대의 진지한 과거사 대면을 아예 원천 봉쇄하려는 무모한 시도는 그들을 불행하게 만들 뿐이다. 이는 후속 세대가 비판적 사유와 성찰 능력을 키울 수 있는 기회를 박탈하고 바람직한 과거사 인식의 가능성을 막는 행위일 뿐만 아니라 그들을 지배적 허구의 수렁에 밀어 넣는 일이다. 동시에 〈오피셜 스토리〉는 알리시아의 전환을 통해 과거사의 수치스러운 장면을 고백하고 기억하는 일이 해당 사회가 구성하는 정체성의 필수적인 요소가 된다는 점, 그리고 국가 폭력의 억울한 피해자에 대한 관심과 책임 있는 배려가 해당 사회의 민주주의의 수준을 대변하는 중요한 지표라는 점을 일깨워 준다.

참고문헌

1. 로버트 A. 로젠스톤 엮음, 김지혜 옮김, 『영화, 역사—영화와 새로운 과거의 만남』, 소나무, 2002.
   14명의 비평가가 역사와 영화의 관계, 영화를 통한 과거의 재인식 방식을 탐색한 프로젝트의 성과물이다.

2. 마르크 페로 지음, 주경철 옮김, 『역사와 영화』, 까치, 1999.
   역사 자료로서 영화가 지니는 가치에 주목한 저작으로 20세기 후반에 접어들어 기술적 발전과 문화 소비 양식의 변화를 통해 영화가 일종의 사료로서 받아들여지게 되었음을 지적한다.

3. 박구병, 「아르헨티나의 군부독재와 '추악한 전쟁'의 청산」, 안병직 외, 『세계의 과거사청산』, 푸른역사, 2005, 190~222쪽.
   1970년대 말부터 1980년대 초까지 군부가 자행한 '추악한 전쟁'을 1980년대 중반 이후 아르헨티나 민선 정부가 어떻게 처리했는지를 살펴보고, 진상 규명의 중요성을 줄기차게 역설한 '오월광장어머니회'의 활동과 2003년 이래 중도좌파 성향의 키르츠네르 정부의 과거사 정리 작업을 조명한다.

4. 임호준, 『시네마, 슬픈 대륙을 품다: 세계화 시대 라틴아메리카 영화』, 현실문화연구, 2006.
   세계 영화의 전위에서 특유의 미학으로 치열하게 현실을 담아내고 있는 라틴아메리카의 영화를 통해 라틴아메리카의 역사·사회·경제·정치 등 제반 상황을 입체적으로 풀어내고 있다. 라틴아메리카 특유의 분위기와 색채감을 느낄 수 있는 130여 장의 사진을 곳곳에 수록하고 있다.

5. 제임스 W. 로웬 지음, 남경태 옮김, 『선생님이 가르쳐 준 거짓말』, 휴머니스트, 2010.
   잘 알려지지 않은 미국 역사의 놀랄 만한 사실과 미국 역사 교과서가 생략하거나 왜곡한 내용을 10개 장에 걸쳐 상세하게 소개한다.

제7장

카게무샤

미메시스와 시뮬라크르 그리고 역사의 미장센

김정락

카게무샤(影武者, Kagemusha)
감독: 구로사와 아키라
1980년, 일본

카게무샤(影武者, かげむしゃ)란 그림자 무사를 의미한다. 과거 군주를 보호하기 위한 계략으로 그와 닮은 사람을 가짜 군주로 내세웠던 사실에서 유래한 말이다. 대리 인물은 중세 일본뿐만 아니라 여러 다른 나라와 현재에도 공공연하게 존재한다. 적군은 물론이고 불가피한 경우 아군까지 속이려는 목적으로 고용된 대리인은 외모뿐만 아니라 음성, 성격, 말투, 행동, 습관까지 그가 대리할 인물을 닮았다. 이라크의 후세인도 북한의 김정일도 자신과 닮은 대리인을 활용했다고 전해진다.

예술에는 이에 해당하는 유사한 개념이 있다. 이것을 미메시스(mimesis)라고 하는데, 이 단어는 그리스어로 '모방(imitation)'이란 의미를 지닌다. 그러나 복제(reproduction)라는 현대적인 의미보다는 재현(representation)이라는 뜻이 더 강하다. 연극과 문학, 더 나아가 시각예술 등에서 자주 언급되는 이 개념은 재현하는 것이 재현된 주체와 닮음을 의미하며, 이 닮음의 정도를 예술적 기량을 가늠하는 척도로 여긴다.

플라톤과 아리스토텔레스는 미메시스를 자연의 재현이라고 말했으며, 플라톤은 모든 예술적 창조란 미메시스라고 정의하기도 하였다. 그에 따르면 실재하는 것은 신이 창조한 것이며, 인간의 창조는 이러한 것을 재창조하는, 즉 재현하는 것이라고 했다. 이 개념은 아리스토텔레스의 『시학(*Poetica*)』에서도 예술의 궁극적인 원리로 등장한다. 그러나 이것은 예술 외적으로는 사뭇 무서운 전략으로 사용되었다. 카게무샤란 군주의 대리적 재현이며, 그의 역할은 군주를 흉내 내는 것이다. 일본이 낳은 세계적인 감독인 구로사와 아키라는 이것을 소재로 영화를 제작하였다.

역사 영화(사극)이자 전쟁 영화인 〈카게무샤〉는 1980년에 개봉되었다. 구로사와가 역사를 소재로 제작한 영화로는 1962년 〈쓰바키 산주로〉 이후 18년 만에 제작한 것이다. 또한 그의 명성을 세계적으로 알린 전쟁 영화 〈7인의 사무라이〉 이후 최대의 전쟁 영화로 알려졌다. 이 영화는 영화를 기획하고 실제로 제작하여 상영에 이르기까지 다양한 난제를 겪었다. 〈데루스 우잘라〉 이후 구로사와 감독은 세 가지 영화를 동시에 기획하였다. 셰익스피어의 『리어 왕』을 각색한 〈란〉과 에드거 앨런 포(Edgar Allan Poe)의 『붉은 죽음의 가면』을 각색한 대본, 그리고 〈카게무샤〉가 그것이다.

감독은 이 세 가지 중에서 〈카게무샤〉가 현실적으로 가장 타당하다고 여기고 제작자를 물색하였다. 하지만 이 방대한 규모의 영화 기획은 일본 내에서 외면당하고 말았다. 좌절한 감독은 시나리오를 그림으로라도 남기려고 하였다. 1978년에 그는 번역한 대본과 그림을 들고 유럽으로 가서 그림을 전시하며 제작자를 찾았다. 그러나 그를 찾아온 사람은 없었고 결국 그는 미국으로 건너갔다. 미국에는 그를 존경하는 영화인들이 있었다. 세계적으로 명성을 날린 프란시스 코폴라와 조지 루카스였다. 당시 그들은 각각 〈대부〉와 〈스타워즈〉로 일약 스타 감독과 제작자의 반열에 올라 있었는데, 그들의 주선으로 할리우드의 대표적 제작사인 20세기 폭스사가 제작을 지원하기로 하였다. 그리하여 이 영화에는 일본 영화사상 최대 제작비인 600만 달러가 투자되었고, 첫 흥행에서 1,000만 달러의 수익을 올렸다.[1]

---

1 이정국, 『구로사와 아카라의 영화세계』, 서해문집, 2010, 211~212쪽.

영화 〈카게무샤〉의 배경은 일본의 전국시대(戰國時代)이다. 당시 일본 사회는 각지의 영주인 다이묘(大名)들이 각축을 벌였다. 영화에 등장하는 주요 인물은 주인공 격인 다케다 신겐(과 그의 카게무샤), 오다 노부나가, 도쿠가와 이에야스로, 이들이 일본의 중심이었던 교토 일대를 차지하기 위해 전쟁을 치르는 것이 이야기의 줄기를 이룬다.

당시 가장 강력했던 영주인 신겐에 대항하여 노부나가와 이에야스가 연합군을 형성하였다. 강력한 군대와 영민한 전략으로 우위에 있던 신겐은 도쿠가와 이에야스에 대한 공성전에서 적의 유탄에 사망한다. 주군을 잃은 신겐의 장수들은 이 사실을 숨기기 위해 주군을 가짜로 위장하는데, 바로 이 사람이 카게무샤이다. 하지만 신겐이 살아 있을 때에도 카게무샤는 있었다. 그의 동생이었던 노부카도가 이 임무를 맡았었다. 그러나 신겐의 사망 이후 카게무샤는 더욱 엄중한 상황에 빠져든다. 마치 임진왜란의 마지막 해전인 노량대첩에서 이순신 장군이 적의 유탄에 맞아 쓰러졌을 때, 자신의 죽음을 알리지 말라고 한 것처럼 신겐의 죽음도 비밀에 부쳐진다. 군사들과 백성들 사이에서 공공연히 신겐의 죽음이 회자되고 있을 무렵 너무나 닮은 카게무샤가 등장하여 소문을 진정시킨다. 적은 신겐의 존재에 의심을 품지만, 확신도 할 수 없었기에 고민에 빠진다.

구로사와 감독은 카게무샤를 가급적 극적인 인물로 설정하였다. 영화 속에서 그는 천한 신분의 도둑이다. 일반적으로 가신이나 친족이 카게무샤의 역할을 맡는다는 역사적인 사실을 왜곡한 것이다. 이러한 계급적 차이는 이후 영화 속에서 카게무샤의 정체성 혼란과 더불어 사건의 중심인물로서의 갈등을 불러일으킨다. 카게무샤로 지목된 도둑은 장군들과 호위무사들에 의해 진짜 신겐이 되도록 교육받는다. 그가 카게무샤라는 사실은 측근을 제외한 모든 사람에게 비밀로 부쳐진다. 손자나 그의 처첩들까지도 이 사실을 알지 못한다.

천한 신분의 도둑이 고귀한 신분의 영주를 흉내 내는 것은 쉽지 않다. 이러한 소위 탈색훈련은 최근에 상영된 한국 영화 〈왕이 된 남자, 광해〉에서도 유사한 방식으로, 그리고 희극적으로 그려졌다. 그러나 카게무샤에서 이 장면은 어쩐지 비장하고 슬프기까지 하다. 하지만 카게무샤가 된 도둑은 천예(淺隸)의 기질을 발휘하며, 나름의 인간적인 심성으로 주위를 안심시킨다. 그렇게 신겐의 군사들은 허수아비를 중심으로 전투를 치르고, 적들은 그 허수아비를 두려워한다. 그러나 3년의 시간이 흘러 신겐의 유언에 따라 카게무샤는 내쫓기게 된다.

영화의 후반부, 아버지의 자리를 호시탐탐 노리던 신겐의 아들 가쓰요리가 전쟁의 지휘를 맡으면서 다케다의 군사는 오히려 패망의 길을 걷는다. 가쓰요리는 아버지의 대행인 카게무샤의 존재가 자신의 권력을 방해한다고 믿었고, 빨리 쫓겨나기를 바랐다. 가쓰요리는 가신들의 만류에도 불구하고 나가시노로 출병한다. 쫓겨난 도둑은 근처 풀숲에 숨어 그 전투를 구경한다. 본인보다 가족을 더 사랑하고, 부하를 아꼈던 카게무샤는 노부나가의 조총부대에 의해 차례로 쓰러져 가는 신겐의 병사들을 보고 어쩔 줄 모른다. 결국 도둑은 시신이 가득한 전쟁터를 향해 돌진하다가 적의 총탄에 쓰러지고 만다. 마지막 장면은 그가 강물에 떠내려가는 다케다군의 깃발을 붙잡으려다 놓치고, 강물에 떠내려가는 모습을 보여 준다.

01 역사의 미장센

영화나 드라마는 과거의 역사를 소재로 자주 다룬다. 그래서 사극이라
는 장르가 따로 존재한다. 사극은 역사를 소재로 삼지만, 역사소설과 마찬가
지로 역사를 작가의 의도에 따라 각색하거나 번안하고 연출한다. 물론 역사
또한 기록하는 주체에 의해 변질되기도 한다. 그래서 역사에서 객관적 사실
이란 이상적인 목적이자 기대이다. 더구나 영화를 비롯한 예술은 윤리적 혹
은 학술적 엄격함과는 거리가 있다. 특히 영화에서는 미장센(mise-en-scène)
이란 개념으로 사실이 왜곡되곤 한다.

미장센이란 연극무대에서 사용되었던 프랑스 용어로 '연출'을 의미한
다. 직역하면 '무대에 배치(配置)한다'라는 의미이다. 연출자가 연극의 서사
를 효과적으로 전달하기 위해 무대 위에 있는 모든 시각적 대상을 배열하고
조직하는 연출 기법을 말한다. 영화에서는 미장센이 더 넓은 의미로 사용되
는데, '카메라에 찍히는 모든 장면을 사전에 계획하고 밑그림을 그리는 것'
과 '카메라가 특정 장면을 찍기 시작하여 멈추기까지 화면 속에 담기는 이미
지를 만들어 내는 작업'으로 해석되기도 한다. 실제로 미장센은 영화 제작에
서 가장 핵심적인 행위라고 할 수 있다.

소위 미장센을 통한 사실의 왜곡은 구로사와 감독에게 영화란 무엇인
지, 더 나아가 예술과 사실의 관계는 무엇인지에 대해 심각하게 고려해 볼 만
한 연구 대상이었다. 사실과 허구에 대한 문제는 '카게무샤'라는 제목에서

이미 암시되고 있다. 즉, 이 영화의 주인공은 역사적 인물인 다케다 신겐이 아니라 그의 대리 인물이다. 이 대리 인물은 영화를 위해 설정된 것이다. 또한 영화의 내용에서 신겐의 죽음은 적의 총탄에 의한 것으로 묘사되는데, 실제로 그는 병사했다고 역사는 전한다. 구로사와 감독은 이 내용을 의도적으로 왜곡했는데, 더 드라마틱한 구성을 위한 것으로 보인다.

〈카게무샤〉는 전국시대의 마지막 절정의 시기(climax)를 그리고 있다. 절정의 시기란 실제 역사 속에는 존재하지 않는다. 물론 어떤 결정적 순간이 역사의 흐름을 바꾸어 놓는 경우가 있지만, 소설이나 영화와 같이 기승전결이나 클라이맥스라는 전개 구조에 입각해서 진행되지는 않는다. 즉, 영화적 구성 속에서 역사는 이러한 구조로 재편성된다. 이것이 첫 번째 왜곡이다. 두 번째 왜곡은 등장인물에 관해 역사적 가치의 재구성이다. 영화는 다케다 신겐과 그의 그림자 무사의 존재론적 관계에 대해서 몰두하고 역사에서 주목하는 사건들을 배경으로 삼는다. 역사가 관심을 갖는 정치·군사적 충돌이 아니라 개인과 개인 간의 갈등을 소재로 삼는 것에서도 역사와 영화는 차이를 보여 준다.

이렇게 구성이나 플롯의 전개에서 영화가 역사를 변질시켰다면, 시각적인 측면에서도 역사를 미학적 차원으로 바꾸어 놓는다. 이것이 세 번째 왜곡에 해당한다. 사뭇 연극적인 구성은 구로사와 감독이 지닌 영화적 특징을 잘 보여 준다. 그의 극적 구성은 연극에 가깝다. 때문에 영화계에서는 구로사와 감독을 영화계의 셰익스피어라고 칭할 정도이다. 영화는 몇몇 실내 장면에서 보여 주는 인물의 배치나 대화하는 모습이 연극적이며, 전체적인 구성 또한 연극의 장과 막을 연상하도록 구성되어 있다. 더 주목할 만한 미장센은 바로 영화에 입힌 의상이나 배경에 있다. 영화는 전국시대 일본을 매우 사실적으로 그렸을 뿐 아니라 화려하게 복원해 놓았다. 이 영화는 사극이 추구해야

16세기 일본 무사들의 갑주를 그대로 재현했다고 평가받는
의상으로 구로사와 감독의 미장센을 볼 수 있다.

할 고증에 충실하다. 전국시대의 모습을 타임머신을 이용해 그대로 보여 주
는 듯하다. 우선 배경으로 등장하는 영주들의 성이나 마을 혹은 자연풍경들
은 물론이고, 배우들의 의상이나 무장 등도 전례가 없을 정도로 완벽하게 복
원하였다. 특히 주요 역할을 수행하는 장수들의 복장은 역사학자들이 감탄
할 정도이다. 그중 요로이가부토(甲冑)의 복원은 매우 정교하고 예술적인 수
준에 이르렀다. 김훈은 자신의 에세이에서 일본의 무장에 대해 탁월한 문학
적 평가를 내렸다.

"그 영화가 보여 준 16세기 일본 무사들의 갑주는 놀랍게도 장식적
이었다. 그들의 갑옷은 온갖 색깔과 문양을 교직한 정교한 공예품처럼
보였다. 무사의 지위가 높아질수록 그 장식적 현란함은 더욱 심해져서,

전투 지휘관이나 영주들의 갑옷은 군대의 유니폼이 아니라 독자적 개성과 위엄의 상징체계를 드러내는 개인 패션이었다. 적의 창검으로부터 몸을 보호하기 위한 실용적 목적만으로는 그 갑옷의 탐미적 열망을 이해할 수 없다. 강력하고도 세련된 웅성(雄性)의 삼엄한 기상을 표출하는 것이 그 갑옷들의 공통된 지향점이겠지만, 그 웅성의 긴장미를 드러내는 방식은 제각기의 극한으로 가고 있었다. 그들 갑옷의 기능적 본질은 방어이지만, 미학적 외양은 공격이다. 패션은 수세(守勢)의 본질 위에 공세(攻勢)의 외양을 덧씌우는 과정을 따라서 전개되는데, 패션의 수공(守攻) 전환은 갑옷의 머리 부분에서 양식적 완성을 보인다. 그 투구와 장식은 밀리터리한 아름다움의 한 전형이라고 할 만하다. 영화 〈카게무샤〉가 보여 주는 일본 무사들의 갑옷은 구로사와 감독의 치열한 완벽주의 정신에 의해 엄격히 고증된 것이라고 한다."[2]

철저한 고증과 함께 나타나는 일본 무사계급의 심미성은 김훈의 평가처럼 이중적이고 모순적이다. 방어를 위한 기능이 공격의 외양을 입은 것이 일본 무사 계급의 특징이라면, 카게무샤를 내세우는 것도 유사한 맥락에서 파악될 수 있다. 영화는 복원된 역사에서 더 나아가 오락의 대상으로 연출을 하게 되는데, 이것이 흔히 언급하는 미장센이라고 할 수 있다.

역사적 사실에 기대기는 했지만 전략가로 평판이 자자했던 신겐의 '풍림화산(風林火山)'은 영화에서 특별한 의미를 지니고 전개된다. 손자병법에서 유래한 이 전략은 "빠를 때는 바람과 같으며, 서서히 움직일 때는 숲과 같으며, 침략할 때는 불과 같으며, 수성할 때는 산과 같이 하라"고 전쟁 방법을

---

2 김훈, 『자전거 여행』, 생각의 나무, 2007, 199~200쪽.

카게무샤로 지목된 도둑은 진짜 신겐이 되도록 교육받는다. 강제로 대리인 역할을 맡은 주인공은 나중에는 외모, 행동이나 표정까지도 진짜를 닮아 간다.

알려 준다. 신겐의 군기에는 '풍림화산'이 쓰여 있으며, 군사들의 구성은 바로 이러한 네 가지 전술에 상응하는 것으로 나타난다. 신겐은 쓰러지기 전까지 이 전술로 적들을 평정하였다. 그러나 신겐은 죽으면서, 그러니까 카게무샤가 그를 대리하면서 그의 군대는 산과 같이 무겁게 자리를 지킨다. 이것은 신겐의 유언이기도 하였다. 그의 죽음은 일체의 군사적 행동을 자제함으로써 더욱 은폐되었다.

군사를 움직이지 말라는, 즉 산과 같이 진중하라는 신겐의 유언은 카게무샤의 추방과 함께 효력을 잃는다. 부친의 자리를 호시탐탐 노리던 신겐의 아들 가쓰요리는 최고 명령권자가 되자마자 신겐의 부대를 움직여 나가시노로 출격한다. 적의 동태를 살피던 노부나가는 적이 이동한다는 말에 "산이 움직였다"고 토로하고 출병한다. 하지만 불과 같은 보병대와 바람과 같은 기마부대는 차례로 노부나가와 이에야스 연합군의 조총 부대에 의해 궤멸당한다. 결국 카게무샤로 인해 보존되었던 신겐의 세력은 그의 추방과 함께 영락의 길로 빠진다.

강제로 대리인 역할을 맡은 주인공은 외모뿐만 아니라 행동이나 표정까지 주군을 닮아 간다. 처음에 어색하고 인위적이었던 모습은 점차 사라지고 친족마저 오인할 정도가 된다. 대리인의 정체성을 알고 있던 최측근 가신조차 너무나 닮은 대리인 앞에서 조신할 지경에 이른다. 더 나아가 카게무샤 또한 자신이 원래 군주인 것처럼 여기게 된다. 체제의 요구는 어느덧 정체성의 혼란으로 전개된다. 현실은 어느덧 허상으로 유지되었지만, 오히려 꿈은 사실을 요구하는 지경에 이른 것이다. 카게무샤는 꿈속에서 진짜 신겐에게 쫓긴다. 영화에서는 권력이 의도한 미장센은 결국 와해될 것이라는 점을 보여 준다. 하지만 진짜 신겐에 '빙의된' 카게무샤는 정작 가신들에 의해 자리에서 쫓겨나면서도 군주로 행동하려고 한다.

"구로사와의 주제적 모티브 중 중요한 것은 실상(reality)과 허상(illusion)의 문제이다. 즉, 인간이든 어떤 상황이든 겉으로 보이는 것과 실제의 본질은 큰 차이가 있다는 것이다. 〈라쇼몽〉에서는 명백한 살인 사건(실상)에 대해 여러 용의자가 엇갈린 증언(허상)을 하면서 진실의 상대성을 말하고 있고, 〈쓰바키 산주로〉에서는 주인공의 남루한 차림새(허상)를 보고 무시하던 젊은 사무라이들이 나중에 그의 충고와 도움을 받고 나서야 그의 힘과 진면목(실상)을 깨닫는 과정을 그려 본질은 겉으로 드러난 모습으로 판단해서는 안 된다는 것을 보여 준다. 그러한 모티브는 16세기, 전국시대의 혼란한 와중에 3대 혈족이 싸우는 얘기를 다룬 〈카게무샤〉에서도 중요하게 적용된다."[3]

---

3 이정국(2010), 앞의 책, 53쪽.

〈카게무샤〉는 허상이 현실을 지배하는 모습을 통해 권력의 이데올로기가 숨긴 진실을 들추어낸다. 또한 역사를 다른 시선으로 바라보게 함으로써 역사의 보편성과 개별성이 어떻게 다른지도 밝히고 있다.

02 전투 장면이 없는 전쟁 영화

수없이 많은 배우와 조역이 등장하며, 의상과 분장 그리고 배경의 철저한 고증과 재현으로 경탄할 만한 이 전쟁 영화의 특징은 아이러니하게도 격렬하고 사실적인 전투 장면을 포함하지 않는다는 데 있다. 수많은 병사의 이동이나 기마병의 거침없는 돌격 장면은 볼 수 있으나, 최근 영화에서 흔히 볼 수 있는 선혈이 낭자한 장면들은 생략되거나 다른 장면으로 대체되어 있다. 가령 아군의 참혹한 몰살은 멀리서 지휘하는 장수들의 곤혹스러운 표정이나 연기로 대신 보여 주거나, 소리로만 전달하는 형식을 취한다. 또한 다른 전쟁 영화가 전투 장면을 길게 보여 주는 것과 달리 매우 짧게 그려지는 것도 특징이다.

이러한 표현을 두고 혹자는 아키라 감독의 휴머니즘에서 비롯하였다고 평하기도 한다. 여기서 의문이 드는 것은 그렇게 많은 물량을 투입하여 완벽한 역사적 복원을 이루고, 수많은 인원을 동원하여 전쟁의 스펙터클을 이루었으면서도 정작 전쟁의 참혹한 현실은 암시나 상징 혹은 격전의 결과적인 장면만으로 전달하는 이유가 무엇인가 하는 점이다. 이것은 감독의 휴머니즘에 근거한 것으로 볼 수도 있지만, 전쟁의 사실적인 묘사로 관객의 관심을 빼앗지 않으려는 것일 수도 있다. 그렇다면 관객은 무엇에 주목해야 할까?

구로사와 감독은 이 영화가 단순히 폭력이 무성한 전쟁 영화로 수용되는 것을 원하지 않았다. 이 영화에서 말하고자 하는 폭력은 칼과 총으로 생명을 앗아 가는 상황이 아니라 진실과 허위 사이에 빚어지는 폭력이다. 권력을 존치하기 위해 허위를 진실처럼 가장하는데, 이것이 영화가 말하고자 하는 폭력이다. 물론 이 폭력의 희생자는 카게무샤와 익명의 민중이다. 잘 훈련되고 기강이 잡힌 군대는 군주의 명령에 따라 추호의 망설임 없이 적진으로 뛰어든다. 군주의 말이나 작은 행동 하나로도 수없이 많은 사람의 생사가 결정된다.

명령권을 가진 자를 제외한 모든 사람, 이를테면 하급 무사나 병사 그리고 민중은 이러한 역사적 상황에서는 수단과 도구가 된다. 그리고 군대의 편제가 그런 것처럼 사람들은 개개의 삶이 아니라 명령 계통에 의해 배치된 무리로 여겨진다. 시쳇말로 '도매금'이다. 역사 서술에서도 유사한 행태를 찾을 수 있다. 영화 〈카게무샤〉는 이러한 역사적 시각을 역전시켜 보여 준다. 물론 큰 서사의 흐름은 역사의 주요 인물들이 결정한 것에 따라 전개되지만, 그렇게 전개되는 역사의 무게와 고통을 온몸으로 받아들여야 하는 이름 없는 개인을 부각하여 그의 입장에서 역사를 바라보도록 의도하였다.

03 전국시대와 임진왜란을 생각하며

15세기 초에서 16세기 말까지의 동북아시아의 역사는 극변하는 양상을 띠었다. 중국에서는 몽골이 지배했던 원나라가 주원장에 의해 명나라로 교체되었으며, 이 명나라도 동북지역에서 발현했던 금(이후 청)나라에 의해 멸망하였다. 일본 역시 이 시기에 매우 혼란스러운 역사를 경험한다. 이른바 100년에 걸친 전국시대가 그것이다. 전국시대의 내적 갈등을 해소하기 위한 방편으로 일본은 임진년(1592)과 정유년(1597)에 조선을 침략하는데, 이것을 우리는 임진왜란이라고 부른다.

전국시대는 15세기 중반부터 16세기 후반까지 여러 다이묘가 패권을 다투었던 내란의 시기이다. 전국시대란 개념은 주나라 이후 진나라 이전까지 여러 제후가 다투었던 중국의 춘추전국시대에서 유래했다. 1467년에 '오닌의 난'으로 시작하여 1573년에 무로마치 막부 제15대 쇼군이었던 아시카가 요시아키가 오다 노부나가에 의해 교토에서 추방되어 무로마치 막부시대가 종말을 맞은 시기가 전국시대이다. 그래서 전국시대란 무로마치 시대의 말기라고 할 수 있다. 오다 노부나가의 상락(1568) 이후 오다 가문과 도요토미 가문이 정권을 잡은 시기를 쇼쿠호 시대(織豊時代) 또는 아즈치모모야마 시대라고 구분하기도 한다.

1336년부터 시작된 무로마치 시대는 쇼군의 시대였다. 명목상 일왕이 있었지만, 여러 제후 중에 가장 강력했던 바쿠후(혹은 쇼군)가 권력을 주도한 시기이다. 쇼군 가문인 아시카가 가문이 다스리던 말기에 교토에서 비교적 멀리 떨어진 영주(다이묘)들이 쇼군에게 반기를 들기 시작했다. 중국과의 교역이 증가하고 화폐 사용이 확대되었으며, 상업도시들이 생겨나고 농업과 제조업 등이 발달하면서 지방의 자치권을 요구하는 일이 빈번해졌다. 15세기 초 지진과 기아에 의한 후유증으로 채무와 무거운 조세에 시달리던 농민의 봉기가 이어지면서 전국시대를 맞이하였다. 이런 경제적인 문제와 쇼군의 계승 문제가 결합되어 발생한 오닌의 난(1467~1477)은 일반적으로 전국시대의 서막으로 간주된다.

쇼군에 대항하는 다이묘들의 갈등이라는 점에서 전국시대는 하극상의 시대였다. 전쟁의 확산으로 중앙정부의 힘은 무력해졌으며, 이 공백을 지역의 영주들이 차지하였다. 하극상의 시대를 맞이하면서 과거 계급체제의 변동이 활발해졌다. 이를테면 하급 무사에 불과했던 도요토미 히데요시가 전국을 통일한 인물로 등극하는 것이 가능한 시대였다. 오닌의 난 이후 다케다나 아마가와와 같이 기존의 다이묘들이 강성해지는 경우가 있었는가 하면, 권력을 찬탈하는 다이묘들이 등장하였다. 능력 있는 가신들에 의해 영주들이 무너지는 하극상(게코쿠조) 현상은 1493년 호조 소운이 이즈를 탈취한 것에서 시작하여 전국시대에 빈번하게 나타났다.

이 와중에 지역의 강력한 다이묘들은 연합 종횡하며 전국의 권력을 다투었다. 결국 오와리 지역에 근거를 둔 오다 노부나가에 의해 평정의 시대가 다가왔다. 노부나가는 지금의 아이치현의 일부였던 오와리의 소영주로 출발하여 일본 중부를 지배하는 세력으로 성장하였다. 당시 그는 다케다 신겐에 대항하여 이에야스와 연합군을 형성하고 있었으며, 전국 패권을 쟁취하기에 상당히 근접해 있었다. 하지만 1582년에 부장이었던 아케치 미쓰히데의 배반으로 죽임을 당했다. 이를 가리켜 '혼노지의 변'이라고 한다. 이후 노부나가의 다른 부장이었던 히데요시가 그의 후계자가 되어 통일을 이루었다. 히데요시는 임진왜란을 일으킨 원흉이다. 1598년에 히데요시가 사망하자 일본은 다시 한 번 혼란에 빠졌으며, 이를 수습한 이가 도쿠가와 이에야스이다. 그는 세키가하라 전투의 승리로 도요토미의 일파를 물리치고 쇼군의 자리에 올라 에도 막부시대를 열었으며, 에도 막부는 1868년 메이지 유신까지 유지되었다.

영화가 그리는 시대는 전국시대의 절정기에 해당한다. 즉, 전국의 패권을 두고 다케다 신겐과 오다 노부나가, 그리고 도쿠가와 이에야스가 다투던 시기이다. 역사는 대체로 노부나가를 중심으로 보지만, 영화는 그의 적이었던 신겐의 입장에서 보고 있다.

신겐은 고신(甲信) 지역의 영주였다. 가이 겐지의 후예이자 가이 슈고인

다케다 노부토리는 가이 지역을 통일한 뒤에 그 여세를 몰아 시나노를 공격하려고 하였다. 그러나 1541년에 중신들은 적자 다케다 신겐을 추대해 쿠데타를 일으키고 노부토리를 스루가로 추방하였다. 신겐은 신나노를 공격하여 스와 가문, 오가사와리 가문, 무라카미 가문 등을 차례로 격파하고 시노나 북부 일부를 제외한 전역을 장악했다. 이후 신겐은 북진에서 남진으로 공격의 방향을 틀어 스루가를 함락하고 노부나가, 이에야스와 대치한다. 1572년에 신겐은 대규모 상락 작전을 감행하여 이에야스를 미카다가하리 전투에서 격파하고 오다 가문의 미노, 오와리를 압박했으나 상락 도중 병으로 급사하고 만다. 그의 아들인 다케다 가쓰요리가 그의 뒤를 계승하였으나 1575년 '나가시노 전투'에서 노부나가와 이에야스 연합군에 대패하고, 결국 다케다 가문은 1582년에 멸망하였다. 이후 시나노의 제후들은 오다 가문에 신종하였다.

전국시대는 노부나가에 의해 정리되는 형국으로 가는 듯했다. 하지만 그도 부하에게 암살을 당하고 전국시대는 다시 연장되었다. 결국 전국시대는 그의 부장이었던 도요토미 히데요시에 의해 통일을 이루게 되었다. 하지만 명문가 출신이 아닌 히데요시는 다른 군주들로부터 언제든 도전을 받을 수 있는 불안정한 권력을 가졌을 뿐이었다. 이러한 혼란을 극복하는 방편으로 히데요시는 전쟁을 택했다. 군주들의 욕망과 에너지를 외국으로 돌리려고 했던 것이다. 이 의도가 임진왜란과 정유재란을 불러왔다. 이 전쟁은 비록 조선 땅 위에서 벌어졌지만, 동북아시아 삼국의 국운이 걸린 국제적인 전쟁이었다. 그래서 이를 일본에서는 '분로쿠 게이초의 역(文祿慶長の 役)', 중국에서는 '만력(萬曆)의 역(役)'이라고 한다.

1587년에 히데요시는 일본 통일의 마지막 여정으로 규슈를 정벌하고 대마도주 소 요시시게에게 조선을 침공하려는 뜻을 표명하였다. 그러나 대마도주는 계획의 무모함을 알고 통신사 파견을 건의하였다. 이러한 까닭에 전쟁이 있기 전 몇 차례에 걸친 외교적 왕래가 양국 간에 있었지만, 결국 1592년에 정명가도(征明假道)라는 명분을 내걸고 일본은 조선을 침략하고 만다.

1592년 4월 13일에 경상도 동래부 다대포 응봉봉수대는 일본군의 700여 병선이 대마도를 출발하여 부산포에 이르고 있다고 보고하였다. 그러나 경상좌수영군은 변변한 방어도 하지 못한 채 궤멸하였다. 이후 조선은 고니시 유키나가와 가토 기요마사, 그리고 구로다 나가마사가 이끄는 일본군에 의해 순식간에 유린되었다. 당시 임금이었던 선조는 전쟁 초반에 이미 의주로 피난을 갔으며, 조선의 정예군들은 일본군의 파죽지세를 감당하지 못하였다. 그나마 지방에서 일어난 의병이나 승병들이 일본군에 저항하며 나라를 지켰다. 그러나 수군은 해상에서 분투하여 일본군의 전라도 진출을 막았으며, 아울러 일본군의 안정적인 보급망도 차단하였다. 이 수군의 주역이 바로 이순신 장군이다.

04 결론: 신화와 역사

역사 영화인 〈카게무샤〉는 일본의 전국시대를 '재현'하였다. 그러나 감독은 역사의 주역이라고 할 수 있는 인물들을 오히려 조역으로 삼고, 역사에 기록되지 않은 혹은 허구적인 한 인물을 주인공으로 내세웠다. 영화에 등장하는 주요 인물인 다케다 신겐, 오다 노부나가, 도쿠가와 이에야스 등은 전국시대의 주역들이다. 물론 이들로 인해 전개되는 역사는 역사 기록에 의존한 것이지만, 영화는 처음부터 끝까지 신겐의 대역인 카게무샤에 시선을 집중하고 있다. 일반적인 사극이나 역사 영화에서 흔히 볼 수 있는 배역에서 벗어난 것이다. 이것은 감독이 품고 있던 휴머니즘과 역사관을 반영한 것으로 볼 수 있다.

역사 기록은 큰 줄기의 사건이나 후세에 거론될 만한 지위와 권력을 누린 인물들을 주된 대상으로 삼았던 것에 비해 영화는 비록 허구적인 창작이지만 '별 볼일 없었던' 한 개인을 주역으로 만들었다. 카게무샤는 다케다 신겐의 그림자로, 스스로의 인격이 아니라 피대리인의 권력과 지위를 빌려 살아가다 죽은 사람이다. 구로사와 감독은 역사의 희극성과 한 인간이 처한 비극성을 대조적으로 보여 준다. 막강한 권력자들이 허수아비 앞에서 머뭇거리고 가신들 또한 그 앞에서 머리를 조아리는 희극과, 신데렐라처럼 군주의 권좌에 앉게 되었지만 정해진 운명에 옥죄이고 자신의 정체성을 억압당하는 개인의 비극이 혼재하는 것이 이 영화의 정서적 특징이다.

"실체가 있어야 그림자가 생기는 법이다. 실체가 없다면 그림자는 어떻게 될까?"라는 물음은 원래 신겐의 그림자 무사 역할을 했던 신겐의 동생이 새로 채용된 카게무샤에게 던진 말이다. 신겐의 동생은 형이 살아 있을 때 그 역할을 담당했다. 하지만 주인공 카게무샤는 실체가 없는 그림자 역할을 수행해야 할 운명이다. 존재하지 않는 원본과 그것을 대신하는 복제물의 관계는 이제 다른 관계 속에서 정의되어야 할 상황에 다다랐다.

카게무샤는 프랑스의 사회철학자인 장 보드리야르가 언급했던 '시뮬라크르(simulacre, 모조품)'가 되었다. 시뮬라크르란 실체가 없는 혹은 그것에서 해방된 모방이다. 영화에서 실체인 신겐은 단지 말로만 존재한다. 그러나 말은 가짜 신겐에게 향하고, 가짜 신겐인 카게무샤는 그것을 실천한다. 영화가 후반으로 치달으면서 카게무샤는 점차 군주가 되려고 한다. 하지만 이 가짜 군주는 원래 군주보다 더 자신의 가족과 신민을 아낀다. 그리고 처절한 패배 속에서 쓰러져 가는 군사들 속에 스스로 나아가 군기를 움켜잡고 죽는다. 영

구로사와 감독은 시각적인 측면에서도 역사를 미학적 차원으로 바꾸어 놓았다. 이 장면에서 보이는 인물의 배치나 대화의 모습은 연극적이다.

화는 권력과 명령의 주체들에 의해 자행된 수많은 헛된 죽음 속에서 유일하게 한 인간이 결정한 참된 죽음을 보여 준다. 물론 이것이 참되다고 평가하는 것은 무리겠지만, 비교로서는 적절하다고 본다. 영화는 역사를 사실 그대로 재현하는 사록(史錄, 도큐먼트)이 아니며, 의도적인 왜곡과 연출로 구성된다.

글머리에서 암시한 바와 같이 영화처럼 역사에도 왜곡과 미장센이 있다. 하지만 역사 기록의 왜곡과 영화의 미장센에는 차이가 있다. 그것은 정도의 차이일 수도 있지만 무엇보다 질적인 차이이다. 역사의 왜곡이나 의도적인 해석은 현재의 정치나 사회적 의식에서 비롯하며, 다분히 현실을 조종하려는 정치적인 목적을 지닌다. 이를테면 중국에서의 '동북공정'이나 일본에 의한 식민사관 또는 기존의 '자학사관'을 비판하며 제국의 향수를 그리워하는 것도 유사한 사례이다. 우리에게도 이러한 역사적 왜곡은 최근까지 드물지 않게 나타났다. 친일을 미화하기 위한 식민사관부터 뉴라이트 등에 의한 교과서 논쟁에 이르기까지 이 과정에서 역사는 객관성과 사실에 기초한 삼엄함을 상실하고 있다. 역사의 왜곡은 현 정치권력에 이데올로기를 제공하고 이를 합리화한다. 그에 비하면 영화는 오히려 왜곡을 통해 진실에 가깝게 다가간다고 볼 수 있다.

참고문헌

1. 김훈, 『자전거 여행』, 생각의 나무, 2007.
   작가 김훈이 자전거 여행을 하며 쓴 글을 출판한 책이다. 그는 1999년 가을부터 2000년 봄까지 자전거로 전국의 산천을 누볐다. 사진가인 이강빈과 동행하여 찍은 아름다운 사진도 실려 있다. 작가가 안면도, 쌍계사, 여수, 선암사, 부석사, 섬진강, 태백산맥 등 많은 여행지를 다니며 보고 느낀 바를 작가 특유의 깊고 아름다운 시선과 문체로 풀어낸 여행기이다.

2. 데이비드 노먼 로도윅 지음, 김지훈 옮김, 『질 들뢰즈의 시간기계』, 그린비, 2005.
   질 들뢰즈의 철학 개념을 통해 그의 영화 철학을 이해하도록 돕는 입문서이다. 들뢰즈의 저서 『시네마』를 통해 들뢰즈의 사유 전반에 걸친 개념을 재구성하여 영화에 대한 철학적인 접근을 하고 있으며, 이러한 철학을 통해 영화 비평의 방향을 제시하고 있다. 들뢰즈가 '프랑스국립영화/텔레비전학교(FEMIS)'에서 강연했던 내용의 녹취록인 「창조 행위란 무엇인가」도 실려 있다.

3. 이정국, 『구로사와 아키라의 영화세계』, 서해문집, 2010.
   이 책은 제목 그대로 구로사와 아키라의 영화 세계를 총망라하고 있다. 구로사와 아키라의 성장 배경과 영화계 입문 동기, 좌절과 성공의 기록 등 일대기를 수록하고, 감독론·작품론·영화미학·연출분석에 이르기까지의 내용을 싣고 있다. 구로사와 영화가 지니고 있는 스토리, 연출, 영화 언어에 대한 연구를 세세히 실었다.

4. 장 보드리야르 지음, 하태환 옮김, 『시뮬라시옹』, 민음사, 2001.
   저자는 프랑스의 대표적인 사상가 중 한 명으로, 이 책은 그의 독창적 이론을 소개한 가장 중요한 저서이다. 그는 이미지와 미디어가 지배하는 현대사회에 대해 비판적인 태도를 계속 견지해 왔다. 이 책에서 그는 중요성과 규모가 매우 커져 버린 매스미디어에 의해 유지되고 있는 사회에 대해 다시 한 번 생각해 볼 만한 문제를 제기하고 있다.

제8장

귀신이 온다

국가와 폭력 그리고 국민 되기의 어려움

백영경

2000년 칸느영화제 그랑프리 수상작
Official Selection in Competition Festival International Du Film Cannes

한번 구르고 ...
번 캄박이고 ...
살짝 미소짓다 ?

귀신이 온다

중국영화의 발칙한 배신감

귀신이 온다(鬼子來了)

감독: 장웬
2000년, 중국

쟝웬(姜文, Jiang Wen) 감독의 2000년 작 〈귀신이 온다(鬼子來了, Devils on the Doorstep)〉는 제2차 세계대전 말, 일본군의 지배를 받던 중국의 한 시골 마을에서 벌어진 한바탕 소동을 통해 개인이 겪는 역사적 비극을 그린 영화이다. 영화는 어느 날 마을 사람들에게 전달된 두 개의 자루로부터 시작된다. 정체 모를 중국인으로부터 마을 사람들이 건네받은 자루 속에는 포로로 붙잡힌 일본군과 일본군 소속 통역관인 중국인이 들어 있었다. 영화 초반에는 마을을 지배하고 있는 일본군들 모르게 이 두 사람을 지켜내려는 마을 사람들의 좌충우돌로 관객은 폭소와 실소를 오간다. 중후반까지도 조마조마한 가운데 영화를 지배하는 것은 희극적인 분위기이다. 그러나 마지막 30분간 영화는 전쟁의 상황 속에서 예기치 못한 비극으로 채워진다. 관객에게 선사했던 웃음은 온데간데없어지고, 영화 후반부를 지배하는 정서는 제2차 세계대전 당시 일본군과 중국군에 의해 무참히 억압당했던 마을 사람들의 억울함이다.

주인공 마다산 역을 맡아 일인이역을 한 쟝웬 감독은 이 영화로 2000년 칸 영화제에서 심사위원 대상을 거머쥐었으나 정작 본토인 중국에서는 상영금지 처분을 받았고, 심지어 7년간 감독 및 배우로서의 활동을 금지당했다. 중국 당국은 영화가 중국인을 멍청하게 묘사하고 일본군의 잔혹성은 제대로 드러내지 않았다는 이유로 중국 내 상영금지 조치를 내린 것이다. 결국 쟝웬은 지속적인 작품 활동을 위해 정부 당국과 타협하고 원래 162분이었던 러닝타임을 134분으로 줄였다. 그래서 우리나라에서도 134분짜리로 상영되었다.

〈귀신이 온다〉를 둘러싼 일련의 논란은 제2차 세계대전이라는 역사를 어떻게 기억할 것인가 하는 문제로, 이것은 중국 내에서도 매우 논쟁적이고 첨예한 사안이며, 단지 과거의 문제가 아니라 중국에 대한 평가와도 관련된 현재 진행형의 민감한 사안이라는 사실을 보여 준다.

1963년생인 쟝웬 감독은 북경의 한 군인 집안에서 태어나 중국의 유명한 중앙희극학원에서 연기를 전공하였다. 〈부용진〉(1986), 〈붉은 수수밭〉(1987) 등의 주연을 맡아 한국 관객에게도 널리 알려진다. 배우로 활동하던 그는 1994년에 감독으로 데뷔하였고, 첫 연출작 〈햇빛 쏟아지던 날들〉로 중국 영화의 5세대 감독 이후 활기를 잃어버린 중국 영화계의 차세대 희망으로서 주목을 받았다.

중국의 6세대 영화감독들은 1989년 천안문사태를 경험한 세대로서 새로운 영화 기법뿐만 아니라 서민층에 대한 관심, 그리고 사회성이 짙으면서도 개성 강한 시각을 지닌 것으로 알려진 집단이다. 이들의 작업은 대체로 중국 정부 당국의 환영을 받지 못했고, 경우에 따라서는 종종 상영금지라는 박해를 받기도 했다. 이러한 제작의 어려움은 그들로 하여금 저예산으로 새로운 기법을 적용하는 창의적인 영화를 제작하도록 한 측면도 있다. 중국 내에서 겪은 어려움에 비해 이들의 작품은 해외 영화제에서는 높은 평가를 받았다. 심지어 영화 제작 과정에서 외국 투자를 받는 경우도 많다. 이들의 영화 곳곳에서는 지역에 대한 차별과 계층의 문제, 인간적 소외의 문제나 반정부 성향이 드러나는데, 이러한 점은 쟝웬의 작품들도 예외는 아니다.

중국 문학 연구자인 이욱연은 영화 〈귀신이 온다〉가 중국의 항일 영화가 보여 주던 고정된 공식과 패턴을 일거에 뒤집어 버린 문제작이라고 평가한다. 중국 사회주의 정권 50년간 중국의 항일 영화는 일본의 제국주의적 침탈 행위를 고발하면서 그 아래에서 고통받던 중국 인민을 구제한 것은 중국군이라는 명확한 흑백 구도를 유지해 왔다. 그런데 〈귀신이 온다〉는 이러한 기존의 이미지만 답습하는 것이 아니라 중국 인민에게 가해진 복잡한 억압의 기억도 고스란히 드러내고 있다. 따라서 이 영화의 큰 주제는 사실상 '식민지', '국가', '기억'이다. 영화는 이 문제 자체가 가진 복잡성을 보여 줌으로써 나쁜 침략자와 선량한 민중, 그들을 구제한 새로운 국민국가만으로 이들 문제가 단순히 정리될 수는 없다는 사실을 전달하고자 한다.

복잡다단한 현실을 다루는 영화가 모두 그렇듯이 이 영화 역시 생각해 볼 여지를 다양하게 제공하며 여러 차원에서의 독해가 가능하다. 그중 이 장에서는 다른 무엇보다 국가와 폭력의 문제, 그리고 '국민 되기'의 어려움에 대해서 생각해 보고자 한다.

영화 줄거리

이 영화는 1945년 중국 화북의 어느 일본군 점령 지역인 '암갑산'이라는 마을을 무대로 시작된다. 주인공 마다산은 재혼을 결심한, 그러나 영화 시작 당시 아직 마을 사람들에게는 쉬쉬하고 있는 애인과 밤을 보내고 있었는데, 갑자기 문 밖에서 "나야(오하)"라는 소리가 들려온다. 화들짝 놀라며 조심스레 문을 열자 총구가 마다산을 맞이한다. 얼굴이 나오지 않는 (몇 명인지도 모르는) 중국군은 그에게 총구를 들이대며 큰 자루 두 개를 던져 준다. 여전히 얼굴이 보이지 않는 중국군은 총으로 그를 위협하면서 자루를 일본군에게 들키지도 않고, 신고도 하지 않은 채 잘 보관하고 있으면 닷새 뒤에 찾아가겠

노라고 말한다. 하지만 자루를 일본군에게 들키거나 신고할 경우에는 마을 사람들을 몰살하겠다고 협박한다. 마다산은 바로 옆에 일본인 주둔 초소가 있다며 어떻게 하란 말이냐고 항변하지만 결국 그것을 맡게 된다.

중국군이 두고 간 그 자루들 속에는 일본군인 하나야 코사부로와 일본군 소속 통역관인 동한천이 들어 있었다. 이러한 사실은 일본군에게 지배받고 있던 마을 사람들에게는 그야말로 청천벽력과 같은 소식이었다. 일본군의 눈에 띄지 않고 일본군 포로를 돌보라는 이 명령은 마을사람들을 혼란에 빠뜨린다. 마다산은 마을 사람들을 모아서 회의를 진행하고, 둘을 일본군 주둔 초소에 넘기느냐 마느냐를 두고 입씨름을 한다. 이장은 중국군도 일본군도 화나지 않게 하는 방법은 이 둘을 잘 데리고 있다가 돌려주는 것이라고 말한다.

결국 마다산과 그의 (예비) 아내는 그들을 헛간에 두고서 돌보기 시작한다. 이때까지만 해도 일본군인 하나야는 그들에게 적대적이다. 때문에 통역관 동한천은 중간에서 그의 욕을 완전히 순화해서 통역하는 등 그 수위를 조절한다. 동한천은 하나야를 요리사라고 거짓말을 하기도 하고, 하나야가 밥을 먹지 않고 자결하겠다며 욕을 퍼붓자, 그는 밀가루만 먹는다고 둘러대기도 한다. 당시 밀가루는 교역 금지 물품이었지만 마다산은 일본군을 잘 돌보기 위해 어쩔 수 없이 숙모가 숨겨 놓은 밀가루를 구해 오기도 한다. 하나야가 모욕적인 중국말을 가르쳐 달라고 하자 동한천이 "새해 복 많이 받으세요, 당신은 저의 할아버지, 저는 당신의 아들입니다"라는 말을 가르쳐 주는데, 하나야가 이 말을 욕하는 표정으로 마다산 내외에게 하는 장면에서는 웃지 않을 수 없다. 서로 다른 언어를 매개하는 사람으로서 통역이 가진 권력을 보여 주는 장면이기도 하다.

그러나 닷새 뒤인 섣달그믐에 오겠다던 중국군은 오지 않는다. 그러다가 마을에 주둔하던 일본군 두 명이 마다산의 집에 쳐들어와 닭요리를 해 달라며 그들을 농락한다. 하나야와 동한천은 일본인의 목소리를 알아듣고 군복의 계급장을 떼어 헛간에 들어온 닭에게 매달아서 자신들이 여기 있음을 알리고 탈출을 시도하지만 실패한다. 마다산과 마을 사람들은 이 일을 계기로 둘을 어떻게 할지를 두고 더 큰 고민에 빠진다. 처음에는 며칠이면 끝날 것 같았던 마을 사람들과 포로의 관계는 몇 달로 늘어난다. 영화는 초반에 일본군의 행진을 반기는 아이들과 이들에게 사탕을 나눠 주는 일본군의 모습을 통해 일본군과 마을의 관계가 단순히 지배와 억압의 관계만이 아님을 흥미롭게 보여 주는데, 이러한 상황에서 마을 사람들에게 닥친 예기치 못한 이 사건은 중국군과 일본군 사이에서 이중으로 억압받았던 개인의 모습을 단적으로 보여 주기 위한 중요한 장치이다.

마을 사람들은 결국 다시 회의를 열고 그들을 죽이기로 결정한다. 결국 제비뽑기를 통해서 마다산이 그들을 죽이기로 하지만 그는 시늉만 하고 실제로는 아무도 죽이지 못한다. 마을 사람들은 이를 알고 더욱 혼란에 빠지고, 마을의 큰 창고에 이들을 숨겨 두고 먹을 것을 주며 돌보게 된다. 하루는 창고까지 들어온 아이에게 그들이 "일본인이 큰 벽 속에 있다"라는 말을 가르쳐 암갑산 마을에 정기적으로 돌아오는 일본 해군에게 자신들이 잡혀 있음을 알리려고 하지만, 이 역시 저지된다. 이 일을 알게 된 마을 사람들은 이제는 그들을 정말 죽이기로 결심한다. 그리하여 마을 사람들은 읍내에 있는 과거 망나니로 유명했던 '단칼의 리우'를 찾아가서 하나야와 동한천을 대신 죽여 달라고 부탁한다. 그러나 단칼의 리우 역시 그들을 죽이지 못한다.

어느새 하나야와 동한천이 마을에 온 지도 6개월 이상이 흐른다. 마을 사람들은 포로들을 극진히 돌보는 가운데 결국 자신들에게 위협이 될지 모르는 그들을 결국 죽이지 못한다. 그리하여 그들은 하나야와 동한천을 계속

가둬 두기는 하면서도 먹을 것을 주고, 수염도 잘라 준다. 하나야는 마을 사람들에게 자신들을 일본군에게 데려다주면 포상으로 온 마을이 일 년 내내 먹을 수 있는 두 수레의 곡식을 받을 수 있다고 귀띔한다.

마을 사람들은 다시 심각하게 회의를 한다. 그들은 하나야와 동한천을 불러 하나야의 제안이 실현 가능한 것인지를 두고 심문을 한다. 이때 동한천의 통역은 그 어느 때보다 정확하다. 그들은 그제야 자신이 같은 고향에서 온 군인임을 밝히면서 마을 사람들이 6개월 동안 자신들을 잘 돌봐 주었다는 내용의 문서에 지장을 찍어 마을 사람들의 목숨도 보전하고, 보상으로 곡식도 주겠다는 약속을 한다.

그렇게 하나야는 마다산과 몇몇 마을 사람과 함께 육군 부대로 돌아간다. 하지만 그를 기다리고 있는 것은 환대가 아니었다. 이미 죽어서 영웅이 된 하나야가 살아서 돌아온 것은 일종의 수치였다. 사실 일본군 대장은 이미 일본이 패전했다는 공식 전보를 접한 상태였다. 그러나 대장은 마을 사람들이 하나야를 잘 돌봐 주었다는 내용의 문서에 찍힌 하나야의 지장을 보고서는 약속을 지켜야 한다면서 두 대의 수레에 네 대의 수레를 더한 여섯 대의 수레를 대동한 채 군대를 이끌고 마을을 직접 방문한다. 암갑산 마을 사람들과 마을에 주둔하고 있는 해군, 그리고 하나야가 속해 있던 육군은 마을에서 신나는 잔치를 벌인다. 수상쩍고 아슬아슬한 분위기 사이로 흥이 오르고 잔치가 무르익을 즈음에 일본군 대장은 본색을 드러낸다. 그는 하나야를 마을로 데려온 자를 대라면서 마을 사람들을 학살한다. 그런데 당시 마다산은 아이를 낳으러 친정에 간 아내를 데려오기 위해서 옆 마을에 갔다가 뒤늦게 잔치에 참석하려는 길이었다. 그는 돌아오는 길에 불에 타고 있는 마을을 발견한다. 마을 사람들의 호의는 칼이 되어 돌아오고 만 것이다.

영화 초반이 일본군 하나야와 통역관 동한천, 그리고 마을 사람들 간에 벌어지는 코믹한 관계로 채워졌다면, 이후 영화의 어조는 일본군의 잔혹한 학살과 함께 중국군에 의한 또 다른 지배의 면모를 보여 주며 급격히 변화한다. 마을 사람들이 학살되던 날은 종전이 선포된 1945년 8월 15일이었다. 전쟁은 끝나고, 읍내로는 중국군을 비롯한 연합군이 들어온다. 암갑산 마을 사람들을 학살한 일본군은 패전과 함께 연합군의 포로가 된다. 마다산은 이후 담배팔이로 위장하고는 일본군이 있는 수용소에 들어가 도끼로 그들을 공격한다. 하지만 그는 결국 잡히고, 포츠담 선언을 파기하려고 한 테러리스트로 공개처형을 당한다. 전쟁이 거의 끝나 가던 당시 일본의 패전 선언 이후 일본군은 이미 항복을 선언했기에 합법적으로 죽일 수 없는 대상이 되고, 마을 사람들의 학살에 대한 마다산의 보복은 결국 중국군에 의해 종전을 인정하지 않는 폭도의 행위로 규정된 것이다. 그를 처형한 것은 그가 6개월 이상을 돌봐 주었던 하나야 코사부로였으며, 이를 허락한 것은 중국군이었다. 시종일관 흑백이었던 영화는 마지막 장면에서 목이 잘린 마다산의 시선과 함께 컬러로 전환된다.

재미있고 희극적인 영화를 기대했다면 〈귀신이 온다〉는 즐기기에 버거운 영화일 수도 있다. 하지만 진지한 역사 영화로 생각하고 본다면 자잘한 웃음거리로 가득 찬 영화이기도 하다. 물론 일본군 치하에서 중국군의 명령으로 일본군 포로를 보호한다는 사태의 심각성을 아는 관객의 입장에서는 조마조마하고 아슬아슬한 상황이 지속되며, 결국 불길한 예감대로 비극을 맞이하는 영화이기도 할 것이다. 영화를 보다 보면 말을 타고 이 지역을 순회하는 일본군 군악대 음악이 끝없이 반복되는데 그 소리가 귀에 박힐 지경이다. 영화에서 군악대의 음악은 일본군의 위협이 가까이 있음을 쉼 없이 일깨워 주며 불안을 고조한다.

사실 포로의 처리를 둘러싸고 지지부진한 시도가 계속 이어지는 부분

군악대가 연주를 하며 마을을 돌아다닌다.

에 이르면 관객은 마을 사람들과는 달리 상황을 알고 있다고 생각하기 쉽다. 전쟁의 결말이나 구도에 대해서 일반적으로 가지는 상식은 관객으로 하여금 영화에서 벌어지고 있는 상황을 이미 안다고 생각하게 만든다. 그러나 갑자기 영화가 파국으로 치달으며 마다산의 죽음으로 이어지는 순간 중국과 일본에 대해서, 그리고 제2차 세계대전의 결말에 대해서 다시 생각해 볼 수밖에 없게 된다. '아니 이건 뭐지'라고 생각했다면 영화는 관객을 생각하기의 과정으로 이끄는 데 성공한 것이다.

물론 다시 생각하기의 과정은 쉽지 않다. 그리고 일단 흑백의 이분법적인 세계 인식을 벗어던지면 누구나 동의할 수 있는 결론이란 존재하기 어렵다. 그러므로 이 영화에서 가장 중요한 측면은 기존의 공식적 역사 서술의 틀에서 벗어나 일반 민중이 실제 경험했던 역사적 경험에 대해 논의할 수 있는 장을 열었다는 것이다. 따라서 관객 역시 이 영화를 보면서 기존에 가진 생각의 틀을 깨는 데 집중할 필요가 있다. 때문에 역사에서 가해자와 피해자가 누구인지에 대해, 식민지 경험이나 태평양전쟁의 참상에 대해 이미 알고 있다는 생각은 잠시 접어 두고, 이 영화가 던지는 질문에 대해서 함께 생각해 보고자 한다.

01 귀신은 누구인가?

이 영화를 보고 나서 가장 쉽게 던질 수 있는 질문은 '귀신은 과연 누구인가'이다. 아마도 귀신 후보로 제일 유력한 것은 일본군일 것이다. 중국군이 던져두고 간 자루 속에 들어 있었던 것도, 결국 끈질기게 살아남아서 마을 사람들을 죽음에 이르게 한 것도 일본군이기 때문이다. 그리고 실제로 이 시기에 중국을 침략하여 지배한 것도 일본이다. 심지어 마지막에 주인공 마다산을 처형한 것도 결정은 중국군이 했을지 모르지만, 집행은 자루 안에 들어 있던 일본군 하나야의 손으로 이루어졌다는 점 역시 이 영화에서 귀신같이 다가온 존재를 일본군으로 해석할 수 있음을 뒷받침해 준다.

그러나 문제는 그렇게 단순하지 않다. 이미 일본이 패전했음에도 마다산은 처형당한다. 새로운 시대의 질서를 수호하기 위해서 마다산을 처형하기로 결정한 것은 중국군이다. 또한 애초에 갑자기 들이닥쳐서 막무가내로 자루 두 개를 던져 놓고 간 것도 중국군이었다. 마을 사람들 입장에서 보면 전쟁의 결말은 알기 어렵고, 어느 쪽 말을 들어야 할지 알 수 없기는 마찬가지이다. 결국 마을 사람들이 처한 곤란한 상황을 헤아려 줄 권력자는 없다. 그러니 이 영화에서 일본군과 중국군 모두 마다산에게는 '귀신'과 다름없다고 결론을 내릴 수 있다. 이렇게 선량한 민중 대 이들을 희생시키는 사악한 권력자라는 구도로 영화를 파악하는 입장은 전쟁을 국가 대 국가, 혹은 국민 대 국민의 대결로 보면서 민중의 입장을 따로 고려하지 않는 관점에 비해서

하나야는 풀려나는 대가로 곡식을 주기로 하고 진영으로 돌아간다.

는 어느 정도는 진전된 시각이라고 할 수 있다.

그런데 마을 사람들은 선량하지만 무지몽매한 사람들이고 권력자들은 모두 한편이라고 파악하는 입장에 대해서도 좀 더 깊이 생각해 볼 필요가 있다. 여기에서 앞날의 상황이 어떻게 전개될지 알 수 없는 건 단지 마을 사람들만이 아니다. 포로로 잡힌 하나야나 일본군 대장이나 처형을 행하는 중국군 역시 자신의 운명을 스스로 결정할 권한이 있어 보이지는 않는다. 내가 하는 행동이 늘 올바른 것인지에 대한 판정은 결국 나라는 존재의 생활 세계 밖에서 오며, 결정적인 순간이 오기 전까지는 그 결과를 알 수 없다. 특히 세계적 전쟁이라는 상황은 어제의 아군을 적군으로 바꾸어 놓을 수도 있고, 그로 인해 생겨난 새로운 국가는 어제와는 다른 논리를 요구하기도 한다. 영화에서 보듯이 새로운 세계의 질서는 어제의 지배자를 포로로 바꾸어 놓았지만, 그렇다고 해서 어제의 피지배자가 주인이 된 것은 아니었으며 오늘의 지배자가 영원해 보이지도 않는다. 그런 의미에서 본다면 마을 사람들의 행동은 어리석어 보일 수도 있지만, 간단히 어리석다고 판단하고 말 일은 아니다. 각자 주어진 조건에서 그 상황을 타개하기 위해 최선을 다함에도 바깥에서 오는 큰 힘이나 개개인의 판단을 넘어서는 더 큰 논리에 의해서 삼켜지기 때문이다.

이 시기에 세계를 지배하기 시작한 것은 국민국가라는 논리였다. 19세기 후반에 이르면서 그 이전에 국가체제를 갖추지 않았던 국가라고 할지라도 세계 주민의 대부분은 제국주의적 침략에 편입되어 국가의 지배를 경험하게 되었다. 특히 동아시아 지역은 식민지 지배를 경험하기 이전부터도 역사적으로 강한 국가의 존재에 익숙해 있었다. 그렇다면 이 시기의 새로운 점은 무엇이었는가? 그것은 민족주의에 근거한 국민국가를 형성하고자 하는 움직임이 두드러지게 나타난 것이다. 어느 나라 사람이고 어디 국민인가라는 의식이 지금에 와서는 개인의 정체성에 있어 매우 중요한 규정력으로 작용하고 있지만 실상 역사적으로 늘 그래 왔던 것은 아니었다.

영화 〈귀신이 온다〉는 중국인이기 때문에, 그리고 일본인이기 때문에 바로 적이 되고 동지가 되는 상황이 아직은 낯설었던 시기를 보여 준다. 국민국가의 논리가 공고화된 지금의 시각에서 보면 국가 중심의 역사 인식이 당연해 보이기도 하지만, 영화 속의 마을 사람들은 일본군 지배하에 있음에도 독립국가에 사는 현대인에 비해 국가 간 적대 양상에 덜 얽매여 있다. 비극은 그러한 국가라는 체제, 그리고 국가들 사이의 질서가 수립되어 가는 추세를 그들이 좇아가지 못했다는 점에서 비롯되었다.

이렇게 볼 때 이 영화에서 귀신이란 어느 한 대상을 지칭하는 것이라기보다는 분명 세상에 존재하고 있지만 의식하지 못했던 힘, 그것이 내 삶을 갑자기 뒤흔들게 되는 순간을 가리키는 것일지도 모른다. 분명히 존재하고 있지만 생각하지 못하고, 또 알아도 외면했던 존재들이 내 삶에 갑자기 등장해서 운명의 물길을 바꿔 놓는 순간, 그것이 바로 내 문 앞에 귀신이 나타나는 순간이 아닐까. 물론 '귀신이 누구인가'라는 질문에 대한 답은 관객마다 달라질 수 있다. 중요한 것은 영화를 보기 전에는 하지 못했던 생각을 하게 되고, 역사와 개인에 대해 새로운 성찰을 할 수 있다는 것이다.

02 국가와 폭력

동아시아에서 국민국가 체제가 자리 잡는 과정은 쉽지 않았다. 일반적인 서구의 역사 인식에서는 제1차 세계대전 말기 미국의 대통령 우드로 윌슨이 선언한 민족자결주의를 그 출발점으로 보고 있다. 이 선언에 따라 제2차 세계대전이 끝날 무렵부터 식민 지배하의 민족들이 독립된 국민국가를 수립하게 된 것으로 보는 것이다. 또한 이에 따라 종전 이후 평화 속에 미소 양 진영의 냉전을 경험한 것으로 규정한다. 그러나 한국의 경험만 보아도 식민지 독립 이후의 역사는 험난했다. 1948년 4·3사건이나 한국전쟁은 한반도의 주민들이 식민지 지배에서 벗어나 국민국가를 수립하는 과정에서 겪은 고통을 보여 주며, 실제로 이 과정을 겪으면서 한반도는 현재까지도 불완전한 국민국가 체제로서 분단 상태에 머물러 있다.

인종적 동질성이 비교적 높고 국가의 역사가 오랜 지역에 사는 우리는 일반적으로 민족의 역사가 매우 오래되었다고 생각하며, 민족을 '상상의 공동체'로 보는 시각에 반감을 느끼기 쉽다. 민족의 실체에 대한 우리의 믿음은, 민족이라는 범주를 매개로 이루어진 식민시대 속 저항의 경험을 통해서 더욱 굳어져 왔다. 그러나 근대적 개념으로서의 민족이란 동아시아는 물론 한국에서도 새로운 것이었다. 근대적 민족 개념의 핵심에는 모두가 평등한 민족의 일원이라는 생각이 담겨 있기 때문이다. 신분의 구별 없이 누구나 민족의 동등한 구성원이라는 생각은 근대 이전에는 존재하지 않았으며, 근대적 이념으로서 민족주의를 성공적으로 이끈 것은 바로 이 평등에 대한 열망이었다. 따라서 언어나 습속, 생김새 등을 공유하는 막연한 공동체로서의 민족 개념과 근대적인 민족 개념은 구분해야 한다.

이러한 새로운 민족 개념은 특히 식민지 지배를 받는 국가에서 큰 영향력을 발휘했다. 이는 구체제의 신분 질서를 뛰어넘고자 하는 계급적 해방의 열망과 식민지 지배로부터 독립하여 신분 해방을 이룰 수 있는 새로운 국가를 수립하겠다는 두 가지 열망이 민족주의에 기반을 둔 독립국가·건설에 함께 자리 잡고 있었기 때문이다. 이 두 가지 열망은 식민지 독립운동 어디에나 공존하고 있었지만, 그 둘 사이의 관계는 지역마다 다르게 나타났다. 현실적으로 모든 사람이 완전히 평등하고 식민 지배의 영향에서 전적으로 자유로운 신생 국가는 없었다고 할 때, 해방의 열망 가운데 어떤 부분이 왜 좌절되었는가는 경우마다 달랐던 것이다.

중국의 경우 서구의 근대 문명과 국제 질서에 노출되기 전 중화 문명이라는 기치 아래 느슨하게 통합된 다민족 제국이었다면, 개항과 이후 외세의 지배를 받는 과정에서의 중국은 한족 민족주의를 발전시켜 나가기 시작했다. 중국은 개항 당시 한족이 아닌 청나라의 지배하에 놓여 있었으며, 외세에 대한 대응으로 높아져 가던 민족주의적 의식은 청나라의 정당성을 더욱 급격히 약화시킬 수밖에 없었다. 이후 중화민국이 수립되었지만 제국주의에 저항하는 과정에서 중국군이 주도권을 가지면서 중국의 지도층은 분열되었고, 제2차 세계대전 당시 연합국의 일원으로서 승전국이었던 중국은 1949년에 중화인민공화국을 수립하면서 서방 세계와 결별하게 되었다.

이러한 정치적 격변의 과정은 한 개인이 그저 생활 세계의 윤리를 따라 살 수 없게 만들었다. 영화에서도 볼 수 있듯이 동네 사람들끼리의 인정이나 가족 간의 의리, 혹은 차마 외면할 수 없는 사람의 도리 같은 것을 따라 살다 보면 예상하지 못한 큰 위험에 처하기도 하였다. 전쟁 중의 우연한 선택이 죽음과 삶을 가르는 것 역시 드물지 않은 일이었다. 우리는 일반적으로 근대 국가가 개인 간의 사적인 폭력 행사를 제재하고 폭력을 행사할 권한을 독점하는 대신 국가가 폭력을 집행하는 것은 법률에 따랐다고 알고 있다. 그러나 실제 역사적 경험은 국가는 폭력을 막는 존재라기보다는 종종 폭력의 주체였음을 보여 준다. 전쟁 중에 일어난 민간인 학살뿐만 아니라 역사적으로 이루어진 주요한 폭력적인 인권 유린의 현장에는 대부분 국가의 비호가 있었다.

국가는 실제로 폭력을 행사하는 주체일 수도 있고, 폭력을 막고 개인을 보호하는 존재가 될 수도 있다. 국가의 억압성을 경험하다 보면 국가가 문제

마나산은 일본군 수용소를 공격하다 잡혀 처형을 당한다.

의 근원인 듯하지만, 실제로 국가의 보호를 받지 못하는 난민이나 합법적으로 체류할 자격을 갖추지 못한 이민자가 당하는 고통을 보면 국민국가를 위주로 짜인 정치질서 속에서 국가 없이 살아가는 것이 얼마나 어려운 일인지도 알 수 있다.

결국 중요한 것은 국가가 가진 이러한 양면성을 이해하는 것이고, 또 20세기 초 이래 국가가 자행해 온 수많은 폭력을 인지하는 것이다. 이러한 폭력을 은폐하기 위해 가장 많이 사용되어 온 논리가 냉전의 논리였다. 우리 사회는 적과의 대치 상황에 있기 때문에 무고한 사람이 희생되는 것도 어느 정도 용인할 수밖에 없고, 모르고서라도 잘못된 편에 섰다면 처벌을 받아야 한다는 것이다. 결국 전쟁 상황이 아님에도 사회생활 곳곳에 스며 있는 전쟁의 논리는 폭력을 정당화하고 정의란 현실에서 실현되기 어렵다는 체념을 끌어낸다.

하지만 전쟁 이후에도 계속되는 전쟁과 폭력의 논리는 국가에 의해서만 자행되어 온 것은 아니다. 역사적인 사건이나 한 개인의 경험이 다른 위치에서 보면 달리 보일 수도 있으며, 국가나 민족을 고정된 실체로 절대화하는 것이 폭력적인 결과를 낳을 수도 있음을 성찰하지 않은 채 국가의 논리만 따라갈 경우 개인 역시 폭력의 주체가 될 수 있다.

마다산은 하야오에 의해 목이 잘리는 순간에서야 일본의 패전으로 세계가 바뀌었지만 정말 바뀐 것도 아님을 깨닫는다. 이를 영화에서는 이제까지 흑백이던 세계가 천연색으로 바뀌는 것으로 보여 준다. 이는 이제까지 중국의 현대사를 단지 영웅적인 항일 전쟁 위주로 보면서 일본은 악으로, 중국군은 선으로 그려 온 역사서술의 한계에 대해 눈을 뜬 것이라고 할 수 있다. 그러나 천연색이 되었다고 해서 그 이후 세상의 모습이 단박에 분명해지는 것도 아니고, 한 번으로 성찰이 완결되는 것도 아니다. 오히려 흑백의 세계에 비해서 세상은 더 혼란스러울 수도 있다. 다양한 시각과 함께 민중이 직접 경험한 폭력과 고통에 대해서 직시하는 것은 쉬운 일이 아니다. 그럼에도 영화의 마지막 장면으로 긴 여운을 남기는 마다산의 잘린 머리가 말해 주는 것은 우리가 살아가기 위해서는 이 어려운 작업을 쉽게 그만둘 수 없다는 사실이다.

참고문헌

1. 강진아, 『문명제국에서 국민국가로: 중국, 기획강좌 근대의 갈림길 1』, 창비, 2009.
이 책은 한·중·일 3국의 현재를 형성하는 데 결정적 분기점이 된 19세기 말과 20세기 초의 근대 이행기를 총체적으로 살피는 동아시아 역사교양서 시리즈 중에서 중국을 다룬 것이다. 이 시리즈는 동아시아의 역사를 살펴보는 과정에서 일반적으로 제국주의로 상승한 일본, 반식민지로 바뀐 중국, 식민지로 전락한 한국이라는 일국적 인식에서 벗어나 각국의 근대화 과정을 서로 엇갈리면서도 동시에 얽힌 하나의 지역사라는 관점에서 접근하고 있다. 이 책에서는 특히 왜 중국은 서구와 일본에 뒤처졌는가라는 질문을 던지고 있다. 청조 붕괴와 중화민국의 탄생은 강렬한 한족 민족주의에 기초하여 이민족 정권인 청조를 타도하고 서구식의 '국민국가'로 재탄생을 꾀하는 것이었다. 이는 결코 순조로운 과정이 아니었으며, 특히 개항의 충격 당시 중국은 이민족 왕조의 지배하에 있었기 때문에 한족 민족주의가 색깔을 분명히 하는 과정에서 이민족 왕조의 정당성은 갈수록 약화되고, 정부는 반란의 진압에 역량을 소모해야 했으며, 내부 통치를 공고히 하기 위해 외부 열강에 타협적으로 될 수밖에 없었다는 것이 저자의 주장이다.

2. 권헌익, 『또 하나의 냉전: 인류학으로 본 냉전의 역사』, 민음사, 2013.
저자는 서구에서의 냉전이 오랜 평화이자 상상의 전쟁이었다면, 한국과 베트남을 비롯한 동아시아에서의 냉전은 내 가족과 이웃의 목숨이 걸린 폭력적인 전쟁이었다고 강조한다. 제주 4·3사건과 베트남 전쟁은 이와 같은 주변부 냉전의 성격을 고스란히 보여 주는 역사적인 사건이며, 냉전이 결코 뜨거운 전쟁이 없는 상태가 아니었다는 증거임을 역설한다. 한편 1989년 베를린 장벽이 무너지고 이후 소련이 해체되었다고 해도 냉전이 끝났다고 보기는 어렵다. 반대편에서 희생당한 혈육은 공식적인 추모도 어렵고, 사상은 여전히 검열 대상이다. 따라서 공식적인 서사에 따라서 냉전의 시작과 끝을 이야기하는 것이 아니라 나라마다 또 개인마다 달리 경험한 냉전을 보아야 함을 강조한다. 전쟁과 폭력의 경험을 되돌아볼 때 국가의 공식 기억뿐만 아니라 서구 학계의 지배적인 틀 역시 의심의 대상으로 삼을 필요가 있음을 지적한다는 점에서 이 책의 주장을 되새겨 볼 만하다.

3. 미야자마 히로시, 「동아시아의 근대화, 식민지화를 어떻게 이해할 것인가?」, 임지현·이성시 엮음, 비판과 연대를 위한 동아시아 역사포럼 기획, 『국사의 신화를 넘어서』, 휴머니스트, 2004.

2003년 가을부터 역사학계와 시민사회를 들끓게 했던 중국의 고구려사 왜곡시비, 일본 고이즈미 총리의 독도 발언과 이를 둘러싼 문제가 불거진 즈음에 발간된 책이다. 이 시기에 역사를 둘러싼 동아시아 내부의 역사 갈등은 서로 다른 '국민의 역사'가 충돌하는 현장을 보여 주었다. 이 책에서 주장하는 것은 민족주의 역사의 구성은 단지 학계 내에서 과거를 어떻게 보는가라는 추상적인 의제가 아니라 현실의 이해와 직결되는 문제라는 점이다. 동아시아 각국의 주민이 모두 자국의 공식 입장만 반복한다면 우선 갈등을 해결할 가능성이 없고, 또한 그 국가의 공식적인 서술이 국가 내 다수의 시각을 배제하고 있음을 깨닫게 된다는 점에서 읽어 볼 필요가 있다.

4. 안상혁·한성구, 『중국 6세대 영화 삶의 본질을 말하다』, 성균관대학교출판부, 2008.

이 책은 장위엔(長元) 감독을 비롯해 왕샤오솨이(王小師), 로우예(婁燁), 지아장커(賈樟柯) 등 중국의 영화 문화를 이끌어 가는 6세대 감독을 소개하고, 그들 작품의 지향점과 특장점을 살펴보고 있다. 중국 6세대 영화감독은 서구 문화에 편승한다는 명목으로 중국에서는 상영 금지 처분을 많이 받아 왔으나, 해외에서는 더 큰 인정을 받으며 실제 중국 문화의 지형을 바꿔 놓았다. 이 책은 국내에서 중국의 6세대 영화가 많이 상영되지 않은 점을 고려해 영화의 줄거리를 충실히 소개하고 그에 따른 시사점을 다루고 있으므로 6세대 영화의 특징을 이해하고자 하는 사람에게 큰 도움이 된다.

5. 이욱연, 『중국이 내게 말을 걸다: 이욱연의 중국 문화기행』, 창비, 2008.

저자는 한중 수교 이후 중국 본토 유학 1세대이며, 이 책은 중국의 수도 베이징에서 창강(長江)의 오지까지 구석구석을 누비며 쓴 문화기행서이다. 한국인의 시각과 현장감을 결합했다는 점에서 중국 문화를 이해하는 데 도움을 준다. 또한 〈패왕별희〉, 〈첨밀밀〉 등 익숙한 16편의 중국 현대 영화 비평을 곁들여 중국 현대사의 맥락 속에서 쉽고 재미있게 중국 문화를 이해하는 데 큰 도움이 된다.

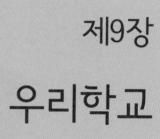

제9장

우리학교

진실의 수행과 연대

한길석

우리학교

감독: 김명준

2006년, 한국

김명준 감독의 6mm DV 다큐멘터리 〈우리학교〉(2006)는 '혹가이도 조선초중고급학교'의 1년간의 일상을 고급부 3학년생을 중심으로 담아내고 있다. 독립다큐멘터리 영화로서는 무척 이례적이게도 이 영화는 평단과 관객 모두에게 많은 지지를 받았다. 특히 조총련계 재일 조선인 학교의 일상을 담아냈음에도 불구하고, 다양한 연령대의 시민에게 좋은 반응을 얻었다. 한국의 시민사회가 이전보다 성장했음을 보여 준다.

이 영화는 2006년 제11회 부산 국제 영화제 와이드 앵글(Wide Angle: 단편영화, 애니메이션, 다큐멘터리, 실험영화) 부문에서 운파상을 공동 수상했다. 독립 다큐멘터리 영화는 대체로 영화제에서 호평을 받더라도 시장에서는 외면을 받는다. 하지만 이 작품은 그러한 운명을 따르지 않았다. 비록 소수의 예술 영화관에서 상영을 시작했지만 이내 일반 상영관에서의 흥행으로 이어졌다.

그러나 독립 다큐멘터리의 성취는 유명세와 금전적 성공에 있지 않다. 다큐멘터리의 존재 의미는 진실의 추구에 있기 때문이다. 진실의 문제는 다큐멘터리 작가와 관객 모두에게 난제일 수밖에 없다. 특히 '~으로부터의 독립'을 추구하는 다큐멘터리를 만들거나 보는 이들에게 이 문제는 더욱 어려운 것으로 다가온다. '독립'은 자본과 권력으로부터의 그것으로 한정되는 것만은 아니기 때문이다. '독립'은 억압하는 것에 대한 대결 과정에서 얻어진다. 억압은 자본과 권력처럼 외부에서 작용하기도 하지만, 자아의 내부에 존재하기도 한다. 내외에서 제기되는 이중적 극복의 문제를 회피하지 않고, 저

학생들이 합창 연습을 하고 있다.

항의 문답을 치열하게 수행할 때 우리는 마침내 독립과 자율의 의미를 깨닫게 된다. 그리고 영화가 증언하고 있는 삶과 관객의 인생이 공명하는 연대의 계기를 경험하게 된다. 우리는 〈우리학교〉에서 이러한 자립적 의식의 성장과 연대 의식을 경험할 수 있다. 하지만 만족스러운 것은 아니다. 이 작품에 대한 비판을 통해 우리는 진실의 수행과 연대 의식의 성취에 대해 조금 더 깊은 탐색을 시도해 볼 것이다.

영화 줄거리

일본의 홋카이도 삿포로시에는 한 '이상한 학교'가 있다. 정식 교육기관으로 인정받지 못한 이 학교의 이름은 '혹가이도 조선초중고급학교'이다. 한국에서는 조총련으로 불리는 총련계 재일 조선인 학교이다. 전교생이 162명인 이 학교의 선생님은 27명이다. 초급부 1학년부터 고급부 3학년까지 학년당 한 개 학급만으로 이루어져 있다. 그래서인지 학생과 선생님의 관계는 가족과 같이 끈끈하다. 홋카이도는 한반도의 3/4 정도의 크기이지만, 재일 조선인 학교는 '혹가이도 조선초중고급학교'가 유일하다. 따라서 30여 명의 학생은 기숙사 생활을 한다.

〈우리학교〉는 고급부 3학년의 1년을 담아내고 있다. 재일 조선인의 존재 자체를 인지하지도 못하고 있는 일본 사회에서 총련계 조선인 학교에 다닌다는 것은 여간 힘든 일이 아니다. 일본에서 재일 조선인 학교는 북한 정권과 동일시되고 있기 때문이다. 어려운 점은 일본 사회의 차별에만 있는 것은 아니다. 대부분 재일 조선인 3~4세대인 학생들은 정체성의 혼란이라는 내적 문제도 겪고 있다. 선생님들도 예외는 아니다. 차별과 정체성 혼란이라는 동일한 경험은 학생과 교사 간의 긴밀한 유대를 낳았다. 학생들은 선생에게 헤드락을 걸거나 게걸스레 라면을 먹는 담임을 안쓰럽고도 대견스러운 표정으로 바라보기도 한다. 이곳 선생들의 모습은 여느 학교와 다르다. 그들은 친근한 동무이자 잠자리와 음식을 챙겨 주는 부모이기도 하다. 물론 이 학교에도 문제와 갈등은 존재한다. 임원 학생과 일반 학생 사이에서 벌어지는 미묘한 갈등과 여학생에게만 적용되는 저고리 교복 문제 등이 그것이다. 일상생활의 민주화라는 문제는 남쪽이나 북쪽이나 모두 쉽지 않다.

재일조선인 공동체에 대한 일본 사회의 무관심과 차별은 일상의 여러 곳에서 나타난다. 재일 조선인 학교는 정식학교가 아니라 '각종학교'로 분류되어 사설 학원 취급을 받는다. 이런 이유로 학교 대항 체육대회에 참가하는 데에도 어려움이 많으며, 졸업을 해도 대학 수험 자격을 인정받기 어려운 실정이다. 물론 모든 일본인이 그들을 차별하는 것은 아니다. 재일 조선인 학교를 도와주는 일본인 교사 모임도 있으며, 일본인임에도 이 학교에서 교사로 일하는 후지시로 류스케와 같은 사람도 있다.

일본 주류 사회로부터 받고 있는 차별 때문에 학생들의 일상은 조선인 공동체의 존재를 확인하고자 하는 활동으로 채워진다. 학생들이 하는 공부, 축구 시합, 합창은 개인의 즐거움을 위해서만 하는 것이 아니었다. 그것은 차별의 운명을 감내하고 사는 모든 재일 조선인에게 힘을 주기 위한 활동이기도 하다. 일본 학교와 벌인 친선 축구 시합에서 학생들이 필사적으로 노력했던 것도 다 이런 이유 때문이다.

북녘으로의 수학여행은 학생들을 들뜨게 한다. 이 여행은 학생들에게 국외자로서의 고립감을 떨쳐내게 하는 지지대로 작용한다. 하지만 학생들의 '조국방문'은 순탄치 않다. 우선 그들은 외국인용 재입국 신고서를 작성해야 한다. 재일 조선인의 국적 문제는 복잡하기 때문이다. 3학년 22명의 국적은 일본 1명, 한국 4명, '조선' 17명 등으로 다양하다. 출입국 항구에서 진 치고 있는 일본 우익들의 시위는 위협적이다.

고급부 3학년은 졸업 후 진학을 하거나 사회에 진출해야 한다. 일본 주류 사회의 억압에서 보호해 줄 울타리가 되어 준 학교를 벗어나 아이들은 이제 더 힘든 싸움을 홀로 감내해야 한다. 선생님과 후배들, 그리고 동포 사회가 보여 준 사랑을 마음속에 새기며 그들은 졸업식을 마친다.

영화로 생각하기, 생각하며 영화 보기

01 다큐멘터리적 '진실'의 수행적 의미: 능동적 해석 행위와 연대 의식

　　다큐멘터리(documentary)에 대한 엄밀한 규정은 사실 가능하지 않다. 물론 대충이나마 다큐멘터리와 극영화를 다음과 같이 구분해 볼 수는 있다. 다큐멘터리는 극영화와 달리 허구의 이야기를 만들지 않고 현실에서 일어난 사건을 되도록 그대로 담아 메시지를 전달하는 작업이다. 하지만 현실과 허구의 경계선이 분명하게 그어지는 것은 아니다. 다큐멘터리에서도 극영화와 마찬가지로 연출자의 주관이 개입하기 때문이다. 다큐멘터리는 현실적 사건을 드라마화해서 전달하기도 하고, 현실 소재를 선택적으로 조합하기도 하며, 특수효과를 사용하는 것은 물론이고, 내적 심리 상태를 비현실적 기법을 가지고 묘사하기도 한다. 이렇듯 다큐멘터리는 객관성과 주관성이 혼합되어 있다. 그렇다면 과연 다큐멘터리는 현실을 진실하게 묘사하고 있는가? 그것은 정말로 진실성을 추구하는 것일까?

　　다큐멘터리적 진실의 추구는 현실에 대한 기계적 기록을 통해서만 이루어지는 것이 아니다. 대부분의 다큐멘터리는 객관적 관찰의 외피를 두르고 실제 사건을 채록하고 있는 듯 보이지만, 실제로는 주관적 구성 요소가 산재해 있다. 연출자는 주관적 계획과 의도를 가지고 촬영을 진행하며, 이러한 주관적 구성은 편집을 통해 완성한다. 관객은 화면 밖에 존재하는 연출자의 주관적 관점에 의해 인도되는 것이다. 연출자의 시선과 목소리는 신격화되어 진실에 대한 불편부당한 시선으로 여겨지곤 한다.

그렇다면 관객은 객관적 진실을 목격한 것이 아니라 연출자의 주관적 관점을 일방적으로 주입받은 것일까? 그렇게만 볼 수는 없다. 다큐멘터리적 진실이 연출자의 주관에 의해 해석된 것이라는 사실을 깨닫게 되는 순간, 관객 또한 이러한 구성 과정을 자체적으로 수행할 수 있다는 생각에 도달하기 때문이다. 관객은 지금 보이는 사건에 대한 해석 과정에 능동적으로 참여함으로써 다큐멘터리적 진실을 구성하는 행위를 관람을 통해 수행한다. 필름에 채록된 현실은 보이는 그대로를 찍은 것이 아니라 해석된 것을 찍은 것이다. 다큐멘터리를 만드는 이가 사건에 대해 어떤 관점과 가치를 지니고 촬영에 임하는가에 따라 기록되는 영상은 달라진다. 마찬가지로 관객이 어떤 상황과 맥락 속에 있고, 그들이 지닌 관점과 믿음이 무엇인가에 따라 해석되는 내용은 매번 달라진다.

그렇다고 해서 '다큐멘터리는 허구에 불과했다'는 호들갑스러운 절망에 빠질 필요는 없다. 오히려 우리는 현실과 허구의 경계에 얽매이지 않고, 의미의 자유로운 재구성을 통해 실재에 대해 성찰해 보는 경험을 풍부하게 얻을 수 있다. 자유롭고도 독립적인 반성 경험을 통해 우리는 독립적 자기의식의 성장을 성취하게 될 것이다. 더 나아가 능동적 관람을 통해 제작자, 출연자, 관객 간의 분할에서 벗어나 참여자적 관점으로 전환함으로써 우리는 삼자 간의 연대를 지향하는 의식 경험의 도정에 나서게 된다.

(1) 다큐멘터리적 '진실'의 간략한 역사

다큐멘터리라는 말은 1926년에 영국의 영화감독이자 비평가인 존 그리어슨(John Grierson)이 로버트 플래허티(Robert Flaherty)의 〈모아나(Moana)〉(1926)에 대한 비평문을 신문에 기고하면서 쓴 말에서 유래한다고 알려져 있다. 현대 다큐멘터리 영화의 기원이 되었던 작품에는 플래허티의 〈북극의 나누크(Nanook of the North)〉(1922), 지가 베르토프(Dziga Vertov)의 〈카메라를 든 사나이(Chelovk s kinoapparatom)〉(1929), 존 그리어슨의 〈유자망 어선(Drifters)〉(1929) 등이 있다. 이 작품들은 다큐멘터리적 '진실'에 대한 각기 다른 입장을 대표한다.

로버트 플래허티는 대상에 대한 객관적 관찰의 입장에서 사태의 추이를 면밀히 기록함으로써 다큐멘터리적 '진실'에 다가갔다. 그는 롱 테이크(long take, 일명 '길게 찍기')를 통해 대상들의 생활 모습을 가감 없이 담고자 했으며, 해설 또한 삽입 자막으로 제한했다. 만든 이의 흔적을 되도록 남기지 않으려는 이러한 양식은 '객관적 진실'의 효과를 자아낼 수 있었다. 그러나 이러한 객관성은 구성된 것이다. 그의 다큐멘터리는 사라져 가는 소수문화를 재연하고 기록하려는 구제 인류학(salvage anthropology)적 의도에서 제작되었다. 그는 〈북극의 나누크〉에서 '문명인'이 '야만인'에 기대하고 있는 순수한 원시의 이상을 담고자 에스키모 가족의 모습을 극적 이야기 구조를 빌려 재연했다. 이것을 본 관객은 연출자의 '객관적 문법'에 압도되어 해석의 자유를 유보한 채 '작가의 진실'을 일방적으로 추종한다. 출연자의 능동성 또한 보장되지 않는다. 연출자에게 출연자는 단지 관찰 대상에 불과한 것이다. 출연자는 자신의 견해와 삶의 역사를 전지적 관찰자에 맞서 스스로 증언할 줄 아는 살아 있는 존재가 아니라 단지 피사체로 다루어지고 있을 뿐이었다.

존 그리어슨에 따르면, 다큐멘터리란 촬영한 현실을 창조적으로 처리하여 일정한 메시지를 담도록 가공하는 작업이다. 즉, 다큐멘터리는 사실을 객관적으로 담아낸 것이 아니라 촬영된 것을 가지고 자신의 견해를 만들어 가는 작업이라는 것이다. 따라서 이런 입장에서는 편집과 사전계획에 따른 촬영 등에 호의적이다. 연출자의 주관적 의도와 계획을 분명히 보여 줄 수 있기 때문이다. 그리어슨에게 다큐멘터리는 더 나은 사회 창조를 위해 대중에게 제공되는 교육과 계몽 수단이다. 이러한 사회적 효과를 위해서라면 극영화적 기교를 얼마든지 활용할 수 있다고 생각했다. 그러다 보니 그의 다큐멘터리 작품에서는 연출자의 시선이 신의 그것과 다름없을 정도로 절대적인 경우가 많다. 플래어티의 다큐멘터리에서 신의 개입은 대체로 은근했으나, 그리어슨의 다큐멘터리에는 사건의 전모를 전지적 시점에서 해설하는 '신의 목소리'가 등장하여 사건에 대한 모든 해석을 관장한다. 이 과정에서 관객의 능동적 해석 행위의 여지는 사라지고, 관객은 계도의 대상으로 사물화된다. 그리어슨적 다큐멘터리 작법은 훗날 선전 효과를 노골화한 프로파간다 영화 작법의 발전에 의도하지 않은 영향을 준다.

고전 다큐멘터리 양식에서 괄목할 만한 기여는 소련에서 등장한다. 지가 베르토프는 그리어슨과 같이 다큐멘터리를 교육적 도구이자 혁명 의식을 확산시키는 도구로 보았다. 그는 이미지의 몽타주를 통해 미학적 표현과 사회적 메시지가 극대화된 작품을 만든다. 특이하게도 그는 다큐멘터리를 만드는 자신의 모습을 촬영함으로써 다큐멘터리의 '객관적 진실'을 가능하게 한 매체에 대한 성찰을 하도록 자극한다. 그의 대표작 〈카메라를 든 사나이〉는 혁명의 새 기운으로 넘치는 모스크바의 하루를 기록한 영화이다. 이 작품은 촬영자와 편집자의 작업을 교차해서 보여 줌으로써, 다큐멘터리가 객관적 이미지의 집결지일 뿐만 아니라 제작자의 주관적 작업을 통해 가공되고 처리되는 복합적 구조물이라는 점을 리듬감 넘치는 몽타주를 통해 드러낸다. 또한 이 영화를 상영하는 극장의 장면을 보는 관객의 모습을 영화의 말미에 삽입함으로써 자기 반영적 성찰의 관점을 취하게 만든다. 이 장면은 관객에게 다큐멘터리의 이미지가 현상을 그대로 기록한 것이 아니라 사실은 카메라, 편집기, 극장 등의 영화 장치를 매개로 구성된 것이라는 점을 알게 한

입학식장에서 담임 선생님 발표에 학생들이 환호하고 있다.

다. 그럼으로써 관객은 지금까지 본 것은 객관적 현실이라는 측면뿐만이 아니라 매개되고 구성된 이미지이기도 하다는 점을 깨닫게 만든다. 이 과정에서 관객은 능동적 해석의 임무를 요청받는다. 이 영화를 통해 관객은 자신을 의미의 수동적 수신인이 아니라 의미를 자율적으로 해석하는 창조자적 의식을 경험(자유로운 자기 의식의 독립을 시도하는 경험)하는 이로 자리매김 한다.

그러나 베르토프가 마련해 준 관객의 자율적 해석의 계기는 주류가 되지 못한다. 정부 정책자들은 전쟁기에 들어서면서 프로파간다(propaganda) 영화 제작에 힘쓰면서 다큐멘터리를 정책 선전용 매체로 활용한다. 나치는 체제 선전을 위해 레니 리펜슈탈(Leni Riefenstahl)로 하여금 나치 전당 대회[〈의지의 승리(Triumph des Willens)〉(1935)와 〈베를린 올림픽(Olympia)〉(1938)]에 대한 기록 영화를 만들게 한다. 이에 대해 미국은 제2차 세계대전 참전의 정당성을 홍보하는 7부작 시리즈 〈우리는 왜 싸우는가?(Why We Fight?)〉(1942~1945) 등을 통해 대응한다.

프로파간다 매체로 전락한 다큐멘터리는 1960년대 시네마 베리떼(cinéma-vérité) 그룹의 운동을 통해 새로운 전기를 맞이한다. 가벼운 카메라,

동시녹음 장비의 경량화, 고감도 필름 등의 기술적 발전이 이루어짐에 따라 다큐멘터리 작가들은 사전에 통제되지 않는 현장 그대로의 모습을 담아낼 수 있었다. 시네마 베리떼(영화 진실)라는 용어는 〈어느 여름의 연대기〉(1961)를 지가 베르토프에게 헌정하면서 사용된 말이었다. 이 작품은 프랑스의 인류학자 겸 감독인 장 루쉬(Jean Rouch)가 애드가 모랭(Edgar Morin)과 공동으로 작업하여 만든 것으로 다큐멘터리를 진실에 접근하는 수단으로 활용한다는 정신에서 제작되었다. 그들은 작가의 전지적 개입과 연출을 최소화하려고 노력했다. 그렇지만 그들은 객관적 기록자로만 머무르지만은 않았다. 그들은 영화 속 사람들과 함께 토론하는 장면을 필름에 담았다. 또한 출연자들을 시사회에 초대하여 그들의 작업에 대해 논의하게 하고, 그것을 촬영했다. 이러한 제작 방식은 다큐멘터리 연출자와 출연자 간의 상호 작용과 반응까지도 기록함으로써 관객으로 하여금 영화 매체 자체, 그리고 의미 수용의 과정에 대한 성찰에까지 이르도록 하였다. 시네마 베리떼 그룹의 다큐멘터리 작업은 전지적이고 계몽적이며 '객관적 진실'을 강조하던 기존 다큐멘터리의 관점을 혁명적으로 바꿔 놓았다. 그들에게 '진실'은 절대적이면서 객관적인 단일체로 존재하는 것이 아니다. '진실'은 사태에 참여하고 있는 이들이 자신의 경험을 재구성하는 과정에서 포착하는 다면적 진실(들)이다. 이 진실(들)은 주제의 동일성에도 불구하고, 각자가 처한 맥락과 위치에 따라 다르게 경험되고 구성된다. 저마다 다르게 전개되는 진실들의 상이한 구성 경험을 반성함으로써 사람들은 각자 자신이 믿고 있는 진실의 권위를 상대화할 수 있게 된다. 그들의 반성적 진실 구성의 경험은 서로에 대한 이해와 연대의 관점을 기약하도록 만든다. 하지만 이러한 관점은 시네마 베리떼 그룹의 작품에서는 본격적으로 발전하지 못하고 단지 맹아적으로만 제시되었다.

1980년 대 말 이후의 다큐멘터리들은 수행적(performative) 특징을 분명히 한다. 이 작품들은 1인칭 관점을 노골적으로 드러내면서 자신의 주관성을 감추지 않고, 출연자와 관계 맺는 것을 주저하지 않는다. 이러한 작품의 제작자들은 출연자와 적극적으로 관계를 맺고 상호작용한다. 그 과정에서 연출자와 출연자가 달리하고 있던 주관적 가치와 믿음은 변화하고 새로운 생각이 형성되곤 한다. 이런 작품에서는 객관적으로 제시될 수 있는 단일한 진실에 대한 믿음이 고수되지 않는다. 또한 다큐멘터리를 만드는 이는 상황에 따라 출연자가 되거나 관객이 된다. 이러한 경험은 관객과 출연자도 마찬가지이다. 서로의 역할 경계를 넘나듦으로써 이들은 다큐멘터리 만들기라는 행위에 함께 참여하게 된다. 이 과정에서 각자는 나의 진실과 입장을 상대화하는 수행적 태도를 취함으로써 상호이해와 연대를 가능케 한다.

02 〈우리학교〉: 수행적 진실에 의한 연대를 이루고 있는가?

(1) 재일 조선인의 간략한 역사

재일 조선인 사회의 역사는 고난으로 가득하다. 일제의 토지조사 사업으로 땅을 잃은 농민들이 살 길을 찾아 현해탄을 넘은 이래 1945년 해방에 이르기까지 재일 조선인의 수는 230만 명에 달했다. 일본 사회의 최하층 노동자이자 징용자로 끌려 온 이들은 해방과 더불어 귀국하기로 결심한다. 수많은 조선인이 한꺼번에 귀국을 원하자, 경제적 피해를 우려한 일본은 이들이 소지할 수 있는 재산을 1인당 1,000엔(담배 스무 갑 값)과 화물 250파운드로 제한했다. 이 조치는 사실상 일본에서 모은 재산을 전부 포기하라는 의미였다. 무일푼에 가까운 귀국 조건에도 불구하고 조국으로 돌아갈 것을 결심한 재일 조선인이 170만 명이었다. 나머지는 추이를 지켜보면서 훗날을 기약했다. '잠시 대기'의 심정으로 남은 이들이 오늘날의 재일 조선인 1세대이다. 한두 해 정도면 돌아갈 것이라고 여긴 나날이 어느덧 세기를 넘고 말았다. 이 와중에 그들의 국적은 '조선', 일본, 한국, 북한으로 나뉘게 되었다. 국적이 이렇게 된 이유는 조국의 분단이라는 역사에서 비롯한다. 한반도에 정부가 수립된 해는 1948년이다. 그런데 일본 정부는 1947년 5월 5일 외국인 등록령을 만들면서 황국신민으로 취급하던 재일 조선인을 외국인으로 선언한다. 이는 일본인으로 간주되었던 재일 조선인의 선거권을 박탈하기 위해 취해진 조치였다. 천황을 중심으로 하여 국민국가의 정상화를 모색하려던 일본에게 재일 조선인의 선거권은 큰 걸림돌이었다. 재일 조선인이 선거권을 보유하는 한 천황의 전쟁 책임을 정치 문제화할 것이고, 이는 일본 내 혁신 세력의 정치 세력화를 자극하여 기득권 세력의 청산으로 이어질 것이기 때문이다. 이러한 사태를 막기 위해 외국인 등록령이 실시되었고, 이로 인해 1947년 12월까지 대부분의 재일 조선인이 외국인으로 등록하게 되었다. 그들은 국적란에 '조선'이라고 기입했다. 재일 조선인의 국적란에 쓰여 있는 '조선'은 조선 민주주의 인민공화국, 즉 북한을 의미하는 것이 아니라 출신 민족을 의미한다. 외국인 등록령이 실시된 1947년은 한반도에 미처 정부가 들어서지 않았던 시기였다. 그러니 재일 조선인이 국적란에 기입할 수 있는 나라라는 것이 존재하지 않았던 것이 당연했다. 따라서 아직도 많은 재일 조선인이 '조선'이라는 국적 아닌 국적을 유지하고 있다.

일본 사회에서 재일 조선인은 평범한 외국인이 아니다. 일본 사회에서 재일 조선인은 전쟁 범죄의 기억을 되살리고 잘못된 과거 청산의 책임을 묻는 살아 있는 증인이기도 하다. 일본 정부는 이 불편한 이들의 존재성을 무시로 일관하거나 요주의 집단으로 관리해 왔다. 이러한 차별에 대해 한국 정부는 50여 년간 아무런 조치도 취하지 않았다. 한국의 건국 세력과 정치적 입장을 달리해 왔던 재일 조선인 공동체는 분단과 전쟁의 와중에 이적 단체로 취급되거나 정부의 경제적 · 정치적 토대를 뒷받침하는 데에 이용되어 왔다. 북한 또한 재일 조선인 공동체를 도구적으로 활용하였다. 그럼에도 재일 조선인이 북한에 대해 상대적 호의를 보이는 이유는 어려운 시절에 교육 원조를 아끼지 않았던 역사 때문이다. 전후 복구의 어려운 살림에도 불구하고 북이 보내 준 교육 원조금은 설움 가득한 이역 땅에서의 동포들에게 '나를 품어 주는 조국이 있구나'라는 감동으로 다가왔을 것이다. 일본 정부의 추방 정책으로 인한 설움과 저러한 감동이 더해져 1959년부터 1984년까지 10만에 가까운 재일 조선인이 북송선을 타게 되었던 것이다. 그들의 고향은 대부분 남쪽이었는데도 말이다.

일본 사회의 억압과 차별에 맞서기 위해 재일 조선인이 역점을 둔 활동은 민족 교육이었다. 해방 직후에서 1948년까지 일본 각지에 초등학교 540여 개, 중학교 4개, 청년 학교 10개가 설립되어 교사 1,100여 명이 5만 8,000여 명의 학생들을 가르쳤다. 그러나 연합군 총사령부(GHQ: Gerneral Headquarters)는 조선인연맹이 건설한 민족학교를 폐쇄하는 조치를 시행했고, 이에 반발한 재일 조선인 공동체는 1948년 4월 한신 교육 투쟁이라는 항의 운동으로 대응했다. GHQ는 비상사태를 선언하고 3만 시위대를 무력으로 탄압했다. 이 와중에 16세 김태일 군이 경찰의 발포로 숨졌다. 1955년 5월 재일조선인총연합회(총련)의 결성과 함께 조선학교는 총련과 연결되었다. 독자적인 교육 과정과 교과서를 편찬하고 초등학교에서 대학교까지의 교육체계를 마련했다. 그러나 조선학교는 정식학교가 아니어서 지방정부의 교육보조금도 받지 못하는 실정이다. 2000년 6 · 15 남북공동선언 이후 조선학교의 교육은 남북이 하나가 되는 교육으로 변화하고 있다. 이는 재일 조선인 사회 내부의 대립을 청산하려는 노력이라고 볼 수 있다.

(2) 〈우리학교〉가 길어 낸 진실: 성과와 과제

① 수행적 태도와 동등한 참여자적 관점

〈우리학교〉는 홋카이도의 세찬 눈바람에서 시작한다. 마치 재일 조선인의 험난한 삶의 현실을 상징하는 듯하다. 이에 아랑곳하지 않고 혹가이도 조선학교의 선생들은 시업식 연기 전화를 돌리기도 하고 함께 눈을 치우기도 한다. 눈바람은 사람을 가리지 않는다. 눈바람 앞에 모든 사람은 똑같이 취급되며, 그들은 눈바람이 던져 준 고난에 대해 동등한 참여 구성원으로 대항한다. 이 동등한 참여자적 입장은 〈우리학교〉의 일관된 관점이다.

영화의 초반부에서 감독은 독백적 내레이션(narration)을 통해 1인칭 주관적 시점을 분명히 한다. 그가 말하는 내용과 목소리는 모든 곳에 편재하여 만사를 알고 있는 신의 그것이 아니다. 단지 3년간 학교에서 함께 생활하면서 보고 느낀 바를 기록한 것이라고 소박하게 말하고 있을 뿐이다. 감독은 작가의 권좌를 버리고 출연자들과의 동고동락을 수행하기로 선언한다. 이에 응하듯 출연 학생은 감독을 비롯한 제작 스태프에게 인사를 건넨다. 카메라는 출연자를 관찰 대상으로 삼지 않는다. 전지적 관찰자의 시점을 버리고 그들의 삶을 기웃거리고 대화하는 참여자의 역할을 수행한다. 제작자와 출연자의 간극은 영화의 시작부터 존재하지 않으며, 출연자는 제작자와 동등한 위치에 서 있다. 분단의 특수한 상황에서 벌어진 것이기는 하지만 연출자가 자신의 카메라를 출연 학생에게 넘겼다는 것은 역할 경계에 구애받지 않는 이 작품의 특징을 잘 보여 주고 있다. 학생들의 시선을 연출자의 시선과 동등하게 봉합하는 시도를 통해 감독은 공동 수행의 과정으로서의 다큐멘터리 작업이라는 진기한 성취를 보여 준다. 물론 이러한 작법이 비판적 거리감을 훼손한다는 평가도 가능하다.

평등은 출연자 사이에도 존재한다. 신년 교원 모임을 진행하는 선생들은 학생처럼 보이기도 한다. 그들은 학생들과 같이 트레이닝복을 입고, 어리 둥절한 앳된 얼굴로 교실에 앉아 서툰 '조선말'로 자신의 각오를 발표한다. 감독은 같은 말투와 얼굴로 새 학년의 각오를 다지는 학생들과 선생들의 모습을 연결하는 편집을 통해 양자의 평등성을 드러낸다. 학생과 선생의 평등한 관계는 담임을 발표하는 순간의 학생들의 환호성과 담임에게 헤드락을 거는 학생의 장면으로 연결되면서 절정을 이룬다. 우리는 아연해질 수밖에 없다. 도대체 무엇이 이들의 관계를 그렇게 끈끈하게 엮어 주고 있는가? 이 동등한 우애의 관계는 무엇에서 기인하는 것일까? 그것은 고통의 동질성에서 비롯하는 듯하다. 비록 세대 간의 차이는 존재하지만, 민족 차별이라는 동일한 고통을 겪고 있다는 자각은 세대 차의 간극을 메우게 만든다. 학교 밖을 나서면 학생과 선생 모두 무차별적으로 일본적인 것의 억압에 노출된다. 이 억압에서 느끼게 되는 차별의 고통은 서로에 대한 공감과 위로의 마음으로 이어지고 민족 구성원으로서의 동등한 유대를 가능케 하는 것이다.

그러나 이들에게도 구성원 간의 충돌과 갈등이 존재한다. '조선말'은 자신이 지켜 나가야 할 민족의 말이지만, 그들의 모어(母語)는 일본말이다. 속마음을 마음껏 드러내 보이면서 진심을 전달할 수 있는 말은 아무래도 일본말이다. 하지만 익숙하게 체화된 이 언어는 '조선인'으로서의 정체성과 존재가치를 외면하려는 사회의 말이기도 하다. 자신에게 가장 친근한 말이 자신의 존재를 부인하고 경멸하는 말임을 깨닫게 될 때, 이들은 자기 분열의 혼란에 휩싸이게 된다. 토론 중에 무심코 일본말이 나오고, 일본 노래를 부를 때 해방감을 느끼지만 마음 한구석에서는 그러한 자신을 책망하기도 하는 것이다. 이러한 자기 징치가 집단 총화에 의한 비판으로 이어질 때 자아 분열의 양상은 더욱 심화되고, 분열된 인격은 각자의 주관 안에 복잡하고도 은밀하게 자리하게 된다. 또한 민족의식의 보존과 고양을 위해 여학생에게만 강요되는 저고리 교복 문제는 성적 차이를 간과하는 갈등을 유발한다. 저고리 교복은 일본인이 습격하기에 좋은 표적이다. 또한 추위에도 취약하다. 양복 교복을 입는 남학생은 상대적으로 안전하며 편리하다. 성 차별 문제를 제기하는 감독의 물음에 학생들은 이렇다 할 답을 내놓지 못하고 있다. 다만 민족적 자존을 지킬 수 있다는 당위에 호소하고 있을 뿐이다. 이와 같은 재일 조선인 학생들의 내적 갈등의 지점을 감독은 인터뷰와 취재 화면의 교차를 통해 드러내고 있다.

학생들에게 민감하고도 미묘한 사항일 수 있는 이러한 문제를 인터뷰를 통해 포착할 수 있었던 이유는 감독이 취하고 있는 수행적 태도 때문이다. 출연자의 인생에 참여하지 않으면서 냉정한 관찰자로서의 시각을 유지하는 고전적 다큐멘터리의 양식을 고수했다면, 이런 내밀한 모습은 포착할 수 없었을 것이다. 분열된 자아가 겪는 갈등과 혼란에 대한 스스럼없는 고백은 출연자와 연출자 간에 맺어진 신뢰 관계를 전제로 할 때 이루어질 수 있다. 이 믿음은 오직 해당 생활세계에 동등한 참여자로서 자리할 때에만 가능하다. 이

〈우리학교〉의 21기 학생들이다.

과정에서 감독은 출연자를 깊이 있게 이해함으로써 믿음과 유대를 강화하고, 자신의 기존 믿음과 가치, 사고방식을 재검토하면서 의식의 변화를 경험하게 된다. 이 점에서 〈우리학교〉는 다큐멘터리라는 것을 객관적 취재의 한 형식이 아니라 사건에 대한 참여를 통해 상호주관적인 의식을 발전시키는 활동으로 보고 있다고 할 수 있다. 따라서 이 작품이 찾아내는 진실 또한 사태의 정확한 보고에 있는 것이 아니라 다큐멘터리의 제작 과정에서 만나고 관계 맺은 사람들과의 생활을 함께하는 가운데 수행하게 되는 진정성에 있는 것이라고 하겠다.

② 연민에 기댄 동질화

이러한 수행적 미덕에도 불구하고 우리는 이 작품이 범하고 있는 동질화의 문제에 대해 생각해 보지 않을 수 없다. 이미 말한 대로 감독은 출연자들의 생활세계에 참여하면서 스스로 동등한 출연자가 된다. 그는 카메라를 출연자에게 맡긴 채 식사의 소감을 이야기 하고, 동포 1세 할머니의 부탁을 받기도 한다. 또한 명준 형님(오빠)으로 불리면서 대운동회 준비 작업을 도와달라는 요청을 받기도 한다. 이는 출연자들이 연출자를 재일 조선인 생활 공동체의 한 식구로 인정하고 있음을 의미한다. 그러나 이러한 성취는 또 하나의 장애가 될 수 있다. 관찰자가 누릴 수 있는 시선의 권력을 포기하고 생활세계의 동등한 참여자로서의 역할을 수행할 때, 한편으로는 출연자와의 긴밀한 유대 관계를 맺을 수 있다. 그러나 다른 한편으로는 출연자의 처지에 대한 지나친 연민과 자기 동일화에 빠지는 잘못을 범하기도 한다.

영화의 절반에서 감독은 참여자적 태도를 취하면서도 출연자들의 삶과 자신의 삶을 섣불리 일치시키지 않으려고 한다. 이러한 거리 두기는 재일 조선인 학생들이 겪고 있는 내적 갈등과 분열의 소지를 드러내는 장면에서 잘 제시된다. 그러나 감독은 시간이 흐를수록 비판적 참여자의 관점에서 점차 벗어나 어느새 동조자의 위치에 선다. 일본 학교와의 축구 시합 장면은 이러한 관점 변동의 분기점이다. 이 감동적인 장면에서 감독은 재일 조선인 학생들의 눈물겨운 노력과 패배에 함께 흐느낀다. 연출자의 해설은 그가 얼마나 학생들의 처지에 절실하게 동감하는지를 직접적으로 보여 주고 있다. 참여자적 관점의 다큐멘터리에서 카메라 앞에 전개된 상황에 대해 연출자가 자신의 감정을 표출하는 것은 자연스러운 일이다. 문제는 주관적 감정의 노출에 있는 것이 아니다. 이 동감의 경험 이후로 연출자의 참여자적 관점이 아무런 갈등 없이 동조자의 그것으로 전환되었다는 데에 있다. 또한 연출자의 절절한 해설과 감동적 장면으로 인해 관객은 해석적 주체가 지니는 자유를 스스로 반납하고 연출자가 이끄는 감동의 정서에 몰입하게 된다.

분명히 참여자적 관점은 상대방에 대한 이해와 인정의 계기를 보유한다. 나에 대한 상대방의 요청에 귀 기울이는 가운데 갖추게 되는 수행적 태도는 상대방이 사물이 아니라 자유롭고도 독립적으로 살아가는 존재라는 의식을 절감하도록 만든다. 그러나 여기서 주의해야 할 것은 상대방에 대한 이해와 인정이 비판적 계기를 수반하지 않는 것은 아니라는 점이다. 참여란 나와 너의 만남을 전제로 이루어질 수 있다. 만남은 나와 너의 독립적 현존을 전제로 할 때 가능하다. 둘 사이에 아무리 친밀한 관계가 형성된다고 할지라도 '나는 너와 다른 존재자로 독립해 존재한다'는 사실은 사라지지 않는다. 우호적 관계 맺음의 와중에서 문득 드러나는 나와 너 사이의 거리감에 대해 우리는 흔히 두 가지 모습으로 반응한다. 하나는 나와 너 사이의 이질감을 과장하고 절대화해 좌절의 나르시시즘에 빠지는 것이다. 다른 하나는 둘 사이의 우호적 만남과 감동의 순간을 절대화해 서로의 차이를 묻지 않고 무분별한 합일에 안주하는 것이다. 이는 나와 너 사이에 존재하는 차이의 숙명이라는 곤란함을 회피하고 유약한 동질성에 섣불리 안주하려는 태도에 불과하다.

아쉽게도 〈우리학교〉의 후반부는 바로 이 허약한 '하나'의 길을 걷고 있다. 우리가 참여자적 관점의 대안적 가능성에 주목하는 이유는 그것이 우호적 관계를 이룩하게끔 만든다는 데에 있지 않다. 우호적 관계는 참여자적 관점을 가지고 있을 때 기대할 수 있는 하나의 긍정적 효과에 불과하다. 오히려 우리는 상대와의 친밀한 감정 이후에 느닷없이 직면하게 되는 갈등과 불편함이라는 부정적 경험에 봉착하는 일이 많다. 친밀하게 여겨졌던 상대는 어느새 더욱 이해할 수 없는 낯선 존재로 돌변한다. 이 당혹스러운 차이의 경험을 회피하지 않고 끈질기게 이해와 만남의 계기를 새롭게 시도할 때 우리는 비로소 단순한 연민에 기대지 않는 상호이해와 연대에 이를 수 있다. 하지만 안심해서는 곤란하다. 이렇게 도달한 상호이해와 연대의 수준도 잠정적인 것에 지나지 않기 때문이다. 상대방이 제기하는 또 다른 차이와 이질적 요청은 우리로 하여금 현재의 연대에 안주하지 말고 보다 높은 수준의 이해와 연대의 길을 떠날 것을 요구한다.

영화의 후반부에서 감독은 '물음 없는 이해'의 길을 걷고 있다. 감독의 내레이션은 한민족으로서의 동질감에 젖어들고, 출연자와 연출자라는 미묘한 차이의 시선은 동포라는 감동 앞에서 소실된다. 북한을 방문하는 학생이 찍은 장면이 관객의 감정을 고조하는 이유는 이러한 시선의 동화에서 비롯한다. 출연자가 직접 카메라를 들고 촬영함으로써 그는 자기의 시각을 능동적으로 표현할 수 있게 된다. 이를 통해 이 작품은 참여자적 관점을 좀 더 철저히 관철할 수 있었다. 학생들은 일본에서와는 달리 그늘지고 위축된 태도를 보이지 않았다. 카메라에 대한 경계심도 상대적으로 약화됐다. 그러나 이 역할 바꾸기는 성찰적 참여로 이어지지는 못했다. 오히려 그리운 조국 산천을 방문하게 되었다는 감동의 정서가 출연자, 연출자, 관객을 둘러싼다. 다큐멘터리 제작자가 된 출연자와 관객이 된 연출자, 그렇게 완성된 필름을 보고 있는 관객은 모두 일치된 시선을 지니게 된다. 과연 이렇게 이루어진 시선의 일치를 근거로 하여 이 다큐멘터리가 수행적 진실을 일구어 냈다고 평가할 수 있을까? 아쉽게도 수행적 진실의 가능성은 사라졌다. 비판적 숙고 작업을 결여한 동일시의 웅덩이에서 허우적대고 있기 때문이다.

〈우리학교〉가 수행하고자 한 다큐멘터리적 진실은 해방과 분단의 역사에서 재일 조선인이라는 디아스포라(diaspora)적 존재를 망각했던 자신(우리)의 무지를 일깨우고 민족적 연대를 도모하는 것이라고 할 수 있다. 이 작품은 제작자의 자각의 과정을 보여 줌으로써 관객도 이 과정에 동참할 것을 호소하고 있다. 관객은 연출자가 요청한 상기의 작업을 같이 수행하면서 역사의 비극을 망각했던 우리 자신의 무관심을 질타하고 민족적 유대의 호소에 호응하게 된다. 하지만 조국 동포의 이러한 유대의 정서에 몰입하는 것으로 우리가 목도하게 된 진실에 충실해지는 것은 아니다. 연민에 기초한 단순한 유대감은 연대에 부과되는 고통스러운 책임과 의무의 이행을 망각시키기도 하기 때문이다.

03 만남과 연대: 선택적 동질감 너머의 '우리'를 위하여

연민과 그리움에 기초한 연대란 진정한 연대가 아니다. 오히려 이해와 유대는 상대의 이질성을 직시하고 그것의 의미를 숙고하면서 상대방을 인정할 때 비로소 얻을 수 있다. 이는 상대방에 대한 무조건적 포용에서 이룩되지 않는다. 상대방과 이루어 낸 정서적 유대를 수용하면서도 그것의 한계와 가능성을 묻는 비판적 작업을 함께하지 않는다면 진실한 이해와 연대를 이룩하기는 어렵다. 비록 같은 민족이고 분단이라는 동일한 역사의 고난을 겪고 있지만 서로의 동일성에 못지않게 차이 또한 존재하는 것이 사실이다. 연민에 기댄 동포애와 이 연민에 감사하면서 느끼는 민족애는 일시적인 것이다. 양자는 민족적 일치감을 이루었다고 여기지만 사실상 이것은 외면적 일치일 뿐이다. 서로는 보고 싶은 것만을 보고, 서로에게 기대하고 있는 행위만 주고받기 때문이다.

조국의 동포들은 재일 조선인에게 우리말을 쓰고 우리의 전통을 간직하는 역할을 수행할 것을 기대한다. 재일 조선인 학생들은 조국의 동포들에게 자신들이 생각하는 민족 고유의 이상적인 순수한 모습을 간직할 것을 기대한다. 서로가 기대하는 이상적 모습을 간직하고 있음을 확인할 때 양자는 안도의 숨을 내쉬며 동포로서의 유대감을 간직하게 된다. 그러나 이것은 수많은 질적 차이를 감안하지 않은 허구적 모델일 뿐이다. 양자는 이상적 모습과는 너무도 다른 모습을 많이 지니고 있다. 그럼에도 불구하고 이상적 모델을 서로에게 기대할 때, 양자는 결코 진정한 이해와 연대에 이르지 못한다. 다만 그들은 서로에게 기대하는 역할에만 충실할 뿐이다. 이러한 연대는 황폐한 연대에 불과하다.

재일 조선인은 혹가이도 조선 학교의 구성원과 같은 이상적인 모습만을 간직하고 있는 것은 아니다. 대부분의 재일 조선인은 민족적 자부심을 가지고 꿋꿋하게 살아가는 모습을 보여 주지 못한다. 우리말을 쓰고 우리의 정체성을 표현하면서 살아갈 기회가 제공되는 경우는 흔치 않다. 민족적 자부심을 가지고 조선인으로서 살고자 한다는 것은 평생 동안 수많은 불이익을 감수할 것을 결단하는 일이다. 이것은 보통사람의 의식 수준을 넘어선다. 그러한 이유로 대부분의 재일 조선인은 우리의 기대와는 달리 '민족적이지 않은' 삶을 살고 있다. 이상적 관점에서 볼 때 그들은 민족적 자존을 저버린 배신자

이거나, 함량 미달의 '반쪽발이'이다. 그들은 조국의 우리가 기대하는 동포의 역할을 수행할 수 없기 때문이다. 혹가이도 조선학교의 학생들이 아닌, 일본인과 잘 구분되지 않으며 심지어 민족적 뿌리마저도 거부하는 재일 조선인과 마주쳤을 때 우리는 과연 〈우리학교〉의 학생들에게 보인 동일한 유대감을 유지할 수 있을까?

연대라는 것은 자신이 신뢰하고 있는 가치의 동일성을 근거로 하여 이루어지는 것만은 아니다. 이미 동일한 가치와 문화 및 의식을 상당 부분 공유하고 있다면, 연대해야 한다는 요청이 중대한 문제로 부상할 이유는 없다. 이해와 연대의 문제는 상대와의 차이가 존재함에도 불구하고 공동체적 관계를 도모해야 할 경우에 발생한다. 사할린, 만주, 중앙아시아, 일본, 중남미, 하와이, 남양군도 등에 산재한 한민족의 역사를 감안할 때, 한민족은 이미 문화의 다양성에 봉착해 있다. 한민족끼리의 연대를 고민한다면, 타국의 문화와 언어가 몸에 익은 그네들의 모습을 있는 그대로 인정하는 것에서 출발해야 한다. 또한 정체성의 혼재와 내적 분열이라는 디아스포라 특유의 상황도 이해해야 한다.

조선학교 안의 학생의 모습이 교문 밖의 삶에서도 아무런 갈등과 혼란 없이 지속되는 경우는 거의 없다. 학교 밖을 벗어나면 그들은 일본 사회의 차별과 억압에 홀로 맞서야 한다. 이럴 경우 그들은 방어적이고 소극적인 태도를 취하게 된다. 일본 사회의 미시적 폭력에 대한 보상심리는 때로는 왜곡된 형태로 나타나기도 한다. 민족의 이름으로 연대를 부르고자 한다면, 우리는 이런 어두운 면모까지도 '동포'의 모습으로 인정해야 한다. 그리고 그러한 기이하고도 뒤틀린 모습이 왜 자리할 수밖에 없었는지 그네들의 관점에서 숙고해야만 한다. 현재 우리의 관점과 가치에 비추어 상대의 모습을 뒤틀리고 왜곡되었다고 섣불리 평가하는 자세는 유보해야 한다. 보고 싶어 하는 모습만 선택적으로 채택하는 대신 기괴하게 여겨지는 면모에 대한 이해를 시도할 때, 우리는 비로소 만남을 위한 첫발을 뗄 수 있다. 연대가 부과하는 책임과 의무는 이렇게 낯설고 괴이한 것으로 여겨지는 모습에 대한 고통스러운 이해 과정의 이행이다.

연대는 상대의 '기이한' 가치가 자기 삶의 실현에서뿐만 아니라 공동체적 삶 속에서도 중대한 의미를 지닌다는 것을 이해하면서 시도되는 인정 상태라고 할 수 있다. 물론 이것은 상대와 나의 문화에 대한 비판적 평가 과정을 수반한다. 다만 연대에서는 서로의 문화에 대한 비판적 평가 과정에서 등장하는 이질감의 해소가 중점적 문제이다. 처음에는 각자의 문화적 가치가 기이한 것으로 느껴지고, 서로가 전혀 공감을 이룰 수 없으며, 소통 불가능한 존재로 여겨질 수 있다. 이 경우 우리는 각자의 차이를 형식적으로 인정하고, 각자의 문화가 자기 삶을 복잡하게 만들지 않도록 안전망을 두르는 태도를 취한다. 그것은 흔히 관용의 형태로 제시된다. 그러나 관용은 상호 이질적인 문화 구성원 간의 진정한 만남을 방해하는 형식적 인정에 불과하다. 그것에 기초한 연대를 주장하는 것은 재일 조선인과 같은 코리안 디아스포라의 입장에서는 좌절된 유대이자 황폐한 연대이다. 이것의 극복은 서로의 이질감에 대한 수행적 태도의 견지에서 발견될 수 있다. 나의 가치가 상대에게 아무런 공감도 이루어 내지 못했다는 나 자신의 좌절감(이질감)에 비례해서, 상대방도 나에 대해 동일한 좌절감(이질감)을 경험했을 것이다. 이 점을 자각하게 하는 수행적 태도를 견지하면서 좌절된 상호이해의 절차를 다시 재개할 때, 각자의 가치에 대한 대칭적(symmetrical) 평가가 가능할 것이다.

익숙하지 않은 것에 대한 이해의 과정은 생각만큼 쉽지 않다. 그것은 나의 모습을 탈피하여 새로운 나를 찾아가는 변화의 길이자 새로운 문화 공동체를 만드는 창조의 여정이기 때문이다. 연대와 이해의 여정 또한 고통스러운 길이다. 그것은 종결되지 않는 과정이다. 그러나 우리가 민족적 연대를 도모하고자 한다면, 낯선 '것'이 요구하고 부과하는 책임을 회피하지 말아야한다. 그럴 때에만 우리는 낯선 자들을 이웃으로 삼게 되고, 그 과정에서 진정한 '우리'의 모습을 섬광과 같이 경험할 수 있을 것이다.

참고문헌

1. 서경식, 『난민과 국민 사이』, 돌베개, 2006.
   재일 조선인의 문제를 넘어서 국적을 갖지 못하는 이들의 처지에 대한 사유를 전개하는 저자의 대표작이다. 국민국가 이후의 정치공동체에 대한 사유의 필요성을 제기하는 책이다. 재일조선인의 아픈 역사를 통해 이주인에 대한 기존 한국인의 무감각을 일깨운다.

2. A. 호네트 지음, 문성훈·이현재·장은주·하주영 옮김, 『정의의 타자』, 나남, 2009.
   『정의의 타자』는 인정 문제에 대한 철학적 고찰을 담은 저자의 논문 모음집이다. 사회 통합의 문제를 기본권의 문제로 축소하는 것이 아니라 상이한 가치의 인정이라는 차원까지도 포괄해야 하며, 그것에 대한 철학적 해명이 현재의 중대한 과제임을 분명히 하는 책이다. 다소 전문적인 소양을 요구하는 책이다.

3. J. 하버마스 지음, 장춘익 옮김, 『의사소통행위이론 1-2』, 나남, 2006.
   대표적 비판이론 2세대인 저자의 중기 대표작이다. 이 책에서 저자는 1세대에 의해 난자된 근대 이성을 의사소통적 합리성 개념으로 구제한다. 고통스러운 독서를 마친 후 지적 성장과 정보의 양이 크게 진전된 자신을 발견할 수 있을 것이다.

4. R. 촐 지음, 최성환 옮김, 『오늘날 연대란 무엇인가』, 한울아카데미, 2008.
   연대 개념에 대한 개념사적 추적을 한 책이다. 간략한 정보로 구성되어 있다.

5. Th. & V. 소벅 지음, 주창규 외 옮김, 『영화란 무엇인가』, 거름, 1998. ·
   영화의 여러 측면을 적절하게 서술한 책이다. 영화에 대한 개론적 이해를 돕는 데에
   는 충실하고 탄탄한 책이다.

6. S. 헤이워드 지음, 이영기 옮김, 『영화 사전』, 한나래, 1997.
   현대 영화 이론에서 회자되는 용어와 개념에 대한 간략한 설명이 장점인 책이다. 정
   신분석학, 여성학, 기호학적 편향이 강하지만 개념에 대한 정보 취득을 위해서는 유
   용한 책이다.

제10장

태백산맥

민족 분단의 배경과 좌우의 갈등

송찬섭

태백산맥

감독: 임권택
1994년, 한국

영화 〈태백산맥〉은 영화 이전에 한국 현대사를 다룬 역사소설로서 이름을 널리 떨쳤다. 조정래의 소설 『태백산맥』은 1983년 9월부터 1989년 9월까지 만 6년에 걸쳐 쓰인 소설로 1948년 10월에서 1953년 휴전 직후까지의 한국 현대사를 다루고 있다. 소설은 우리 사회의 좌우 대립과 분단 문제를 본격적으로 다루었음에도 순수문학 사상 유례가 드물게 대중적 호응이 컸다. 뿐만 아니라 작품 면에서도 민족사의 모순을 파헤치면서도 민족의 저력과 민초의 끈질긴 생명력을 담아내는 주제의식, 전라도 토속어의 질박한 구사, 탄탄한 서사구조 등이 돋보였다. 특히 당시까지 제대로 조명되지 않았던 좌익 활동에 대해 비교적 우호적인 시선을 갖고 심층적으로 접근한 것이 신선한 충격을 주었다. 이 때문에 1994년에는 「국가보안법」에 저촉된다는 이유로 당국의 조사를 받기도 하였다.

조정래의 소설 『태백산맥』이 영화화된 것은 영화사에서 볼 때 많은 의미를 지닌다. 시나 소설이 민족 분단과 전쟁의 아픔을 다룬 분단 문학이라는 하나의 경향을 형성한 것과는 달리, 영화는 분단 상황을 다룬 작품이 많지 않았다. 한국 영화사에 남북 분단을 그린 영화는 1950년대 이후부터 등장했지만, 1980년대까지는 공산 체제의 비인간성과 만행을 묘사한 반공 영화가 주류를 이루었다. 반공 영화는 민족 간의 이념적 대립과 갈등을 심화하고 민족 내부의 동질성 회복과 통일에 대한 열망에 부정적인 영향을 끼쳤다. 이러한 점에서 임권택 감독의 영화 〈태백산맥〉은 그동안 당연시되어 온 반공이라는 무언의 금기를 깬 것으로 볼 수 있다.

임권택 감독은 우리 근현대사에서 의미 있는 역사적 사실이나 소재를 영화로 만드는 뛰어난 능력을 갖춘 감독이다. 〈개벽〉(1991), 〈취화선〉(2002) 등 역사물을 많이 만들었던 그는 이미 〈깃발 없는 기수〉(1979), 〈짝코〉(1980), 〈길소뜸〉(1985) 등의 영화를 통해 한국전쟁 이후 분단이 가져온 역사적 비극을 조명했다. 역사 영화에 대한 감독의 시각과 세계는 자신의 개인적 경험이나 집안 내력을 배경으로 하고 있다. 그가 살아온 개인사와 영화 인생은 한 편의 대서사시이다. 그는 전라도의 지주 집안에서 태어났는데 해방과 더불어 가족이 대부분 좌익 활동을 하였다. 그 뒤 고난과 감시 속에 살면서 희망이 보이지 않자 어린 나이에 집을 뛰쳐나가 노동판을 전전하다 영화계로 뛰어들었다. 그는 1962년에 데뷔하여 지금까지 100여 편의 작품을 만들기까지 좌우익의 갈등으로 빚어진 집안의 붕괴-가출-사회적 소외-방황-영화 입문이라는 파란만장한 삶을 거쳤다. 그는 1992년경 소설 『태백산맥』을 읽고 이 소설에 자신이 어렸을 때 체험했던 일들이 어떤 배경에서 이루어졌는지가 소상하게 다루어져 있어 매우 놀랐으며, 언젠가는 이 내용을 영화로 담아내야 한다는 의무감에서 영화를 제작하였다고 밝혔다. 때문에 임권택 감독은 〈태백산맥〉을 두고 굴곡 많았던 어린 시절에 대한 한풀이라고 말하기도 했다.

〈태백산맥〉은 한국 영화사에 여러 가지 시사점을 던진다. 무엇보다 우리 사회 곳곳에 깊은 상처로 남아 있는 분단과 전쟁에 대한 얼룩들을 대중적이고 상업적인 차원에서 다시 한 번 되돌아보게 만들었다는 점을 들 수 있다. 그동안 금기시되어 온 사실을 소재로 활용하거나 좌익의 시각을 적극적으로 소개한 것도 주목할 만한 점이다. 물론 이 때문에 임권택 감독은 영화를 제작하는 과정에서 많은 어려움을 겪었다. 우익 집단과 정부의 견제가 심해 제작을 한때 중단하였다가 〈서편제〉를 찍고 나서 다시 시작하기도 하였다. 당시 촬영 현장에는 공안기관원들이 나와 계속 감시하였는데 영화가 완성된 뒤에

는 오히려 진보 진영으로부터 반공 영화라는 비판을 받기도 하였다.[1]

본래 영화 〈태백산맥〉은 두 편으로 나누어 만들 계획이었다가 촬영 중간에 한 편으로 줄였다고 한다. 한 편이라고 하더라도 영화는 상영 시간이 168분으로 그리 짧지 않다. 그럼에도 장편인 원작의 내용이 원낙 방대해 특징적인 면만을 재현할 수밖에 없었다고 한다.

영화는 처음부터 끝까지 어떤 이념에도 손들지 않는 관조자의 태도를 유지한다. 이념이 모든 것을 압도하던 시대에 대한 평가는 관객의 몫으로 남겨 두는 냉정함을 유지하고 있는 것이다. 이와 함께 영화는 연출 기법에서도 일정한 특징을 보인다. 같은 구도의 숏들이 일정 시간마다 반복되는 것이다. 특히 벌교 도경 앞 구도의 숏에서 낮에는 국군, 밤에는 빨치산이 번갈아 나타나 주민들을 출동시키거나 반대 세력의 색출을 강요하는 장면은 매우 사실적이고 인상적이다. 시각적으로 매우 빠르게 우익이었다가 좌익이 득세하는 과정을 소개해야겠다는 생각, 곧 한 세상에서 낮과 밤을 다른 세상처럼 살아야 했던 시간이라는 모티프는 임권택의 영화에서 아주 흔하게 반복된다. 마지막으로 언급하고 싶은 것은 영화의 끝이다. 영화는 마지막 장면을 무당 소화의 씻김굿으로 마감한다. 감독은 무당을 삶을 보듬는 존재이자 생명의 '뿌리'라고 보았던 것이다. 결국 〈태백산맥〉은 감독 자신의 시대를 위한 씻김굿인 셈이다.

---

[1] 이 영화에 대한 비평가들의 평이 의외로 좋지 않은 것도 이 점 때문으로 보고 있다. 우익을 공감하는 사람들이 보기에는 좌익의 잔인성과 우익의 정당성을, 반대로 좌익을 이해하는 쪽에서 보면 우익의 폭력성과 좌익의 이상을 충분히 묘사하고 있지 못하기 때문이다(사토 다다오 지음, 고재운 옮김, 『한국영화와 임권택』, 한국학술정보, 2000, 284쪽).

영화 줄거리

영화는 1945년 8월 해방 후 남북 분단에 따른 대립에서 출발한다. 해방이 되었으나 미국과 소련은 한반도를 분할 점령한다. 이 과정에서 남북과 좌우 간 갈등의 골은 깊어지고, 이는 남북한에 이념과 체제를 달리하는 두 개의 국가, 특히 남한에 이승만 정권이 수립되면서 더욱 심화된다. 결국 이러한 갈등은 1948년 10월의 여순사건으로 폭발한다. 여수 주둔 국군 14연대의 좌익계 병사들은 정부의 제주도 출병에 반대하여 반란을 일으켜 10월 20일 01시 20분 여수에 진입하여 경찰서를 비롯한 주요 기관을 장악한다.

이를 계기로 여수 지역 일대는 좌익에 의해 해방된다. 10월 21일 16시 30분, 반란군 3개 중대는 벌교에 진입한다. 사회주의자 염상진(김명곤 분)은 경찰서를 접수하고 태극기와 이승만 대통령의 사진을 바닥에 던져 버린다. 사람들은 만세를 부르며 환호하고, 염상진은 수사계 중사를 껴안고 다음과 같이 말한다. "여러분 애국 병사들 덕분에 해방이 되었으니 우리들 고생쯤이야 별것 아니지요." 또한 이들은 인민재판소를 설치하여 김사용을 비롯하여 이른바 인민의 피와 땀을 착취한 악질 지주의 재산을 몰수하고 처형해야 한다고 주장한다.

이에 이승만 정권은 여수 지역에 계엄령을 선포하고 대대적인 토벌 작전에 나선다. 국군은 곧 여수를 탈환하고 주변의 반란군을 대대적으로 수색하고 소탕하는 작전을 벌인다. 국군의 대대적인 공세로 반란 주력군이 패배하고 여순 반란이 좌절되자, 벌교에서 활동하던 염상진을 비롯한 좌익 일파는 조계산으로 퇴각한다. 이때부터 지리산을 비롯한 주요 산악지대에 빨치

〈태백산맥〉의 등장인물들

산 거점이 만들어지고 여순사건에 참여한 병사를 비롯하여 지방 좌익과 그
가족들이 도피하여 정부를 상대로 빨치산 투쟁을 벌이기 시작한다.

　여순 반란이 실패하자, 그 여파는 남아 있는 사람들에게 돌아간다. 국군
은 10월 23일에 다시 벌교를 수복한다. 군경 진압군은 반군 세력을 몰아내고
청년단의 도움으로 마을에 남아 있는 좌익 세력과 부역자들을 찾아내 대대
적인 복수에 나선다. 그 바람에 마을에 남아 있던 반란군 가족들은 온갖 곤욕
을 치른다. 우익 세력에 가담한 대동청년단(1947년 9월 창설된 반공 우익단체)
감찰 부장인 염상구(김갑수 분)는 빨치산에 가담한 형 염상진에 대한 증오심
으로 좌익 타도를 외치며 멸공단을 조직한다. 그는 밤마다 빨치산 가족을 잡
아들여 부녀자, 노인을 가리지 않고 잔인한 보복을 가하고, 심지어는 빨치산
의 아내를 겁탈하는 등 만행을 일삼는다.

　이러한 상황에서 벌교의 유지이자 교사로 주민의 신망이 두터운 김범우
(안성기 분)가 좌우 모두를 비판하는 중도파 인물로 등장한다. 그는 좌익과 우
익의 갈등을 가슴 아프게 지켜보는 인물이다. 그는 무고한 사람들의 희생을

줄이기 위해 노력하지만 뜻을 이루지 못하고 이데올로기의 광기에 희생되는 사람들을 보며 고뇌한다. 좌우익의 대립을 막아 보려고 애쓰지만 오히려 양쪽에서 공격을 받고 설 자리마저 잃는다. 좌우가 극단적으로 대립하는 상황에서 어느 편도 들지 않는 그의 행동은 회색분자로 오해받기에 충분했던 것이다.

벌교에서 여순사건으로 폭발한 좌우 대립은 이승만 정권의 농지개혁으로 다시 불붙기 시작한다. 농지개혁을 둘러싸고 지주와 소작인 사이의 갈등은 점점 극단으로 치달아 결국 땅에 대한 집착이 사람들의 이성을 마비시킨다. 토지개혁을 둘러싸고 한쪽에서는 유상매입 유상분배, 다른 한쪽에서는 무상몰수 무상분배를 주장한다. 지주와 농민의 이해를 반영하는 이런 갈등은 벌교에서도 그대로 재현된다. 벌교에서의 좌우 대립은 다시 땅에서 시작된다.

한편 조계산으로 쫓겨 간 염상진 일행은 진압군의 세력이 미치지 못하는 궁벽한 보성군 율어면을 장악하고 토지개혁을 실시한다. 이어 조직과 세

사회주의자 염상진(오른쪽)

력을 정비하며 이 지역을 해방구로 선포한다. 하지만 계엄군의 공격으로 또 다시 산속으로 후퇴하기에 이른다. 대대적인 군경의 토벌 작전으로 산속에서 추위와 굶주림, 혹독한 절망으로 파멸되어 가던 염상진 일행은 마침내 전쟁이 터졌다는 소식을 듣는다.

한국전쟁이 발발하고 인민군이 벌교를 장악하자 지리산에 숨어 지내던 염상진 일행은 다시 벌교로 입성한다. 이제는 우익 가족들이 학살당한다. 전쟁의 와중에 좌우로 나뉜 사람들은 서로에 대한 증오심과 불신으로 하나둘씩 목숨을 잃어 간다. 그러나 9월 15일에 유엔군이 인천상륙작전을 감행하면서 전세는 다시 역전된다. 9월 25일에 전 남도당은 염상진 일행에게 후퇴를 명령한다.

다시 좌익 가족들은 피난을 간다. 하지만 퇴로가 막혀 철수하는 좌익 세력은 떠나는 순간까지 우익에 대한 보복으로 살인을 감행하고, 그것을 지켜보던 김범우는 분노한다. 그는 염상진을 만나서 이것이 사람을 위한다는 세상이냐고 따져 묻는다. 염상진도 어디서부터 무엇이 잘못된 것일까 하고 눈물짓는다. 그리고 마침내 좌익과 우익의 대립, 이념의 갈등과 전쟁이 휩쓸고 간 벌교에는 희미한 여명이 찾아온다.

01 땅을 둘러싼 농민과 지주의 갈등

영화 〈태백산맥〉의 주요 무대는 벌교이다. 벌교는 딱히 주인공이 없는 이 영화에서 실질적인 주인공이라는 평을 받을 만큼 중요한 역할을 한다. 벌교는 지리적, 공간적으로 땅을 둘러싼 대립이 압축된 장소이다. 이곳은 땅을 둘러싼 이념과 신념이 사람을 다치게 하고, 형제간에 총부리를 겨누게 하고, 또 자신이 살고자 옆집 사람을 밀고하는 모습이 극대화되는 공간이다. 왜 유독 벌교라는 공간에서 그토록 많은 갈등이 발생하고, 좌익과 우익의 대립이 첨예했던 것일까?

벌교는 조정래의 고향이기도 하지만, 다른 지역에 비해 땅을 둘러싼 이념의 대립과 갈등이 심화되었던 곳이기도 하다. 영화는 이것에 대해 이 지역 지주 김사용의 아들이자 양심적인 지식인인 김범우의 입을 통해 관객에게 설명한다. 김범우는 벌교에서 좌우익의 갈등은 땅에서 시작되고 땅으로 귀결된다고 말한다. 곧 땅의 문제는 토지조사사업에 따른 일제의 토지 수탈, 일본인과 협력한 지주들이 이 땅을 사들여 대지주가 되고 친일 지주로 행세한 과정, 수확량의 7할 이상을 지주에게 바쳐야 하는 현실 속에서 춘궁기와 추궁기의 악순환에 시달려야 했던 농민들의 경험을 배경으로 하고 있다고 주장한다. 김범우는 농민의 비참한 생활이 가장 심하게 집중된 곳이 바로 전라도 지방이었다고 덧붙였다. 이런 시대 상황에서 마침내 해방이 되자, 소작인의 실망과 분노가 커지면서 지주와 소작인 간에 땅을 둘러싼 갈등이 심해지고 그 갈등의 틈을 좌익이 파고들었다는 것이다. 좌익이 주장하는 무상몰수, 무상분배는 자기 땅을 갖고 싶어 하는 소작인의 열망과 잘 맞아떨어져서 그 결과 많은 소작인은 사상이 무엇인지도 모른 채 좌익에 동조하거나 가담하게 되었다고 주장한다.

영화에서는 땅으로 빚어진 갈등이 곳곳에서 부각된다. 이는 죽산댁이 취조실에서 임만수와 대화하는 내용에서도 나타난다. "자식들 굶겨 가면서 빨갱이 짓해서 뭘 하겠다는 거야?", "자식이 굶응께 빨갱이 짓허지 빨갱이 짓혀서 굶긴 건 아니요…… 서럼 중에 배 곯는 설움이 질로 큰 것인디, 한쪽에서 못 묵어 부황든 사람덜이 허천하게 많은디 있는 사람덜언 쌀가마니 쌓아 놓고 떡 해묵고 유과 해묵고…… 사람 사는 시상이요?"

토지를 둘러싼 농민들의 좌절과 분노는 좌우익의 대립과 갈등으로 구체화된다. 전체 주민의 8할이 농민인 벌교 지방은 대부분 지주에게 얽매인 소작농 마을이다. 해방 후 농민들은 토지개혁에 상당한 기대를 걸었지만, 이승만 정권이 농지개혁에 소극적이자 불만이 갈수록 높아 간다. 그러던 중 교사 출신의 좌익 인물인 안창민이 지주들의 명단을 농민들에게 넘긴다. 이는 토지를 팔아넘기고 있는 지주들의 명단으로, 소작인들은 지주 서운상의 집으로 몰려가 따진다. "저희 소작 부쳐 주시던 논을 팔아 버리셨다는 야그가 사실인 게라?" 이에 서운상이 "내 땅 내가 알아서 처분하는데 무신 상관"이냐고 대꾸하자 분노한 소작인들은 서운상을 공격한다.

당시 이승만 정권이 구상하던 농지개혁은 한민당을 비롯하여 지주의 입장을 옹호하는 방안이었다. 하지만 지주들도 농지개혁에 대해 불만이 많았다. 그러다 보니 지주들은 농지개혁 이전에 소유 농지를 처분하고자 애썼다. 그런 까닭에 소작인 모르게 논을 처분하거나, 멀쩡한 논을 염전으로 만드는 등 술수를 부렸다. 이런 사정은 벌교에서도 마찬가지였다. 다음의 대화는 지주들이 자신의 땅을 농지개혁 대상에서 제외되도록 하기 위해 어떻게 했는가를 보여 준다.

"저거 짠물 대는 것 아니라고? 뉘긴데 멀쩡한 논에 바닷물을 대는 거야?", "이 논을 염전을 맹글 것다요", "아니 워째 염전을 맹근다요?", "뻔한 것 아니것소? 염전은 토지분배에서 제외될께."

농민들과 소작인들은 지주들의 불법적인 행위에 항의하여 읍사무소 앞에서 데모를 벌인다. "땅 도둑놈 잡아내자, 농지개혁 실시하라." 나아가 분개한 농민들은 좌익 세력의 주동 아래 지주를 습격하고 대규모 항의 시위를 일으킨다. 그리고 이 와중에 농지개혁법이 발표된다. 대부분의 소작농은 토지의 무상몰수 무상분배가 아니라 유상몰수 유상분배란 것을 알고 더욱 분노한다. 벌교에 주둔한 군경과 지역 청년단은 사태가 악화되자 농민 시위대를 무자비하게 짓밟는다. 농민들은 농지개혁을 외치며 데모를 하고, 지주 집으로 가서 소동을 일으킨다.

영화 속에서 농민들은 땅에 본능적인 애착을 갖고 있다. 김범우가 자기 집일을 거드는 문 서방에게 "땅을 갖고 싶으냐"고 묻는 장면이 있다. 문 서방은 "살아생전에 안 되면 저승 가서라도 풀고 싶은 소원이 땅"이라고 대답한다. 이처럼 영화가 벌교에서 추출해 내는 분단의 원인은 무엇보다도 땅을 둘러싼 민족 내부의 갈등이다. 땅에 대한 소작인들의 열망이 이념과는 무관해 보이지만 그 열망이 이념적인 차원으로 전환될 수 있음을 보여 주는 것이다. 벌교에서 좌우의 문제는 땅을 둘러싼 지주와 소작인 간의 문제로 직접 연결되며, 이는 농민이 좌익이나 빨치산이 될 수밖에 없는 필연성으로 이어진다.

이와 같이 영화는 땅을 둘러싼 치열한 대립과 투쟁을 통해 우리 민중의 삶이 어떻게 달라질 수 있는지 극명하게 보여 준다. 벌교는 땅을 둘러싼 민족사의 격변과 분단의 비극이 총체적으로 압축된 공간이자 장소이다. 좌익과 우익, 중도파가 땅을 중심으로 이념을 형성하고 결국에는 서로 미워하고 반목하며 복수하기 때문이다.

영화 〈태백산맥〉이 농촌 벌교에서의 좌우 대립이 땅에서 비롯되었음을 강조하는 것은 의미가 있다. 원론적으로 해방 후의 좌우 대립과 이념 대립이 토지를 둘러싼 지주와 농민의 대립이라는 경제적 배경을 그 근본으로 삼고 있기 때문이다. 하지만 〈태백산맥〉이 역사 영화라는 점을 고려한다면, 경제 문제가 정치 문제나 농민 행동의 토대라는 전형적인 시선이 지니는 문제점도 생각해야 할 것이다. 토지 문제는 좌우 대립의 배경이지만, 여순사건을 일으키는 결정적인 요인은 아니기 때문이다. 해방 후 토지를 둘러싼 지주와 농민의 갈등이 잠재되어 있었다고 하더라도 직접적인 행동으로 나타나는 경우는 많지 않았다. 그리고 해방 후 농민의 토지에 대한 열망과 좌익의 입장 사이에는 많은 괴리가 있었다는 점도 고려해야 할 것이다. 또한 수많은 등장인물 가운데 정작 농민의 입장을 대변하는 인물이 없다는 사실이 말해 주듯 실제 민초의 삶을 제대로 그려 내지 못했다는 한계도 있다.[2]

02 좌우의 이념 대립과 광기: 서로 다른 세상을 향한 이념과 광기

영화 〈태백산맥〉의 풍경은 이념에 따라 가족이 갈리고 마을 사람들이 서로 증오하고 죽이는 광기의 풍경이다. 이념에 따른 원한과 증오, 복수가 인간의 행동을 지배하는 광기는 해방 후의 시대적 배경과 함께 좌우 대립의 특

---

2 이에 대해 감독은 여기에 몰두하면 작품이 산만해질 수 있다는 점과 빨치산이 바로 농민들이니 그들을 통해 미루어 짐작할 수 있으리라는 입장이었다(정성일 대담, 『임권택이 임권택을 말하다』 2, 현문서가, 2003, 330~331쪽).

성을 일정하게 보여 주고 있다. 광기는 주인공들의 구체적인 일상생활과 행동을 통해서 드러난다.

〈태백산맥〉은 해방 후 좌우 이념 대립을 본격적이고 전체적인 차원에서 영상으로 재현한 작품이다. 먼저, 영화는 출발부터 염상진, 염상구, 김범우라는 세 명의 핵심 인물로 압축해서 의미를 부여하는데, 이들은 각각 자본주의=우익, 사회주의=좌익, 민족주의=중도라는 노선을 대표한다. 이들 세 명은 각각의 이념이 대표하는 서로 다른 세상을 지향하고 있다. 이들에게 이념 대립은 서로가 유토피아로 생각하는 세상에 대한 자신만의 투쟁인 셈이다.

임권택 감독의 작품 세계를 보면 개인적 삶과 집단적 삶의 관계를 표현함에 있어 인물에 중점을 두고 전개하는 특징이 있다. 먼저 염상진은 사회주의자로 좌익을 대표하는 인물이다. 염상진은 군당위원장실에서 "나는 마르크스를 처음 읽었을 때의 감격을 지금도 기억하고 있네"라고 말한다. 사회주의 사상에 심취해 지배와 착취가 없는 세상을 꿈꿨던 염상진은 수많은 피를 뿌린 뒤에야 조금씩 회의를 느끼기 시작한다.

이에 비해 염상구는 자본주의자로 우익을 대표하는 인물이다. 어머니 호산댁이 "한 핏줄 타고난 형제간에 워째 그런다냐?" 하고 말하자, 염상구는 "엄니 아부지, 나 키울 때 워쨌소? 큰자식만 찾았지 나는 뵈기나 혔소? 썩을! 어서 그 개자식이 돼져 부러야 나가 기좀 펴고 살 것인디……"라고 말한다. 염상구는 처음부터 이념과는 거리가 멀다. 다만 형에 대한 적개심으로 우익 세력에 가담했을 뿐이다. 이러한 인물 설정은 해방 직후 우익이 뚜렷한 이념이나 사상 없이 좌익에 대한 증오심에서 형성되었음을 시사한다. 영화는 염상진, 염상구 두 형제를 통해 이념 대립과 갈등을 표현하고, 죽산댁, 외서댁, 소화 등을 통해 이념 갈등에 신음했던 순박한 민초들을 그려 낸다.

김범우는 중도파를 대표하는 인물로 그려진다. 김범우는 야학당에서 이

지숙에게 말한다. "교육의 목적은 혁명이 아니라 민족을 자각시키는 데 있습니다." 이데올로기보다는 민족애를 우선하는 김범우는 중도적 입장의 비판적 지식인으로 좌우의 대립에 고뇌하고 번민하는 모습으로 등장한다.

영화는 이런 기본적인 삼각 구도에서 좌익과 우익의 갈등이 더욱 구체적으로 심화되는 과정을 재현하고 있다. 이 갈등은 한 가족이면서 좌우로 대립하고 있는 염상진과 염상구의 대립에서 극명하게 나타나는데, 이것은 가족의 불행이자 비극이다. 이는 토굴 안에서 염상진과 염상구가 대화하는 장면에서 잘 나타난다. 형이 동생에게 "살려 줄 것이란 기대는 마라"고 하자, 동생은 "빨갱이놈들 모다 못 죽이고 가는 것이 원통할 뿐이여"라고 응수한다. 형과 동생의 이념 대립은 피를 나눈 형제로서만이 아니라 아예 인간적인 대화가 불가능한 정도의 증오로 가득 차 있다.

좌우의 이념을 대표하는 염상진과 염상구의 불신과 증오는 물론 자신들이 지향하는 세계의 이념을 대리한다. 상진이 상구에게 "네가 왜 이런 반동 짓을 하는지 도대체 알 수 없다"고 하자, 상구는 "피차 살자고 한 짓 아니것능가? 그짝언 그짝대로 이짝언 이짝대로…… 말끝마동 사람 사는 시상 맹근담서 워째 사람 목숨 알기를 파리목숨 취급인가? 평등? 고것이 그리 쉽다면 요짝에선 왜 안혔것서?"라고 반발한다. 상진은 이에 대해 "이 자식! 우린 만들 것이다"라고 말한다. 사회주의자인 상진은 이상주의자로서 모두가 평등한 세상을 지향한다. 곧 계급과 착취가 없고 모든 사람이 완전한 평등 속에서 인간적 삶을 누리며 사는 세상을 만들기 위해 노력하는 인물이다. 이와 달리 우익으로 활동하는 상구는 지극히 현실주의자이다. 평등한 세상이 그렇게 쉽다면 누가 안 하겠냐고 냉소한다.

이처럼 서로 다른 세상을 세우기 위해 싸우는 두 형제는 이념의 합리성이나 가능성을 떠나 불신과 증오로 상대방을 바라본다. 형이 보기에 동생은 반동이고, 동생이 보기에 형은 사람을 수단으로 삼고 사람을 증오하는 인간일 뿐이었다. 이는 고통받는 인간을 구원하겠다는 사상이 인간을 증오하는 도구로 전환되는 시대임을 역설하는 것이다. 바로 이념이나 사상에 사로잡힌 인간의 광기가 얼마나 비인간적인가를 보여 주는 것이다.

여기에는 근현대사를 바라보는 감독 고유의 경험이나 시선이 크게 반영되었다. 곧 반공을 국시로 내걸었던 시대 속에서 생존을 위해 좌익과 연관된 가족사에서 탈피하려고 했던 경험도 일정하게 작용하였다. 따라서 원작 소설이 가진 좌익에 대한 온정적 태도와 달리 감독은 영화에서 어떤 이데올로기에도 동조하지 않는 냉철한 감성을 유지하고 있다(이 때문에 차가운 시선이라는 비판을 받았고, 소설을 읽고 가슴이 뜨거웠던 사람들에게는 영화의 이러한 시각이 당황스럽고 실망스러운 일일 수밖에 없었다). 감독은 좌익이든 우익이든 광인의 집단이라고 보았다. 당시를 우리 사회에 맞지 않는 외부로부터 주어진 이념을 가지고 싸웠던 광기의 시대로 이해했던 것이다.

영화 〈태백산맥〉은 현대사의 실종 시대라고 일컬어질 만큼 일반인에게는 잘 알려지지 않았던 해방 공간의 역사를 영상으로 복원하고 대중적으로 소개한 작품이다. 이 영화를 통해 많은 사람이 우리 사회 곳곳에 아물지 않은 상처로 남아 있는 분단과 전쟁의 후유증을 다시 한 번 생각하였다. 또한 영화는 일반적으로 상업영화에서 꺼리던 주제를 영상으로 재현하여 우리 사회에서 강고하게 지속되어 온 반공의 장벽을 허무는 데에도 일정 부분 이바지하였다.

영화는 좌익과 우익, 중도를 대표하는 세 인물을 통해 해방 공간의 역사를 재현하고 있다. 이를 통해 해방 직후부터 치열하게 전개된 이념 대립이 민족 전체의 이익보다는 개인적인 신념이나 취향, 미움과 복수에서 비롯된 것임을 보여 준다. 이러한 시각은 해방 직후의 이념 대립의 양상을 다양하게 이해하는 데 도움을 주지만 보다 거시적이고 구조적인 문제를 보는 데에는 한계를 드러내고 있다. 특히 영화는 좌우 어느 쪽도 편들지 않은 제삼의 시각, 시대를 관조하는 제삼자적 태도를 유지하고 있다. 이는 당시의 이념 대립에서 어느 한쪽에 치우치지 않고 역사를 객관화하였다는 의미를 지닌다. 이런 점에서 영화가 추구하는 목표는 과거에 대한 인식과 화해를 바탕으로 미래로 시선을 돌리려는 것인지도 모른다[감독 자신도 〈짝코〉를 만들 때부터 이미 화해를 찾고 있었다]. 마지막 순간에 씻김굿을 벌이는 것도 이러한 감독의 의중이 발현된 것이라고 하겠다.

그럼에도 영화 〈태백산맥〉에서 나타나는 제삼자적 태도는 반공의 벽을 정면으로 넘어서지 못한 내면의 한계를 반영한다. 현대사에서 제삼자적 태도는 반공에 대한 도피처로 활용되어 왔다. 물론 좌우 어느 한쪽을 선택한다고 해서 문제가 해결되는 것은 아니다. 현재의 관점에서 해방 공간에 나타났던 이념이나 사상 모두가 문제 있다는 시각은 근본적인 입장에서 사실일 수도 있다. 하지만 세 개의 이념, 세 개의 세상을 향해 갈등하고 방황했던 대중의 행동도 회피할 수 없는 시대의 선택이자 역사였다. 따라서 해방 공간을 바라보는 제삼자적 태도가 과거에 대한 반성이나 회의를 넘어 이념은 부질없다는 허무주의로 나타날 가능성을 경계해야 할 것이다.

03 가족의 역사와 민족의 역사

영화 〈태백산맥〉은 가족의 역사가 출발점을 이루고 있다. 땅을 둘러싼 대립이나 이념 대립도 기본적으로는 농촌의 가족을 단위로 전개된다. 이러한 접근은 원작에 따른 것으로 작가의 개인적인 경험이 크게 작용하였다. 소설『태백산맥』은 작가가 태어난 고향과 주변 지역에서의 경험, 유년 시절의 기억을 상당 부분 반영한 작품이다. 작가는 전남 승주군 쌍암면 선암사에서 태어났는데, 이곳은 아버지가 대처승으로 있던 절로서 『태백산맥』의 배경이 되기도 한다.

특히 그는 성장 과정에서 한국 현대사의 커다란 격변인 여순사건, 빨치산, 한국전쟁 등을 차례로 경험한다. 민족사를 뒤흔들었던 커다란 사건들이 농촌이나 지방에 미친 영향은 추상적이 아니라 그만큼 더 구체적이고 절실한 것이었다. 이러한 경험은 작가가 작품에서 투철한 시대의식과 역사의식을 발휘하는 원천이 되었다. 작가가 여순사건을 계기로 헤아리기 어려운 마음의 상처를 입었고 나이에 맞지 않게 철들어 버렸다는 회상은 이를 반영한다.

어린 시절 작가의 이런 경험은 대부분 가족 단위로 이루어졌다. 사건의 격랑 속에서 고통과 불행, 그리고 순간순간의 행복을 함께했던 것은 가족이었다. 가족은 생존의 원천이었다. 생존의 위기를 겪을 때마다 고통 속에 눈물을 흘리며 함께 위로했던 뼈아픈 체험들은 가족과 그 주변 사람을 중심으로 이루어졌다. 이는 근현대 시기 농촌이나 지방을 공간으로 가족이 혈연을 매개로 형성된 사회에서 일상적인 일이었다. 권력이나 억압, 전쟁으로 인해 상처받은 개인들이 궁극적으로 의지하거나 도피하는 곳은 언제나 마음의 고향인 가족이었다.

가족을 매개로 한 작가의 유년 시절 경험은 영화의 중요한 모티프가 되었다. 영화에 등장하는 시대의 경향과 이념을 대표하는 인물들도 가족을 배경으로 하고 있다. 염상진은 빨치산 염무칠의 아들로 아버지의 강압에 못 이겨 사범학교를 나오지만 교편을 잡지 않고 농사를 짓다가 남로당에 가입한다. 소작인 하판석의 아들인 하대치는 빨치산이 된다. 또한 영화에서 땅을 둘러싼 대립도 생계에 쪼들리는 소작농, 농촌 가족의 애환을 바탕으로 묘사되고 있다. 한국 현대사의 가장 큰 비극인 좌우의 이념 대립을 바라보는 시선도 가족에서 출발한다. 이는 토굴 안에서 염상진이 동생인 상구에게 말하는 내용에서 나타난다. "우린 같이 자랐다. 가난도 같이 겪었고 배도 같이 곯았어, 그런데 네가 왜 이런 반동 짓을 하는지 도대체 알 수 없다." 같은 피를 나눈 형제인 염상진과 염상구의 대립은 가족의 불행만이 아니라 민족의 분단을 잉태한 비극인 셈이다.

따라서 영화 〈태백산맥〉은 지방이나 농촌에서 전개된 혈연과 가문, 가족 단위의 애정과 갈등을 중심으로 민족의 거대한 격동의 역사를 보여 주고 있다고 하겠다. 이런 점에서 영화는 지방의 생생한 역사를 통해 중앙의 역사를 바라보는 아래로부터의 역사를 추구한 셈이다. 지방의 가족을 단위로 민족의 역사에 접근하는 방식은 당시의 시대 상황을 일정하게 반영하고 있다. 이 같은 문제의식은 영화의 등장 인물 가운데 정하섭과 소화, 이지숙과 안창민, 염상진과 그의 아내, 하대치와 장터댁, 그리고 빨치산 남편을 둔 여러 부인의 인식과 행동에서 일정하게 재현된다.

사실 영화의 시대 배경이 되는 한국 근현대 시기는 전통적인 가족 관념, 남성 가장을 중심으로 형성된 가부장적 가족 제도가 온존하면서도 한편으로 변화되는 시기이다. 이 시기는 역사적으로 농업과 농촌을 근거지로 한 전통 사회에서 도시와 공장을 바탕으로 하는 근대 사회로 이행하는 시기였다. 이러한 시기에 외세의 침략, 일제의 식민지배에 따른 국가의 붕괴, 좌우의 대립에 따른 분단국가의 수립, 그리고 동족 간의 전쟁 등을 경험하였다. 혼란과 가난, 전쟁과 고통의 시기에 사회의 개인과 구성원을 보호해야 할 국가나 공동체는 존재하지 않거나 무기력하였다. 결국 사회의 개인들이 의지할 곳은 국가라는 공적 영역이 아니라 혈연이나 가족, 지연이나 학연과 같은 사적 영역이었다. 개인들이 최종적으로 도피하거나 위안을 얻을 곳은 가족이었다. 가족은 개인적인 생존의 마지막 근거지가 되었다. 따라서 근대 국가가 수립되는 시기에 전개된 사회운동들도 외양은 근대적 모습을 띠고 있지만, 지방과 가족을 단위로 한 지연적이고 혈연적인 요소를 배경으로 출발하였다. 영화에서 지주와 소작인의 갈등, 빨치산 활동 등이 가족을 배경으로 하고 있음은 이 같은 사정을 반영한다.

그러나 이러한 시대 상황은 모순적이다. 시대는 사회주의자나 빨치산, 우익이나 지주에게 근대적인 임무를 요구하지만, 여전히 가족 내부의 갈등에서 벗어나지 못하고 있기 때문이다. 이런 모순은 같은 집안에서 사회주의자가 되는 염상진과 악질적인 우익이 되는 염상구의 모습에서도 발견할 수 있다. 또한 영화는 시대 상황에 순응해야 했던 남성상과 여성상을 드러내고 있다. 남성이 정치 활동에 투신하기 위해서는 가정을 벗어나 민족의 대의나 국가의 이념에 충실해야 한다는 사고는 사회주의자나 빨치산, 또는 우익을

벌교의 유지인 교사 김범우(왼쪽)와 우익 대동청년단 감찰부장 염상구(오른쪽)

불문하고 크게 다르지 않았기 때문이다. 남성이 운동이나 이념에 따라 가정을 떠나고 여성이 가족의 생존을 위해 분투하면서 여성의 역할이 증대해 왔지만, 가족 내에서 남성의 위치가 약화된 것은 아니었다. 가족 내에서의 담화는 항상 남성이 출발점이었다. 따라서 가족 내에서 남성의 부재는 일시적인 것으로 간주되었고, 남성의 권위나 상징은 여전히 중시되었다.

영화 〈태백산맥〉은 가족을 둘러싼 다양한 갈등을 농촌이나 마을 단위에 한정하지 않고 민족의 대립이나 역사로 확대해, 민족의 역사를 설명하는 가장 기본적인 원형으로 설정한다. 이런 점에서 영화는 가족의 역사를 민족의 역사와 결합하고 발전시킨 거대한 서사시라는 중요한 의의를 지닌다. 하지만 가족의 역사를 출발점으로 민족의 역사를 바라보는 영화의 시선은 또 다른 문제점을 낳을 수 있다. 무엇보다 가족을 중심으로 역사의 격변과 사건을 설명함으로써 거대한 역사적 구조나 흐름, 모순을 외면할 가능성이 있다. 다시 말해 민족국가 수립 시기에 일어났던 이념 대립과 갈등, 민족적 또는 계급적 대의를 가족 간의 갈등이나 애증으로 축소하거나 환원할 위험성을 우려하는 것이다. 일리가 있는 지적일 수 있다.

물론 위의 언급처럼 구조가 갖는 중요성을 부정할 수 없지만 인간의 사회적 만남에서 만들어지는 독특한 의미는 보편적인 것이 아니고 고정된 것이나 절대적인 것이 아니라는 점도 인정해야 한다. 어떤 의미나 행동은 시간과 공간에 따라 다양하게 변화하는 과정이기 때문이다. 어떤 역사적인 상황을 만들어 내는 것은 구조의 영향도 있지만 사회적 행위자 사이의 상징적 의사소통의 과정이라고 할 수 있다. 가족이나 특정한 행위자를 통해 역사를 읽어 낼 수 없다는 것은 역사를 대문자 H(HISTORY), 즉 단수의 역사로만 설명하고자 하는 혹은 어떤 목적성을 강하게 내포하는 것과 다르지 않다. 어떤 역사적 사건의 발생은 하나의 요인으로 설명할 수 없는 다양한 요인(구조적, 인지적, 관계적 측면) 모두를 고려해야 하고, 미시적인 접근을 통해서도 거시적인 사회 변동을 읽어 낼 수 있기 때문이다.

　가족이나 여성을 통해 역사를 읽는 방식(아래로부터의 역사)은 사회적으로 소외된 사람들의 권력, 구조, 역사를 소홀히 하는 것이 아니라 오히려 그들의 사상과 감정, 상상과 희구를 드러냄으로써 지배적 문화와 다른 반문화의 존재, '종속 계급 문화' 또는 '민중 문화'를 복원할 수 있다고 본다. 예를 들어, 린 헌트의 저서 『프랑스 혁명의 가족 로망스』는 프랑스혁명의 성격을 주류적 역사학의 방식을 넘어 문화사적으로 접근하고 있다. 저자인 헌트는 정치권력이 단순히 제도로만 작동하지 않는다고 보고 평범한 사람들의 일상 생활에 스며 있는 정치 문화에 더 큰 관심을 기울였다. 그 결과 헌트의 새로운 접근은 프랑스혁명이 보여 준 권위주의적 정치와의 단절이 결국 여성을 배제한 새로운 남성 중심의 정치 체제 확립일 뿐이었으며 이는 자유와 평등, 형제애라는 기치에 가려 있었음을 밝혀낼 수 있었다. 따라서 거시와 미시사회학(역사학)이 서로 다른 현상을 설명하는 관점이라는 인식은 잘못된 것으로 사료된다. 그런 점에서 본다면 조세희의 소설 『난장이가 쏘아 올린 작은 공』은 그 어떤 역사서, 사회학 논문보다도 산업화의 빛과 그늘, 빈곤의 구조적인 원인을 난쟁이 가족 구성원을 통해 생생히 드러내고 있다고 하겠다.

참고문헌

1. 조정래, 『태백산맥』, 전 10권, 해냄, 2002.
   이 영화의 원작으로 1980년대 최대의 문제작이 된 이 소설은 1983년 『현대문학』에
   원고지 1만 6,500매 연재를 시작으로 1986년에 제1부 출간(한길사)과 1989년에 완간
   (전 10권) 이후 300만 부가 판매되었으며, 1995년에 해냄에서 재출간되었다.

2. 권영민, 『태백산맥 다시 읽기』 해냄, 2003.
   소설 『태백산맥』을 다각적인 관점에서 해설한 책이다.

3. 한만수, 『태백산맥 문학기행』, 해냄, 2003.
   소설 『태백산맥』의 현장을 찾아 그 시대와 인물을 역사와 소설적 상상력의 대결 구
   도 위에서 되돌아보고 있다.

4. 조정래, 『조정래, 그의 문학 속으로』, 해냄, 1999.
   조정래의 유년 시절과 청년 시절, 결혼 등 삶의 과정을 비롯해 소설가로서의 입문과
   『태백산맥』과 『아리랑』을 완간하기까지의 삶을 사진 자료와 함께 정리하고 있다.

5. 정성일, 『임권택이 임권택을 말하다』, 현문서가, 2003.
   영화평론가 정성일이 임권택 감독의 영화 40년을 인터뷰 형식으로 샅샅이 파헤친
   책이다.

6. 사토 다다오 지음, 고재운 옮김, 『한국영화와 임권택』, 한국학술정보, 2000.
   한국영화와 임권택 감독을 일본 영화평론가 사토 다다오의 시선에서 풀어내고 있다.

7. 김득중, 『'빨갱이'의 탄생: 여순사건과 반공 국가의 형성』 선인, 2009.
   금기시되어 온 여순사건의 배경과 전개, 결말을 다루고 있으며, 특히 여순사건에 대한
   그간의 왜곡된 의식을 오늘날 어떻게 바로잡고 극복해 갈 것인가도 다루고 있다.

※ 태백산맥문학관(전남 보성군 벌교읍 회정리 357-2) 2008년 11월 21일 개관
   061-858-2992
   홈페이지: http://tbsm.boseong.go.kr